教育部哲学社会科学研究后期资助项目"大数据环境下数字人文理论、方法与应用研究"（项目编号：21JHQ081）成果

大数据环境下数字人文理论、方法与应用研究

刘忠宝 著

武汉大学出版社

图书在版编目(CIP)数据

大数据环境下数字人文理论、方法与应用研究/刘忠宝著.
—武汉：武汉大学出版社，2024.1(2025.5重印)
教育部哲学社会科学研究后期资助项目
ISBN 978-7-307-24088-9

Ⅰ.大⋯　Ⅱ.刘⋯　Ⅲ.数字技术—应用—人文科学—研究
Ⅳ.C39

中国国家版本馆 CIP 数据核字(2023)第 201632 号

责任编辑：蒋培卓　　　责任校对：汪欣怡　　　版式设计：马　佳

出版发行：**武汉大学出版社**　（430072　武昌　珞珈山）
　　　　（电子邮箱：cbs22@whu.edu.cn　网址：www.wdp.com.cn）
印刷：湖北云景数字印刷有限公司
开本：720×1000　1/16　印张：20　字数：323 千字　插页：1
版次：2024 年 1 月第 1 版　　2025 年 5 月第 3 次印刷
ISBN 978-7-307-24088-9　　定价：89.00 元

序　言

数字人文是以数字化资源为研究对象，通过数字技术统计处理、解读分析，深入挖掘隐藏资源的规律和线索，从而促进人文资源的收集、加工、存储和利用，实现知识聚合与发现。近年来，不少学者躬耕于数字人文研究，其跨学科性、包容性日益凸显，研究疆域版图日渐拓宽。随着大数据时代的到来，数字人文研究正掀起一股新的浪潮。

目前，我国已经进行了数字人文研究的初步探索，研究主要集中在历史学、文学、图书馆与情报学以及语言学等学科领域。成绩固然喜人，但与国外相比，我国数字人文研究仍处于初级阶段，研究成果数量有限，与我国丰富的人文资源以及迫切的人文资源数字保护与传承需求不匹配。因此，刘忠宝教授团队对大数据环境下数字人文的理论、数据、方法、应用等问题进行了系统研究，有助于推动构建数字人文研究的理论体系和方法体系，这既符合我国数字人文研究的趋势，也符合我国国家大数据战略的基本方向。

本书借鉴图书馆学、情报学、信息科学、历史学、文学、语言学等学科的理论和方法，采用定性分析与定量分析相结合，数据分析与系统建模相结合，技术创新与系统集成相结合的研究方法，详尽系统地揭示了数字人文相关概念和理论发展现状，归纳总结了主要技术方法和典型应用。本书视野开阔，紧跟社会发展步伐，具有鲜明突出的时代特色，对数字人文这一新兴前沿学科的建设与发展具有较大的参考价值。

贾君枝

中国人民大学信息资源管理学院教授、博士生导师

前　言

近年来，数字人文受到人文学者的广泛关注，它不仅改变了历史学、文学、语言学等学科的研究方法与思维方式，而且为人文学科和计算机学科的发展开拓了新的思路。特别是大数据时代的到来，海量、异构数据的涌入给数字人文研究带来了前有未有的挑战。如何借鉴大数据相关理论与方法，建立大数据环境下数字人文的理论体系、方法体系以及应用框架，是研究人员迫切需要解决的问题。

本书从图书馆学、情报学、信息科学、历史学、文学、语言学等多学科、跨学科视角出发，综合定性分析与定量分析研究方法，对大数据环境下数字人文的理论、数据、方法、应用等问题进行了系统研究。作者翻阅了大量文献，发现目前鲜有系统介绍数字人文理论、方法与应用的著作和教材，本书正是在上述背景下撰写的。

本书是教育部哲学社会科学研究后期资助项目"大数据环境下数字人文理论、方法与应用研究"（项目编号：21JHQ081）资助成果，由数字人文基本概念、数字人文研究进展、数字人文面临的问题与研究意义、数字人文数据来源、数字人文数据组织、面向数字人文的文本挖掘、面向数字人文的 GIS 与可视化、面向数字人文的社交网络、数字人文在历史学中的应用、数字人文在文学中的应用、数字人文在图书馆与情报学中的应用、数字人文在语言学中的应用、总结与展望等章节组成。这些内容涵盖了数字人文研究的理论、方法和应用等诸多方面。

本书的研究价值体现在学术价值和应用价值两方面。在学术价值方面，本书研究丰富了数字人文的理论体系和方法体系，为相关学者开展数字人文研究提供了必要的理论依据和技术支持。在应用价值方面，本书围绕数字人文在历史学、文学、图书馆与情报学以及语言学的典型应用展开研究，这些研究一方面体现了数字人文突出实践性的特征，另一方面为数字人文项目落地提供了有益借鉴。

　　数字人文是一个前沿的研究方向，发展快，涉及面广。由于作者水平有限，书中肯定有不少疏漏、不妥，甚至错误的地方，恳请读者批评指正。

目　录

第一篇　数字人文理论篇

第二篇　数字人文数据篇

第三篇　数字人文技术与方法篇

第四篇　数字人文应用篇

第五篇　总结与展望篇

第一篇　数字人文理论篇

第1章　数字人文基本概念

1.1　人文与人文科学

"人文"一词今指人类社会的各种文化现象，旧指礼乐教化。在我国，"人文"一词最早出现在《周易·贲卦·象辞》中："刚柔交错，天文也；文明以止，人文也。观乎天文，以察时变；观乎人文，以化成天下。"在西方，"人文"（humanism）一词，最早出现在文艺复兴时期。

在汉语体系中，有许多与人文密切相关的概念，其中联系最紧密有人文主义、人文学科和人文科学。

人文主义起源于欧洲文艺复兴时期，是一种代表新兴资产阶级文化的价值理念与哲学观念。与中世纪的神学不同，人文主义研究以人和自然作为主体的世俗文化，重视个人的精神独立，主张以人为本与自由平等，反对神权与宗教教义。在五四运动时期，"人文主义"与"民主"和"科学"一同被引用国内，即我们所熟知的"胡先生""德先生"和"赛先生"。"人文学科"一词最早由 Marcus Tullius Cicero 提出，用于代指一种教育大纲。[①]《简明不列颠百科全书》（中文版）将其解释为："人文学科是那些既非自然科学也非社会科学的学科总和。一般认为人文学科构成一种独特的知识，即关于人类价值和精神表现的人文主义的学科。"根据该解释可知，人文学科包括法学、哲学、经济学、伦理学、历史学、考古学、语言学等学科。

---

① 尤西林. 人文科学导论[M]. 高等教育出版社，2002.

　　人文科学是一种知识体系。依据人文科学概念的历史演变过程,《辞海》从狭义与广义两个角度解释了什么是人文科学,即:"人文科学源出拉丁文 humanitas,意即人性、教养。欧洲 15、16 世纪开始使用这一名词。原指与人类利益有关的学问,有别于在中世纪占统治地位的神学。之后其含义几经改变。狭义概念指的是拉丁文、希腊文、古典文学的研究;广义概念指的是对社会现象和文化艺术的研究,包括哲学、经济学、政治学、史学、法学、文艺学、伦理学、语言学等。"人文科学对应的英文单词为 humanitas,humanitas 是 humanity 的复数形式,后者有"仁慈""同情心"或"人性"等含义。humanity 的动词形式为 humanize,有"使人性化"之意。因此,从词义上看,人文科学是一种起教化作用,使人真正成为人的学问。①

　　人文科学、人文主义与人文学科三者之间的关系体现在两方面:人文科学是一种理论体系,它从哲学的角度研究涵盖人文主义与人文学科的人文活动的原理;人文学科具有教育功能,人文科学的发展离不开人文学科的支撑,人文科学所崇尚的精神又与人文主义一致。

　　早期的人文科学具有宽泛的含义。在古罗马的教育体系中,人文科学与自然科学、社会科学在概念上存在包容关系。随着自然科学与社会科学的发展,二者逐步从人文科学中独立出去,分别形成单独的科学体系。相比古代,现代意义的人文科学研究内容虽然变少了,但是研究对象却更加具体,即人的价值意义世界与精神生活世界。②

　　人类知识体系由人文科学、自然科学和社会科学三部分组成。现实世界可分为主观世界与客观世界。主观世界指的是人的意识、思想观念,客观世界指的是物质世界,后者可进一步划分为自然界与人类社会。基于以上划分,整个世界可认为由三部分组成:人的思想观念、自然界和人类社会。根据每种世界对应的人类知识,整个人类知识体系可划分为人文科学、自然科学和社会科学。根据这样的划分,宗教、艺术、文学、语言等学科属于人文科学;天文、生物、物理、化

　　① 张掌然.人文科学方法论问题研讨综述[J].武汉大学学报(人文科学版),1996,3:17-22.

　　② 张掌然.人文科学方法论问题研讨综述[J].武汉大学学报(人文科学版),1996,3:17-22.

学等学科属于自然科学；政治、经济、历史、管理等学科属于社会科学。

人文科学、自然科学和社会科学从不同的维度体现了人类对现实世界的认知，每种学科都有一些本学科所固有的本质特征。

人文科学以育人为本，其本质特征体现在以下三方面：(1)内容受文化背景的影响而显现出强烈的主观性。人文科学的内容由人类思维创造，体现人的想象力，彰显人的主观意志。尽管这些内容在创造时有时会以客观事实为摹本，但最终的成果通常蕴含了人们的情感、想象力与创造力；(2)评价的模糊性与不确定性。人文科学的内容几乎不受客观性的制约，人们根据自己的意志来创造，因此对人文科学的评价也就没有客观的标准，只能将约定俗成的模糊准则与评判者自身的主观感受作为评判依据。基于上述原因，对于一个人文科学成果的评判，其结果往往是"仁者见仁，智者见智"；(3)显著的教化育人性。道德使人高尚，音乐使人愉悦，书法使人宁静，美术使人清雅，文学作品使人情感激励。人文科学的重要意义在于使人具有人文精神，通过自身的学习，学校的培养，社会的历练来挖掘人的潜能，重塑人的品格。

自然科学知识是人类在生产、生活实践中对客观世界规律的总结，其本质特征体现在两方面：(1)内容客观，不以人的主观意志为转移。自然科学以客观事实为依据，其凭借的材料真实可靠，得出的结论科学严密。通常情况下，某一时期的科学理论和科学成果均会受到科学团体和普通民众的一致认同，从而形成当时的"标准理论"。任何掺杂个人主观意愿的内容都是无法被大众所接受的；(2)自然科学知识具有普适性。自然科学知识是人们对客观世界内在规律的认知，具有客观性与统一性。它可以被人类普遍用于改造自然、利用自然，与人的主观意志、文化背景、宗教信仰、阶级地位无关，也与社会制度、经济结构无关，是放之四海而皆准的。

社会科学是人类对社会规律认知的科学，其本质特征体现在两方面：(1)社会现象解释呈现统计性。"社会现象是人们自觉的、有目的的活动和相互关系所产生的，主观和客观力量交互作用，存在大量偶然性事件。社会现象往往通过大量一次性、不可重复的事件表现出统计规律性，即历史发展的一定趋向性。"①因

---

① 刘仲亨. 社会科学与当代社会[M]. 辽宁人民出版社，1986.

此，社会现象与自然现象不同，其不具有自然现象的普遍性、一致性与必然性，仅具有统计学的意义。换而言之，社会科学不具有像自然科学那样被公认的"权威理论"，即没有一种社会科学理论能够解释与之相关的所有社会现象；(2)社会科学理论具有时代性，与人类社会的文化背景密切相关。随着科学的进步、时代的发展，社会形态也在不断演化，原先具有理论价值与指导意义的社会科学理论会因其不适应当前时代要求而被逐渐淘汰，从而失去其原有价值。不同种族、文化背景、宗教信仰、社会性质所对应的社会现象千差万别，某些社会适用的社会科学理论对其他社会可能完全不适用或仅仅部分适用。与之不同，自然科学理论具有统一性，它与文化无关，不会随着时代的变迁而改变。例如勾股定理、热力学定理和相对论，昨天适用，今天适用，明天也同样适用。不同文化的人构建出的社会制度不尽相同，因此其社会现象也具有明显的文化背景，解释这些社会现象的社会科学理论也会体现出强烈的文化特色。

1.2 人文计算

文字作为文明的载体，在经历了甲骨刻字、简帛抄录、雕版印刷、机械印刷后，其记载方式又迎来了一次彻底的技术变革——数字化。信息的记录与传播方式也从传统的纸质媒体转向网络平台。传统媒体以纸作为承载物，其信息的显现方式是静态的；文本信息通过计算机数字化处理后，信息的显现方式是动态的。人们不再满足于屏幕上的电子符号，而是要充分运用计算机强大的运算能力对文本进行处理，在此背景下"人文计算"产生了。

"人文计算"这一名词体现了人们对该领域的最初认知，即将计算机作为一种新的工具应用到人文领域来解决问题。① 常见的应用实例有历史领域的文物三维重构、文学领域的文本挖掘、语言学领域的电子语料库等。

人文计算的出现为人文科学带来新的研究视角、思维模式与实现途径。传统的人文科学研究路径是首先预设问题，然后搜索文献并整理与预设问题相关的资

---

① 王军. 从人文计算到可视化——数字人文的发展脉络梳理[J]. 文艺理论与批评，2020，2：18-23.

料，接着借助归纳、演绎、推理等方法对文献中的知识进行加工与提炼，最后形成研究成果。资料的数字化以及计算机的引入，极大地提高了人文科学学者的研究效率。纵观传统人文科学研究过程可以发现，研究人员的精力主要耗费在文献的搜索、收集与整理上。文献资料数字化后，研究人员可以借助计算机技术快速地收集与研究相关的文献，从而将其从繁杂、低级的资料收集工作中解脱出来。

1949 年到 1970 年是人文计算的起步阶段。这一阶段最有名的事件是 1949 年意大利神父 Busa 与 IBM 的 Watson 合作开启的"阿奎那项目"。该项目为圣托马斯·阿奎那及相关作者的著作制作了一份词汇数近 1100 万的中世纪拉丁词语索引。随着计算机技术的发展，一些学者从不同角度阐释了人文计算的含义。

在《什么是人文计算》中，McCarty 对人文计算做出了如下的定义：人文计算关注的是将计算工具应用于人文及艺术领域的数据，或使用计算工具产生人文及艺术数据，其本质是一种工具或方法论，具备跨学科、超学科的视野，并作用于计算机与人文、艺术的重叠交叉部分，其关注的核心问题是：计算是如何辅助人文学科开展学术研究与教学，以及由计算带来的一系列理论问题。上述定义阐述了人文计算中的研究对象、研究方法、计算工具、数据、跨学科及超学科等重点内容。①

美国伊利诺伊香槟分校图书情报学院院长 Unsworth 教授在《什么是人文计算？什么不是？》一文中对人文计算的概念和范围进行了界定。他认为，人文计算是一种代表性的实践、一种建模/模拟的方式，一种推理、一个本体论约定。其中代表性的实践分为两方面：一方面是高效的计算，另一方面是人文沟通。②

在对人文计算的起源、演化和定义分析后，林施望认为"人文计算是一种使用计算机技术新工具来处理人文学科文本，进而发现新知识的领域"。③

李启虎等在《信息时代的人文计算》中将人文计算定义为"人文计算是针对计

---

①　Is humanities computing an academic discipline？［EB/OL］. http//www. iath. virginia. edu/hcs/purpose. htm.

②　Unsworth J. What is humanities computing and what is not？［EB /OL］.［2002-11-08］. https：//www. ideals. illinois. edu/bitstream/handle/2142/157/whatis. html.

③　林施望. 从"人文计算"到"数字人文"——概念与研究方式的变迁［J］. 图书馆论坛，2019，39（8）：12-20.

算与人文学科之间的交叉领域进行研究、学习以及创新的一门学科"①。

根据上述定义可知：人文计算不仅研究诸如哲学、历史、文学、艺术等传统人文学科内容，也研究包含数字化文档处理与大规模数据的知识发现等内容。此外，人文计算还为人文学者提供了数据挖掘、信息检索、数据可视化等工具。

1.3 数字人文

早期的人文计算指的是计算机技术在语言学领域的文本处理(统计词汇、编制索引等)。之后，随着互联网的出现和计算机技术的发展，人文计算的研究对象从数字文本逐步扩展到超文本、图像、视频、音频、数字地图、网页、3D 等多媒体，计算领域不局限于文学、语言学领域，而是扩展到历史、音乐、艺术等诸多领域，使用"人文计算"已经很难准确表达其内涵，因此出现了"数字人文"概念。计算机技术与网络技术的发展为数字人文的产生提供了坚实的技术基础；庞大的数字化文本为数字人文的产生提供了海量的数据基础；便捷、易用的数据分析与处理工具为数字人文的产生提供了扎实的工具基础。

数字人文的英文是 Digital Humanities，缩写为 DH，作为一个舶来词，也有学者将其译为"数位人文学"或"数位人文"。此外，学术界亦有人用"数字学术"来指代"数字人文"。

数字人文的概念与内涵随着数字人文的发展而不断演化。数字人文由人文计算演化而来。早期的数字人文被认为是一种使用计算机进行量化分析的人文学科研究方法，② 即借助计算机技术、统计学方法等工具和手段辅助人文学者研究特定的人文学科问题。数字人文的作用主要体现在方法论的创新上。随着互联网技术与数字技术的发展与应用，数字人文不再被认为是人文科学研究中的辅助方法和技术，而是强调数字与人文的结合，具体表现为：在数字环境中开展人文研究；融合数字技术与人文问题进行研究。这一阶段，数字人文从单一学科研究转向跨学科研究，呈现出混杂性、交互性等特征。需要注意的是，数字人文作为一

---

① 李启虎，尹力，张全. 信息时代的人文计算[J]. 科学，2015，67(1)：35-39.
② 陈静. 历史与争论——英美"数字人文"发展综述[J]. 文化研究，2014，2：206-221.

门新兴学科，其概念与内涵不断演化，因此精准地定义数字人文存在一定困难。① 时至今日，数字人文尚未形成统一的概念。②

从目前国内外学者在数字人文中的研究与实践来看，对数字人文概念的阐释，总体上可归为五类：

(1)数字人文是一个新的领域

《牛津英语词典》对数字人文的解释是："应用计算工具和方法研究文学、历史和哲学等传统人文学科的问题。"③该解释描述了数字人文的部分特征。

维基百科参考英国伦敦大学与美国加州大学洛杉矶分校关于数字人文的定义后，将数字人文定义为："研究计算或数字技术与人文科学相交的学术领域，该领域包括数字资源在人文科学中的系统应用。数字人文可以被定义为新的学术研究方法，该方法包括协作、跨学科和计算参与的研究、教学和出版。数字人文为人文学科的研究带来了数字工具和方法，并且使人文学者意识到知识生产和传播的主要媒介不再是文字。"④相比《牛津英语词典》的解释，维基百科补充了数字人文的学科交叉特性，并提及对数字资源应用的反思，但没有详细阐述反思的细节。维基百科对数字人文的阐释相当于"大帐篷(Big Tent)"的概念。David Columbia 查阅美国人文科学研究基金会历年批准的项目，认为人们口头上赞同数字人文的"大帐篷"定义，但内心认可的是数字人文的狭义定义，即"工具与档案"。⑤

澳大利亚国立大学对数字人文的解释为："数字人文是一个横跨人文学科和计算技术的交叉研究领域。其主要目的是研究如何使用数字方法来加强和改变艺术和社会科学的研究。它还运用传统的人文技能来分析现代数字艺术品，审视当

---

① Gold M K and Klein L F. Debates in the digital humanities［M］. University of Minnesota Press，2016.

② Gavin M，Smith K M. An interview with brett bobley［J］. Debates in the digital humanities，2012：61-66.

③ Digital humanities［EB/OL］. https：//www. lexico. com/definition/digital_humanities.

④ Digital humanities［EB/OL］. https：//en. wikipedia. org/wiki/Digital_humanities.

⑤ 'Digital Humanities'：Two Definitions［EB/OL］. https：//www. uncomputing. org/? p = 203.

代数字文化。"①该定义提到了社会科学，这点是绝大多数数字人文定义中所没有的，对此，部分数字人文学者持有异议。②

郭英剑认为，"数字人文是一种将新的技术、工具与方法运用于人文学科的教学、科研、服务以及其他创造性工作中的新型学科"③。该表述同样强调数字与人文之间的互动，即新的技术与应用拓展了传统人文学科的研究模式与思维方式，催生了新的交叉学科——数字人文，反过来人们也可用传统的人文科学研究模式去观察、分析、批判数字人文对文化传统影响。

王宁分析了科学与人文的冲突后，指出："数字人文从人文学科的电脑化、电脑的人性化以及数字人文实践中发展而来，涉及多个学科。计算机和数字化所提供的工具由传统的人文社会学科衍生而来的各种方法加以结合。"④该解释认为，数字人文作为一个新兴交叉学科，它有助于人文学者借助最新的计算机技术来辅助人文科学研究，并将人文学科的研究成果数字化。数字人文不仅给人文学者提供了便捷，而且使人文研究科学化、科学研究人文化。

刘炜和叶鹰在《数字人文的技术体系与理论结构探讨》一文中提出："数字人文，源于人文计算，是在计算机技术、网络技术、多媒体技术等新兴技术支撑下开展人文研究而形成的新型跨学科研究领域。"⑤该表述认为数字人文涵盖了三层含义：一是数字人文起源于人文计算；二是数字人文是一个横跨多个学科的研究领域；三是数字人文以人文研究为目的，新兴的计算机、多媒体、网络技术为依托。

王丽华等从"人文"的内涵出发，指出："数字人文是人文学科的延伸和发展，是多门学科共同构成的一个新领域，其对人文的作用已经超越了工具或方法

---

① Digital humanities[EB/OL]. https：//programsandcourses. anu. edu. au/major/DIHU-MAJ.

② 朱本军，聂华. 跨界与融合：全球视野下的数字人文——首届北京大学"数字人文论坛"会议综述[J]. 大学图书馆学报，2016，34（5）：16-21.

③ 郭英剑. 数字人文：概念、历史、现状及其在文学研究中的应用[J]. 江海学刊，2018，3：190-197.

④ 王宁. 科学与人文的冲突与共融——兼论后人文主义语境下的数字人文[J]. 武汉大学学报（人文科学版），2017，70（4）：7-15.

⑤ 刘炜，叶鹰. 数字人文的技术体系与理论结构探讨[J]. 中国图书馆学报，2017，43（5）：32-41.

的使用，丰富了人文科学的内涵，是一种质的变革。"①该阐释认为，数字人文是多学科融合的新领域，是数字技术应用于传统人文学科后形成的一个新形态，是对人文学科的扩充与延展。数字人文是一门立足于传统人文学科，以数字技术提供的方法和工具为纽带的多学科交叉、融合的新兴学科。数字人文将数字作用于人文，其意义不是工具的简单应用，是数据的归纳与整理，是知识的解构与融合。

王晓光认为，"数字人文，也称人文计算，它是一个将现代计算机和网络技术深入应用于传统的人文研究与教学的新型跨学科研究领域，它的产生与发展得益于数字技术的进步以及在科学领域的普及应用"②。该阐释认为，数字人文在传统的人文研究中融入最新的技术，以改变人文学者的知识获取模式，进而实现全新的人文研究范式。

Fitzpatrick 从数字人文的单复数出发阐释数字人文，她认为"数字人文是学者们使用计算技术来研究人文学科传统问题的一系列领域，或者从实际工作的角度来看，提出关于计算技术的传统人文导向问题。"③。该阐释主要包括两个方面：一是借助计算机来解决传统人文科学研究中的问题；二是利用计算机辅助生成人文导向问题。

（2）数字人文是某种活动或者实践

Busa 被誉为"数字人文之父"，他认为"从广义上讲，从音乐到戏剧，从设计和绘画到语音学，数字人文是对人类每一种表达的自动化（因此，它是一种精致的"人文"活动），但其核心仍是书面文本的话语"④。Busa 的定义先阐述数字人文的起源，突出其人文特性。

安妮·伯迪克等认为，"数字人文指的是充分运用计算机技术开展合作性、

---

①　王丽华，刘炜，刘圣婴．数字人文的理论化趋势前瞻［J］．中国图书馆学报，2020，46（3）：17-23．

②　王晓光．"数字人文"的产生、发展与前沿［M］．武汉大学出版社，2010．

③　Fitzpatrick K. The chronicle of higher education［EB/OL］．https：//www.chronicle.com/article/ the-humanities-done-digitally/127382．

④　Busa R. Foreword：perspectives on the digital humanities［J］．A companion to digital humanities，2004：16-21．

跨学科的研究、教学与出版的新型学术模式和组织形式"①。该阐释认为，数字人文是一种实践活动，在这个活动过程中解决后印刷品时代知识的生产、组织与传播过程中遇到的各种问题。

赵生辉等认为，"数字人文是人文科学领域中数字技术在知识管理方面的应用，是人文科学领域中数据、技术与方法的深度整合"。基于此，他们将数字人文界定为"数字人文指围绕人文社会科学领域特定研究对象知识本体的数字化保存和应用所进行的信息资源采集、加工、组织、服务、研究、教育等活动的总称"②。

Cohen 等将数字人文界定为"以数字媒体与技术为基础助力人文学科在理论、实践与思想方面的全面发展，其内容包括学术资源的生成与研究，学术成果在同行、师生之间的交流与互动"③。相比其他数字人文定义，Cohen 等强调了数字人文学术成果的交流。

Varner 等认为，"数字人文可被视为传统人文研究与新兴数字技术之间交流、沟通的产物。"④该阐释强调数字人文不能被视为一种基于计算机的人文研究量化方法，它强调人文研究与数字技术并重，也就是说，将人文研究与数字技术研究结合起来，探究人文知识的生成、推广等问题。

Jennifer 和 Kevin 认为，"就数字人文的核心而言，数字人文是一种新兴的跨学科运动，旨在通过数字手段增强和重新定义传统人文学术"⑤。该阐释认为，数字人文不仅是人文研究与数字技术的深度融合，而且从方法论、技术等视角重新定义了传统的人文研究。

---

① 安妮·伯迪克，等. 数字人文：改变知识创新与分享的游戏规则［M］. 马林青，韩若，译，北京：中国人民大学出版社，2018.

② 赵生辉，朱学芳. 我国高校数字人文中心建设初探［J］. 图书情报工作，2014，58（6）：64-69，100.

③ Cohen D J, Frabetti F, Buzzetti D, et al. Defining the digital humanities［EB/OL］. https：//academiccommons. columbia. edu/doi/10. 7916/D8MS41Z1.

④ Varner S, Hswe P. Special report：digital humanities in libraries［EB/OL］. http：//americanlibraries-magazine. org/2016/01/04/special-report-digital-humanities-libraries.

⑤ Jennifer L A, Kevin B. G. Keeping up with digital humanities［EB/OL］. https：//www. ala. org/acrl/publications/keeping_up_with/digital_humanities.

（3）数字人文是人文与技术、方法的融合

《数字人文指南》的主编 Schreibman 认为，"数字人文用信息技术启迪人类典籍，理解人类典籍亦能对信息技术的发展与应用产生影响"①。该阐释涵盖了所有人类典籍，并强调了人与技术的互动。值得注意的是，随着 2004 年《数字人文指南》一书的出版，数字人文快速取代人文计算，成为这一新兴交叉研究的代名词。

Burdick 在其所著的《数字人文》一书中指出："数字人文学科诞生于传统人文学科与计算方法的相遇。"②该表述与 Schreibman 相似，强调数字人文的核心内涵是数字与人文的结合。

许苗苗等认为，"数字人文着眼于多学科领域学者的通力合作，以数字技术帮助人文学科提出问题、分析问题并力求解决问题"③。该解释侧重数字人文的跨学科合作特性，强调以人文学科为主，借助技术解决人文科学研究中的问题。

Barrett 认为"数字人文指的是借助计算机技术分析与处理传统人文数据，并在研究人文问题时将计算工具与人文科学中的方法有机地结合起来"④。

（4）数字人文是一种方法论

刘炜等在对人文计算与数字人文的历史梳理后，指出"数字人文本质上是一个方法论共同体，即由人文学者采用计算机方法和工具，依靠数字化和数据化的人文资料，从事人文研究的实践活动"⑤。该阐释侧重于强调数字人文作为方法与工具提供者的辅助属性。此外，在分析、对比传统人文与数字人文后，刘炜等认为，传统人文是静态的，数字人文是动态的；传统人文存在知识孤岛问题，数字人文可通过网络的形式将知识关联起来；传统人文是基础，数字人文是在基础

①　Schreibman S, Ray S, John U. The digital humanities and humanities computing: an introduction [M]. Oxford: Blackwell, 2004.

②　Burdick A, Drucker J, Lunenfeld P, et al. Digital humanities [M]. MIT Press, 2012.

③　许苗苗，邵波. 我国数字人文发展的脉络，问题及启示[J]. 图书馆学研究，2020，14：2-10.

④　Barrett K. From pamphlet to pixel: the humanities intransition [EB/OL]. http://www. cam. ac. uk/research/discussion/from-pamphlet-topixel-the-humanities-in-transition.

⑤　刘炜，林海青，夏翠娟. 数字人文研究的图书馆学方法：书目控制与文献循证[J]. 大学图书馆学报，2018，36(5)：116-123.

之上的拓展、融合与延伸。

Klein 在《跨学科的数字人文：新兴领域边缘的工作》一书中归纳了数字人文的两个本质：数字人文是一种方法论；数字人文是一个跨越学科边界混合领域。①

李娜认为"数字人文是一种将计算机方法与技术融入人文研究，进而提出人文问题的新范式"②。该阐释把数字人文理解为一种解决人文科学问题的工具，侧重于人文科学中计算机方法的应用。

(5)数字人文是某种空间

王涛将数字人文视为一种空间，在该空间中传统人文研究与现代数据技术交流、碰撞，即"数字人文是一栋高耸的学术大厦，计算机、历史、地理、人文等学科像大厦的房间"③。该阐释不仅强调破除学科之间的专业壁垒，而且强调保留各学科固有的特色，即数字人文最终要落脚到传统的人文学科，它不是抹杀传统学术研究，而是与传统学术研究有机融合，共同构建新的研究视角、研究内容与研究方法。

对现有数字人文概念进行归纳和总结，给出数字人文的定义：所谓数字人文，是一种将新的技术工具与方法运用到传统人文学科的教学、科研、服务以及其他创造性工作之中的新型学科。数字人文学者运用传统的人文学科研究的思维与方法反思数字人文的价值。"数字"与"人文"之间存在着一种双向的联动关系，新技术的生成与应用，改造了传统的人文学科，诞生了数字人文，拓展了新型的人文学科。与此同时，人们也可以根据传统人文学科的思维方式与研究方法，观察、研究、质疑乃至批判数字人文之于文化传统与数字文化的深刻影响。

通过对数字人文概念的梳理，可以发现数字人文具有四个基本特征：

(1)数字人文是文理融合的产物。在学科发展过程中，人文学科与计算或信息技术相结合，打破了文理之间、人文与技术之间独立运作、壁垒森严、缺乏交

---

① Thompson Klein J. Inter-disciplining digital humanities：boundary work in an emerging field[M]. University of Michigan Press，2015.

② 李娜．国际数字人文研究的演化路径与热点主题分析[J]．图书馆，2021，5：59-67，73.

③ 王涛．"数字史学"：现状、问题与展望[J]．江海学刊，2017，2：172-176.

流的状况，走向新的相互合作、相互促进、互联互通、共同发展的阶段。

（2）数字人文具有跨学科、学科交叉及超学科的特点。由于人文学科包含了语言、文学、历史、哲学、艺术等诸多领域，与计算或者信息技术结合后，数字人文的优势凸显，与人文比更数字，与数字比更人文，往往超越了单一的学科范畴，从而走向了跨学科甚至超学科的研究。

（3）数字人文令传统人文学科知识的产出、保存与传播媒介发生了改变。过去，人文学科只是单纯或者主要依靠印刷文本进行保存和传播。一旦引入数字工具与方法，就会使人文学科发生革命性的变化，进而促成了人文学科与数字技术在不同层面的融合。

（4）数字人文使传统人文学科的影响力得到了延续，内涵实现了革新。例如，在盛行科学、技术、工程与数学等学科的时代，人们在追求物质享受的同时从未怀疑过传统人文学科的价值。数字人文的不断发展，使得人文学术研究在当今经济占主导作用的全球化时代依然被大力弘扬，使人文思想在技术世界的沙漠中找到了新的用武之地，使传统的人文思想在当代得到了传承与发扬。

1.4　人文计算与数字人文

在人文计算出现之初，人们往往借助计算机及信息技术来处理大量的书面文本，并将人文计算视为主要的研究方式。数字人文从人文计算发展而来，是典型的文理交叉、超学科领域。在一定层面上，两者存在四点相同之处：

（1）在学科范围上存在一致性。两者都是指计算机技术与艺术、文学、历史、哲学等人文学科的融合。

（2）服务的中心一致。不管是数字人文还是人文计算，其核心都是"人文"学科，研究和解决的问题都具有人文意义。

（3）两者均具有工具性甚至方法论的属性，都是将计算机技术作为一种新的工具应用于人文学科中来解决问题。从方法论角度看，两者均为人文学科研究提供了传统研究范式之外的方法；从实践角度看，两者均创造性地将计算机技术引入人文学科研究，并且随着计算机技术的发展，带动该领域的研究对象、研究方法不断变化。

（4）具有良好的发展前景。两者均顺应了数字时代的发展需求，将信息与计算机技术引入人文学科，随着互联网技术在人类生活中全方位的渗透，未来发展前景光明。

从人文计算到数字人文的转变是该领域发展史上的一件大事，数字人文在概念内涵、外延等方面与人文计算不同，具体体现在以下几个方面：

（1）起源不同。人文计算是以信息技术作为主要工具，进行文本编码，使得书面文本数字化，但随着信息社会进程的不断深化，人文学科研究的对象已经不限于文本，还包括图像、数字、声音等；而数字人文是随着互联网的发展而出现的，在信息化和网络化的背景下，它极大地扩展了人文计算的研究内容和研究范围，给人文研究刻上了数字化的烙印。

（2）发展演变不同。两者的起源不同，加之，在计算机及网络发展过程中，先有"计算机及信息技术"的越来越成熟，再有互联网的出现、快速发展。在人文计算到数字人文的发展及演变过程中，也是先有人文计算的概念，再衍生出数字人文的概念。

（3）涵盖范围不同。人文计算是借助计算机及信息技术来处理书面文本的研究形式，内涵上较为狭窄；而数字人文除了包括利用计算机技术进行人文研究外，还包括文献资料的数字化、知识共享的网络化、成果传播的网络化等。时至今日，数字人文已经快速演化为一个范围宽泛的概念，只要是用到计算机的、在数字化的人文材料上进行的工作都可以冠以数字人文之名，其研究内容涉及文学、艺术、考古、新闻传播、图书馆、博物馆等领域，几乎无所不包。

（4）研究方法不同。在人文计算时代，研究对象主要是文本，研究方法主要采取一定的研究范式对文本进行挖掘；在数字人文时代，研究视野和学科环境得到极大开拓，融合计算机技术与人文学科进行研究，孵化更多的研究领域。同时新兴的文本挖掘方法因其能够快速处理海量文献，有效处理非结构化的数据而成为网络时代数字人文研究中颇有前景的研究方法。

（5）语义功能不同。随着计算机技术的发展，两者的研究对象、研究方法虽已发生了变化，但数字人文仍未完全取代人文计算。前者常用在书本或期刊标题等需要表示包罗万象意义的地方，而后者常用于表示实际工作的地方。简而言之，数字人文用于代表具体实践活动之余，逐渐成为该领域的代名词，而人文计算则主要用于形容某些特定的实际工作与项目，这也是两者在数字人文时代被赋予的新的语义功能。

(6)综合使用频次日趋差异明显。目前，尽管数字人文这一概念出现在人文计算之后，但数字人文在文献中的使用频次比人文计算更高。在欧美国家发达国家，均有以数字人文冠名的学会和论坛，不少高校也建立了数字人文研究机构，很少使用人文计算，这在一定程度上表明目前数字人文的接受度远高于人文计算。

综上所述，人文计算与数字人文概念与内涵有很大交集，都是指计算机技术的思想、理论、方法和工具在人文社会科学各领域中的融合与应用，丰富人文学科的研究对象、提升研究能力、改进研究方式、优化研究结果，形成新的学科范式。但两者并不完全相同，用数字人文取代人文计算，不管是一种"战术便利"，还是一种"包容更多内容的意图"，都表现出这一领域的新发展方向。

第 2 章　数字人文研究进展

2.1　数字人文发展阶段

纵观数字人文发展史，可将其归纳为四个阶段。

第一个阶段是从 1949 年到 2000 年，此阶段是数字技术迅猛发展期。随着计算机技术的发展，如何利用计算机技术自动获取知识成为学术界关注的热点问题。国外对此问题的关注由来已久。1949 年，布萨团队与 IBM 合作，成功地对意大利哲学家阿奎那 1000 多万字的拉丁文作品建立了索引。这项工作极大地推动了计算机在语言学中的应用，并推动了文本与计算的深度融合。① 计算机的普及为人文学者与计算机学者的合作研究提供了可能。欧美主要国家围绕语言学语料库建设，召开了一系列学术会议，重点探讨了文本的创建、保存、维护等问题。之后，随着互联网的出现，西方学者利用电子邮件创建了人文邮件群，形成了最早的数字人文学术共同体。我国将计算机引入人文学科较晚。1977 年，长江流域规划办公室于武汉市举办的电子计算机整编水文年鉴经验交流会，是我国计算机整编的开端。② 1978 年，上海计算机技术研究所引入数据库系统，以存储和检索为目标，建立了上海工业年报数据库。③ 进入 20 世纪 80 年代，计算机逐

---

① 伯迪克. 数字人文：改变知识创新与分享的游戏规则[M]. 北京：中国人民大学出版社，2018.

② 本刊通讯员. 电子计算机整编水文年鉴经验交流会[J]. 电子技术应用，1977，2：7.

③ 上海计算机技术研究所一室数据处理小组. 上海市"工业年报"数据库介绍[J]. 电子技术应用，1978，2：9-16.

渐普及，王玉等为了解决文本版面自动分析问题，自主设计了一套文本录入系统，该系统具有自动识别、自动分析、自动建库等功能，为人文学者从事相关研究提供了有力支持。① 自动化技术和数据库的飞速发展给数字人文发展带来机遇。典型成果有：首都博物馆开发的"国家书目中心数据库"、北京高校图书馆联合统一编目的"中文图书联合目录"等。② 此外，著名学者克里弗等提出长久保护图书的有效做法是书籍数字化。③ 图书馆、博物馆等机构开始考虑馆藏资源数字化问题。这一时期的研究推动了传统人文研究转向人文计算，人文计算基本确立，数字人文开始萌芽。在这一时期，数字技术逐渐引入人文学科，人们普遍认为数字人文是借助计算机技术进行人文研究的一种技术方法，该研究属于技术创新，由计算机学者主导，人文学者参与度不高。

第二个阶段是从 2001 年到 2010 年，此阶段是数字技术简单应用期。新媒体技术的出现催生了新的科学范式，并为数字技术与人文学科的深度融合奠定了基础。在这一阶段，计算机的处理对象不再局限于文本，图像、视频逐渐成为计算机的处理对象，图像数据库、视频数据库由此产生。电子文档制作、纸质文献扫描、古建 VR 恢复等应用层出不穷，人文研究逐渐从传统的纸质媒介过渡到超文本，人文知识的产生、传递、共享呈现网络化态势。④ 数字技术推动了艺术、文艺、影视等领域的快速发展。对于电视设备而言，数字电视技术的引入提高了技术性能，增加了模拟技术无法企及的新功能，促使电视技术进入新时代。⑤ 21 世纪初期，计算机技术引入制片过程，该应用范围广泛，并对影片制作尤其是特效制作及三维动画产生了重要影响。⑥ 此外，20 世纪 90 年代至 21 世纪初期，国内歌手均以 CD-ROM 发行唱片，其中不仅包括歌曲，还融合了图像、视频等多媒体

---

① 王玉，张炘中，苏东庄. 基于版面分析的文本管理系统[J]. 中文信息学报，1989，4：24-32.

② 陈云昌，袁国发，钟晓雯. 文献信息数字化的技术发展[J]. 河北科技图苑，1997，S1：10-14.

③ 莱恩茨，布朗利格，高天. 书籍保护和数字化[J]. 晋图学刊，1988，2：74-76.

④ 柯平，宫平. 数字人文研究演化路径与热点领域分析[J]. 中国图书馆学报，2016，6：13-30.

⑤ 尤婉英，王贻良. 数字电视技术讲座(二)——第二讲数字电视信号处理的基本原理[J]. 广播与电视技术，1982，2：44-49.

⑥ 施正宁. 数字化技术与影像艺术[J]. 北京电影学院学报，1993，2：54-60.

信息，深受广大歌迷的追捧。多媒体技术的引入，使得艺术的表现力更强，受众的参与度更高，在一定程度上推动了艺术学的纵深发展。① 数字技术与互联网的融合，促进了图书、期刊、影像等资源的数字化发展，以及在互联网上的广泛传播。可以说，开放和共享是这一阶段的显著特征。地理信息系统（Geographic Information System，GIS）技术在数字人文中得到广泛应用。GIS 与历史地理的融合产生了历史地理信息系统，该系统可以将静态的地理要素转化为动态的数字地图，提高了历史空间定位的准确性和研究的可靠性。② 尽管数字技术在不少人文学科得到一定程度推广和应用，但仍处于起步阶段，更大范围的应用尚未开展。在这一阶段，数字人文围绕理论和实践两方面展开研究。理论研究的重点是新媒体方法，实践研究着重解决数字技术背景下人文学科出现的新问题。其中，批判性思维在推动数字人文理论和实践两方面发展中都发挥了重要作用。数字人文不再局限于数字技术和人文计算，其范围已经扩展到更加广阔的领域，为人文学科探索未知领域提供了新的研究范式。

第三个阶段是从 2011 年到 2014 年，此阶段是数字技术深入应用期。21 世纪是数字化的时代，数字技术在文学领域得到了空前发展。例如，在语言学领域，复旦大学李贤平利用计算机分析统计《红楼梦》中 47 个虚词的出现次数，并基于此对各回分类，根据可视化结果能够发现宝黛爱情故事和贾府衰败分别由不同人所写③；在历史学领域，中国历代人物传记资料库利用数据挖掘技术将史学文本转化为人名、地址、时间、官职等结构化信息，并经规范化标引和著录后形成超大规模数据集，以供历史学者研究使用④；在艺术学领域，上海世博会首次展示了动态数字版的《清明上河图》，以极具美感的方式创新了传统视觉欣赏途径，提高了观赏者的审美感受⑤；在文化领域，引入 GIS 和遥感技术进行文

---

① 陆群．数字化艺术：人人都可参与[J]．电脑爱好者，1997，12：14-15.

② 陈刚．"数字人文"与历史地理信息化研究[J]．南京社会科学，2014，3：136-142.

③ 曾毅平，朱晓文．计算方法在汉语风格学研究中的应用[J]．福建师范大学学报（哲学社会科学版），2006，1：14-17.

④ 朱本军，聂华．跨界与融合：全球视野下的数字人文——首届北京大学"数字人文论坛"会议综述[J]．大学图书馆学报，2016，34（5）：16-21.

⑤ 俞砚秋．关于数字动态《清明上河图》中的美学思考[J]．美与时代（中旬），2014，8：87-88.

化遗产保护①；在考古领域，周明全等引入信息技术对秦始皇兵马俑进行了复原，他还带领团队利用文物复原技术，对青铜器和古代字画进行了复原②；在图书情报领域，构建了古籍数字化地图资源共享平台，通过对古籍资源数字化和可视化处理，将单一的、静态的古籍资源变为综合的、动态的形式展现给人文学者③。2011 年，我国第一个数字人文研究中心落户武汉大学，标志着我国数字人文研究进入新阶段。图书情报界积极响应，同年，中国数字图书馆和中国网络电视台联合推出数字人文专区，将中国数字图书馆在数字人文领域积累的音视频专题片展现给观众④。与此同时，上海外国语大学图书馆抢抓机遇，全面推进面向数字人文的资源库和数据库建设⑤，南京大学启动了华夏家谱 GIS 平台建设，中华书局推出了中华经典古籍库建设等。数字人文背景下，语料库的建设取得了长足进步，为人文学者从事相关研究提供了原始素材，有力地完善了历史学、社会学等学科的研究体系。我国开展数字人文研究较晚，一些学者借鉴国外数字人文发展经验，指导我国数字人文研究，推动数字人文在我国的发展。2013 年，王晓光等围绕项目运作、人员组成等对全球 17 家数字人文机构进行研究，得出的结论是：我国数字人文研究中心应该以项目为中心开展跨学科研究，并明确数字人文人才培养在教育中的重要作用⑥；同年，朱艳等为了让中国学者更好地了解国外数字人文的研究现状，先后翻译了多篇英美学者的相关论著⑦；2014 年，赵生辉等在分析国外高校数字人文研究中心建设情况的基础上，针对我国高校建设

---

①　周海粟. 利用空间信息技术保护历史文化遗产——记空间信息技术在文化遗产保护中的应用研究国家文物局重点科研基地(清华大学)[J]. 中国科技奖励，2012，10：58-59.

②　郭剑峰. 修复历史的容颜——访北京师范大学信息科学与技术学院院长周明全教授[J]. 科技潮，2011，11：10-15.

③　范佳. "数字人文"内涵与古籍数字化的深度开发[J]. 图书馆学研究，2013，3：29-32.

④　李长青. CCTV-IP 电视"数字人文"开播[N]. 中国信息报，2011-06-29.

⑤　周琼，胡礼忠. 图书馆员在"数字人文"中的作为——"2011 数字人文国际大会"后的感想[J]. 图书馆建设，2012，3：82-84.

⑥　李巧明，王晓光. 跨学科视角下数字人文研究中心的组织与运作[J]. 数字图书馆论坛，2013，3：26-31.

⑦　菲茨帕特里克，朱艳. 人文学科数字化[J]. 文化研究，2013，4：194-198.

数字人文平台提出建议，以期推动我国数字人文的发展①。这一阶段数字技术的应用范围不断扩大，呈现出分散性、多样性的特点。数字人文不再是简单地运用数字技术来处理人文资料，而是以数字技术为核心改造和重塑人文学科的研究范式，形成多层次、多维度的数字人文研究体系。

第四个阶段是从 2015 年至今，此阶段是数字人文快速发展期。2015 年以来，数字人文研究成果不断涌现，呈现出指数级增长的态势。研究内容包括：一是理论研究，主要探讨数字人文的概念体系；二是探究人文学科在数字人文背景下的定位与使命；三是数字人文教育问题，主要探讨高校如何开展数字人文教育；四是数字人文技术与方法探讨以及数字人文平台建设；五是人文学者在数字人文研究中的参与度问题。在这一阶段，数字人文研究形成了多角度、立体化的网络结构，逐步形成数字人文共同体。数字人文项目建设取得新进展。例如，上海图书馆以数字人文项目为抓手，着力探究数字人文技术与方法，开展数字人文项目研究，建立了一系列数字人文开放平台，如历史文献众包平台、中文古籍联合目录及循证平台、盛宣怀档案知识库、家谱知识服务平台等。② 图书馆、博物馆、档案馆等机构紧跟时代步伐，以多重身份投身到数字人文研究中。首先是数字人文的应用者。图书馆利用数字技术，在资源建设、空间设计、知识服务等方面进行了大胆尝试，并取得了较好效果③；博物馆引入智能技术手段挖掘历史名人的发展脉络，通过多维度、立体化、可视化展示，为受众提供了更为直观的知识获取途径；档案馆从记忆技术和技术记忆两方面推动数字人文研究，为新时代档案资源开发与利用开拓了新的思路④。其次是数字人文的合作者和支持者。数字人文的基础是人文数据，上述机构在前期积累了较为丰富且类型多样的数据资源，这

---

① 赵生辉，朱学芳．我国高校数字人文中心建设初探［J］．图书情报工作，2014，58（6）：64-69，100.

② 上海图书馆［EB/OL］．［2020-02-03］．https：//library. sh. cn/#/index.

③ 赵洪波，罗玲，李大莉．数字人文视域下智慧图书馆建设的模式与路径［J］．图书馆学刊，2019，9：110-113，122.

④ 牛力，刘慧琳，曾静怡，等．数字时代档案资源开发利用的重新审视［J］．档案学研究，2019，5：67-71.

为数字人文发展提供了必要的数据支持。① 此外，数据工具的研发也很重要。朱武信等利用上海图书馆的关联数据，借助 HANLP 技术，进行了命名实体识别系统的设计与开发。② 宋宁远等在对比几种图像标注工具的基础上，通过比较这些工具的特点，指出图像语义描述存在的规范化问题③；曾子明等从用户认知视角提出面向数字人文的描述框架，该框架不再利用传统的图像自动标注技术，而是依赖于语义描述模型，有助于人文学者全面理解图像信息④；朱红艳等在数字人文教育方面进行了探索，提出可以借助图书馆的先天优势发展数字人文教育⑤。这一阶段数字人文研究体系基本确立，数字人文共同体初步形成。数字人文涉及社会生产的众多方面，跨越了多个学科，体现了人文主义的价值观，拓宽了人文学科的边界，重塑了人文学科的研究范式，将对人文学科发展产生深远影响。

2.2　数字人文理论研究

数字人文受到学术界的广泛关注，关注的焦点主要集中在概念体系、研究对象、研究方法、研究范式以及标准化等方面。Schreibman 在回顾数字人文发展历程的基础上，详细梳理了数字人文的形成阶段、研究方法以及应用实践，通过分析数字人文学术会议主题变化趋势揭示该领域研究热点的演化，并指出数字人文是一门技术驱动的新兴学科。⑥ Dalbello 利用谱系学方法对数字人文项目和活动进行深入分析，探索知识生产与转化与研究工具的关系，数字人文强调可访问性

---

① 曾蕾，王晓光，范炜. 图档博领域的智慧数据及其在数字人文研究中的角色[J]. 中国图书馆学报，2018，44(233)：17-34.

② 朱武信，夏翠娟. 命名实体识别在数字人文中的应用——基于 ETL 的实现[J]. 图书馆论坛，2020，5：16-20.

③ 宋宁远，王晓光. 面向数字人文的图像语义标注工具调查研究[J]. 数字图书馆论坛，2015，4：7-14.

④ 曾子明，周知. 面向数字人文的图像语义描述模型研究[J]. 情报理论与实践，2018，41(1)：116-121.

⑤ 朱红艳，蒋莎. 我国高校数字人文教育模式初探[J]. 四川图书馆学报，2019，6：85-88.

⑥ Schreibman S. Digital humanities：centers and peripheries [J]. Historical Social Research，2012，37(3)：46-58.

和大众化，研究工具是数字人文研究的重中之重。① 数字人文建立起人文学科与自然学科的紧密联系，面向数字人文的研究框架解决了数字技术支持人文学科研究的关键问题，创新传统人文学科的研究方法，推动人文学科的转型发展。② 郭金龙等在全面梳理数字人文概念、研究内容和研究现状的基础上，指出文本挖掘是数字人文研究的主要方法之一，并提出数字人文研究的核心是研究对象的数字化，支持创新人文学科研究的内容、方法和模式。③ 范佳指出跨学科是数字人文的最大特征，其一端依赖于高性能计算，另一端服务于人文学科，即将当前主流的计算机技术、电子技术、互联网技术等引入历史学、文学、艺术学、考古学等传统人文学科。④ 朱本军等提出数字人文是一个不断发展的概念，过去不同时期不同学科学者未能对其内涵形成共识，未来仍将处在不断发展变化之中，很难形成统一定论。⑤ 孙辉探讨了数字人文研究框架，提出该框架由网络计算存储层、人文学理层、资源层、问题层、模型层等十一个既相互独立又彼此相关的功能层构成，并对各功能层进行详细分析，指出人文学理是数字人文研究的基础。⑥ 刘炜等认为数字人文实际上是方法与工具的创新发展，是"方法论共同体"，相关学者不仅要掌握人文学科的研究方法和一般规律，也要具备数据科学研究与应用的能力。⑦ 此外，一些学者试图基于模糊理论建立人文学科与自然学科的联系，并促进两类学科的融合发展。⑧ 人文学科的计算转向深化了数字人文研究，智能

---

① Dalbello M. A genealogy of digital humanities [J]. Journal of Documentation, 2011, 67 (3)：480-506.

② Anderson S, Blanke T, Dunn S. Methodological commons：arts and humanities E-science fundamentals [J]. Philosophical Transactions, 2010, 368(1925)：3779-3796.

③ 郭金龙, 许鑫. 数字人文中的文本挖掘研究[J]. 大学图书馆学报, 2012, 3：11-18.

④ 范佳. "数字人文"内涵与古籍数字化的深度开发[J]. 图书馆学研究, 2013, 3：29-32.

⑤ 朱本军, 聂华. 跨界与融合：全球视野下的数字人文——首届北京大学"数字人文论坛"会议综述[J]. 大学图书馆学报, 2016, 34(5)：16-21.

⑥ 孙辉. 数字人文研究框架探析与思考[J]. 情报理论与实践, 2018, 41(7)：7-13.

⑦ 刘炜, 叶鹰. 数字人文的技术体系与理论结构探讨[J]. 中国图书馆学报, 2017, 43 (5)：32-41.

⑧ Tabacchi M E, Termini S. Fuzzy set theory as a methodological bridge between Hard Sciences and Humanities [J]. International Journal of Intelligent Systems, 2014, 29(1)：104-117.

化算法参与到人文学科研究①，促进了文学、历史学②、新闻学③、艺术学④等学科的发展。

从理论层面探究数字人文以及数字人文与图书馆学关系的研究还不多。一些学者指出数字人文与图书馆学的研究对象均是信息资源，这是上述两个学科产生共同研究兴趣并共享认识论的基础。⑤ 作为图书馆学中重要方法的文献计量法为数字人文量化研究方法的提出奠定了基础。后续逐渐发展起来的因子分析法、社会网络分析法等，均不断丰富了数字人文的研究内容和方法体系。Sula 提出基于文化信息学的概念模型，用以挖掘数字人文与图书馆之间的关系，该模型将数字人文研究置于图书情报学科的研究范式中并全面融入图书馆日常工作，主要研究内容包括人文资源数字化保存、文本分析与数据挖掘、资源导航与开放获取以及咨询与培训等。⑥ 数字人文是一门实践性很强的学科，其理论体系处于开放状态，还在不断完善中，与图书馆的关联性亦需深入探讨。但可以肯定的是，数字人文与图书馆学均与信息资源和计算机技术紧密相关，两者协同发展的趋势必将随着应用的不断深入而越发明显。

2.3　数字人文技术与方法研究

数字人文技术为人文学者从事研究提供了崭新的研究手段和研究视角。随着数字人文不断发展，新颖的数字人文技术层出不穷，一种普遍的做法是根据人文

① Pisarski M. A culture of algorithms? New directions in the humanities ［J］. Ceska Literatura，2015，63(6)：907-917.

② Zaagsma G. On digital history ［J］. BMGN -Low Countries Historical Review，2013，128 (1)：3-29.

③ Anderson C W. Towards a sociology of computational and algorithmic journalism ［J］. New Media & Society，2012，15(7)：1005-1021.

④ Stinson J, Stoessel J. Encoding medieval music notation for research ［J］. Early Music，2014，42(4)：613-617.

⑤ Koltay T. Library and Information Science and the digital humanities：perceived and real strengths and weaknesses ［J］. Journal of Documentation，2016，72(4)：781-792.

⑥ Sula C A. Digital humanities and libraries：a conceptual model ［J］. Journal of Library Administration，2013，53(1)：10-26.

学科的需求，将自然学科领域的技术和方法应用于人文学科，用以解决其面临的关键问题。通过对近年来主流文献的梳理，不难发现：同一个数字人文项目中包含多种技术手段，单一的技术很难满足项目需求，无法支撑整个项目。因此，数字人文项目往往借助多种技术以形成技术路线或技术体系来解决人文学科的问题。2018年，刘炜等对数字人文技术进行了梳理，他们认为数字人文技术包括数字化技术、数据管理技术、数据分析技术、可视化技术、虚拟现实与增强现实技术以及机器学习技术等。①

图书馆、博物馆、档案馆等信息机构一直是数字人文研究与实践的主要阵地。1996年，张晓娟在分析了数字图书馆概念和含义的基础上，详细梳理了国外数字图书馆的研究现状和项目实施情况，提出了我国数字图书馆发展建议。②自数字人文出现后，图书馆界快速跟进，主动地将数字人文吸纳为数字图书馆建设的一部分，逐步完善和丰富了图书馆学科，极大地促进了数字人文的发展。张诗博指出，数字人文的发展促进了馆藏资源数字化进程，有助于创新图书情报工作和知识服务内涵。③

数据管理与数据分析技术密不可分，包括本体、语义网、关联数据、数据库设计、文本分析、聚类分析、主题图分析、内容挖掘、SNS等技术。在数据管理与数据分析技术的发展过程中，形成了以"数据采集""本体构建""关联数据""语义关联挖掘""知识发现""知识图谱"为主线的数字人文技术路线和研究方法。赵生辉等提出了数字人文仓储概念，构建了数字人文仓储架构模型，探讨了数字人文仓储的建设规范、技术架构和实施策略等问题。④ 欧石燕提出了一个以资源描述框架(Resource Description Framework，RDF)语义元数据的构建与关联为核心，面向关联数据的语义数字图书馆资源描述与组织，包含元数据层、本体层、关联数据层和应用层等四个层次的框架。⑤ 姜永常等提出知识组织应以知识元为基

---

① 刘炜，叶鹰.数字人文的技术体系与理论结构探讨[J].中国图书馆学报，2017，43(5)：32-41.

② 张晓娟.论数字图书馆[J].图书情报知识，1996，1：2-7.

③ 张诗博."数字人文"背景下的图书馆知识服务[J].晋图学刊，2013，5：40-42.

④ 赵生辉，朱学芳.数字人文仓储的构建与实现[J].情报资料工作，2015，4：42-47.

⑤ 欧石燕.面向关联数据的语义数字图书馆资源描述与组织框架设计与实现[J].中国图书馆学报，2012，38(202)：58-71.

元，以知识元链接为枢纽来构建知识组织的神经系统——知识网络和语义网，其组织过程一般经历文献信息的知识元抽取与标引，知识元库与知识仓库的构建。① 夏翠娟等基于上海图书馆家谱知识服务平台，利用基于语义万维网的规范控制方法和基于知识本体的知识组织方法以及关联数据技术、社会化网络技术、可视化技术，实现了面向知识发现的数字人文服务，并以"上川明经胡氏"和"湖广填四川"为例，详细展示了关联数据在数字人文研究中的作用和用法。②

可视化与 VR/AR 技术用于构建更和谐友善的人机交互界面，使经过分析和挖掘的知识更直观地呈现在用户面前。相较于 VR/AR 技术，可视化技术目前相对成熟，陈刚结合地理学"时空观"演进、现代历史地理学兴起等问题，对历史地理信息化的概念、方法、现状和前沿方向进行总结，并对开展历史地理信息化、推进数字人文研究和创新人文社会科学方法等方面提出建议。③ 王晓煜等阐述了数字重构技术在文化遗产保护中的应用，并重点论述了全息投影技术和混合现实技术在未来文化遗产数字化重构中应用的可行性。数字重构技术在推动我国文化遗产的保护和传播中将发挥至关重要的作用。④ 王婷对秦兵马俑一号坑陶俑进行扫描并以此实例，介绍了利用三维激光扫描技术建立文物真三维模型的基本流程与方法，为文物的数字化展示、数字博物馆的建立、文物鉴赏以及文化遗产的保存提供了新思路。⑤

在数字人文研究工具方面，不少学者亦进行了探讨。宋宁远等分析了当前主流的五款图像语义标注软件，重点探讨了其语义标注、语义发布以及数据建模等功能，并对其优势和不足进行了比较研究。⑥ 宫平以免费、开源的网络发布平台

---

① 姜永常，杨宏岩，张丽波. 基于知识元的知识组织及其系统服务功能研究[J]. 情报理论与实践，2007，30(1)：37-40.

② 夏翠娟，张磊. 关联数据在家谱数字人文服务中的应用[J]. 图书馆杂志，2016，35(10)：26-34.

③ 陈刚. "数字人文"与历史地理信息化研究[J]. 南京社会科学，2014，3：136-142.

④ 王晓煜，杨丽. 数字重构技术在文化遗产保护与传播中的应用研究——以数字敦煌为例[J]. 信息与电脑：理论版，2018，8：157-159.

⑤ 王婷. 文物真三维数字建模技术在秦始皇兵马俑博物馆中的应用——以一号坑陶俑为例[J]. 文物保护与考古科学，2012，24(4)：103-105，108.

⑥ 宋宁远，王晓光. 面向数字人文的图像语义标注工具调查研究[J]. 数字图书馆论坛，2015，4：7-14.

Omeka 为例，通过分析其功能及特点，从资源和技术两方面提出我国数字人文发展策略。① 张卫东等在探讨数字人文与馆藏资源可视化之间关系的基础上，设计了面向数字人文的馆藏资源可视化模型，着重研究"数据""分析""技术""服务"等四大节点。② 薛欢雪等将激光扫描、可视化分析、GIS 等技术引入到可移动文物数字化平台，构建了面向可移动文物的历史全息图景系统。③ 鲁丹等在全国师范大学图书馆联盟异构馆藏资源的基础上，设计了数字人文系统平台。该平台以语义网、大数据、人工智能等新兴技术为支撑，引入数据驱动的知识组织方法，提供全新的知识服务。④ 夏翠娟等以数字人文项目的建设方法、建设流程以及技术框架为切入点，深入探讨面向知识服务的图书馆数字人文项目建设过程。⑤ 总的来说，数字人文工具研究尚处于探索阶段，目前主要集中在关联数据、GIS、文本挖掘、知识地图、信息可视化以及移动视觉搜索等技术，缺少对数字人文资源整合平台的关注，项目建设、技术特征、应用规范均未形成稳定的研究范式。

2.4 数字人文服务研究

（1）数字人文服务模式

数字人文环境下，数字人文服务模式越来越丰富。典型代表有：面向数字人文的图书馆知识服务模式、嵌入数字人文过程的图书馆科研数据服务模式等。⑥⑦ 刘

---

① 宫平. OMEKA 在图书馆数字人文项目中的应用[J]. 图书馆研究与工作, 2019, 10：92-95.

② 张卫东, 左娜. 面向数字人文的馆藏资源可视化研究[J]. 情报理论与实践, 2018, 41(9)：102-107.

③ 薛欢雪. 图书馆数字人文项目中可移动文物数据库的开发构建[J]. 公共图书馆 2019, 1：36-40.

④ 鲁丹, 李欣. 整合异构特藏资源构建数字人文系统[J]. 图书馆论坛, 2018, 10：38-46, 29.

⑤ 夏翠娟, 张磊, 贺晨芝. 面向知识服务的图书馆数字人文项目建设：方法、流程与技术[J]. 图书馆论坛, 2018, 1：1-9.

⑥ 王新雨. 面向数字人文的图书馆知识服务模式研究[J]. 图书馆工作与研究, 2019, 8：71-76.

⑦ 黄钰新, 王远智. 嵌入数字人文过程的图书馆科研数据服务研究[J]. 情报资料工作, 2017, 6：84-89.

恒兹等建议通过引入融合优势资源、科研项目、研究主体的学术对话模式来提供数字人文服务。① 赖永忠提出面向数字人文的图书馆支持服务模式，主要内容包括科研咨询与导航、资源获取与推送、学术传播与出版、科研影响力评价、科研人员教育等。② 王新雨分析了数字人文对图书馆服务创新的促进作用，从丰富知识服务产品形态、优化文献资源整合、发挥数字人文馆员作用等方面提出面向数字人文的知识服务策略，构建了面向数字人文的图书馆知识服务模式。③ 孙辉指出，在数字人文环境下，应着手构建满足图书馆馆员和用户需求的服务框架，为用户提供必要的信息资源保障以及数据密集型的科研能力保障。④ 总的来看，现有研究都是将图书馆嵌入式服务、科研数据服务等模式简单移植并叠加到数字人文中，出现了形式多样的数字人文服务模式，但这种移植方式并未体现数字人文的差异性，因此，仍需加强对数字人文服务模式的研究。

（2）资源导航

大数据时代，海量文献资源可以从互联网上自由获取，在这种情况下，文献资源已经从印本拓展到社交媒体等新兴媒体，如何以更加互动的方式为人文学者提供第一手的资料就显得尤为重要。⑤ 将在线资源嵌入更广泛的数字资源中是整合内外部资源的有效做法，基础设施建设有助于提高数据资源的供给效率。一个重要原则是实现内容与功能的集成，使已出版数字资源的发现与获取成为可能，构建一个面向特定群体的数字内容仓储与利用的交互机制，为数字人文用户提供跨专业的分布式数字资源支持与服务，以提高用户信息发现、知识挖掘与再利用

---

① 刘兹恒，董舞艺. 高校图书馆参与数字人文的一些思考［J］. 大学图书情报学刊，2019，37（6）：3-6.

② 赖永忠. 面向数字人文的图书馆科研支持服务研究［J］. 图书馆工作与研究，2016，10：28-32.

③ 王新雨. 面向数字人文的图书馆知识服务模式研究［J］. 图书馆工作与研究，2019，8：71-76.

④ 孙辉. 人文学科图书馆嵌入式服务的探索与实践［J］. 情报理论与实践，2017，40（12）：112-116，57.

⑤ Kamada H. Digital humanities：roles for libraries？［J］. College and Research Libraries News，2010，71（9）：484-485.

的水平。① 目前，大型研究机构都已建立了机构知识库，可以考虑利用关联数据技术将有价值的外部数据资源链接到本地，便于用户更大范围地获取、维护和分发学术资源。

（3）工具应用

数字人文工具主要包括分析工具和管理工具两类，人文学者可以借助这些工具进行数据采集、整理、组织、注释、共享等。常见的数字人文工具应用领域主要包括以下几方面：② 一是测绘项目，数字绘图软件对数字人文研究创新具有重要作用，如典型的 Web 应用程序 Google Maps 可以方便地添加图层信息和标记历史事件；二是文本分析，对于人文学者而言，这项工作属于原始性的数字人文活动，需要多样化的技术支持，但对于非编程人员来说，工具应用方面可能存在一定的难度，需要技术人员提供专业指导；三是在线展览，涉及数字内容的组织、分发与管理等核心环节；四是内容编审，如图书馆员与维基百科合作编辑，共同编辑和审核数字内容。此外，为了更好地支持数字人文工具服务于人文学者研究，鼓励为用户提供培训课程，编制常用工具的使用手册、说明书和操作视频，同时确保基础设施的可用性并构建规范的工作流程。

（4）数字保存

数字保存在数字人文领域是一大难题，至今尚未得到很好解决。在很多情况下，数字人文学者缺乏必要的专业知识和研发工具来保存其所创造的数字资源，与图书馆合作是破解之道。图书馆与数字人文学者合作，通过标准应用、元数据管理以及其他方式来保存数字资源，并将数字保存列入项目的早期设计和阐述方案以提高后期可操作性。而且，数字人文领域的数字资源往往是复杂的、动态的，这为图书馆保存这些资源带来一定难度。③ 数字人文学者应该支持数字内容创作者从项目一开始就直接与图书馆联系，以确保遵守某些特定标准和保存准

---

① Fay E, Nyhan J. Webbs on the web: libraries, digital humanities and collaboration [J]. Library Review, 2015, 64(1/2): 118-134.

② Varner S. Library instruction for digital humanities pedagogy in undergraduate classes [M]. West Lafayette: Purdue University Press, 2016.

③ Russell I G. The role of libraries in digital humanities [EB/OL]. [2016-05-23]. http://www.ifla.org/past-wlic/2011/104-russell-en.pdf.

则。但实际情况是，数字人文学者与图书馆之间存在信息不对称问题，主要原因是作者不愿意被这些条条框框所限制，也不愿意创造大量满足保存要求的元数据。因此，一些学者建议为数字人文研究提供专门的数字保存工具和自动化设施，以提高数字人文研究效率。①

(5)元数据管理

数字人文项目产出的成果形式主要包括手稿、作品集、文本、语料库、图库、音频与视频库以及专题研究集等。为了便于人文学者查询和理解这些成果，有必要对这些成果进行元数据表示和规范化管理。元数据服务内容主要包括：一是元数据咨询与支援，包括项目与元数据的分类记录、元数据标准的应用、基于项目需求的元数据架构定制、受控词表与叙词表、元数据文献与最佳实践、数据监护工具与实践以及提高数据搜索与检索效率的元数据工作等；二是帮助用户描述数据的基本属性，丰富数据集的元数据，定义数据关系，设计数据关联机制，描述元数据的标准主要有内容、价值、结构、交换、管理等五个维度；三是数据的组织、编码与获取，三项工作对应的元数据服务策略分别是受控词表、元数据架构和应用程序配置文件。

(6)学术评价

数字人文项目的成果往往以数据集、知识库等非文献形式出现，传统的计量指标很难全面客观地评价该成果的学术价值和社会影响。因此，可以参考图书馆多年形成的资源评估与编目的经验，建立更科学的数字人文成果评价指标体系。2010 年兴起的 Altmetrics 继承和发扬了传统计量研究的优势，在一定程度上满足数字人文评价需求。该方法的指标数据来源于社交媒体，研究对象包括论文、书籍、程序、数据集等。在数字人文领域引入该方法，根据社交媒体指标可以获得研究成果的实时影响力数据及其早期影响力数据。② 在服务策略方面，图书馆借助研讨会议等方式，向数字人文学者推介新兴服务模式的优势，强调开放存取的重要意义。图书馆提供的数字人文服务有三种功能定位：首先是数字人文

---

① Cunninggham L. The librarian as digital humanist: the collaborative role of the research library in digital humanities projects [J]. Faculty of Information Quarterly, 2010, 2(2): 1-11.

② Alhoor I H M, Furuta R. Identifying the real-time impact of the digital humanities using social media measures [EB/OL]. [2016-09-08]. http://dh2013.unl.edu/abstracts/ab-424.html.

学者的沟通伙伴和学术交流专家；其次是提供学习支持功能，提供良好的学习环境和评价工具；最后是发布数字人文学者的个人履历，助力其塑造更好的职业形象。

（7）数字人文教育

长期以来，数字人文学者一般由传统人文学者和计算机科学、图书情报学者组成。传统人文学者对学科领域较为熟悉，清楚学科发展面临的问题，但缺乏必要的数字技术基础；计算机科学学者熟悉数字技术，但对于学科的具体需求不太了解，无法给出分析结果的合理解释；图书情报学者具备传统人文学者所需的资源和计算机科学学者拥有的技术，但他们思考问题往往从资源角度出发，这在一定程度上限制其在人文学科研究的深入度和拓展性。随着数字人文对人才的需求越来越明显，各方学者对数字人文教育以及人才培养进行了深入探讨。徐孝娟等围绕课程方案、课程结构、课程层次和培养目标等四个维度对英美三所高校进行调研，并结合我国数字人文教育开展现状，提出我国数字人文课程设置以及人才培养建议。① 王涛等在南京大学本科开设《数字历史学》课程，发现学生缺乏技术背景、涉猎内容的深度和广度过大、通用性与个性化矛盾突出、专业性与工具性融合不够、基础设施缺乏等问题②。在图书情报领域，高蕴梅立足于图书馆实际，提出面向数字人文的服务模式，具体内容包括资源建设服务、资源管理服务、知识和价值挖掘服务，与此同时，她还指出图书馆员应具备信息、数据、新媒体等方面的素养。③ 李洁指出图书馆提供的数字人文服务包括数字资源管理、文本挖掘、知识发现、文物保护与修复、咨询服务与知识传播等。④ 在数字人文背景下，图书馆员应发挥自身技术和服务优势，在数据管理、资源发现与整合、跨学科知识传递等方面发挥更大作用。

---

① 徐孝娟，侯莹，赵宇翔. 国外数字人文课程透视——兼议我国数字人文课程设置及人才培养[J]. 图书馆论坛，2018，7：1-11.

② 王涛. 数字人文的本科教育实践：总结与反思[J]. 图书馆论坛，2018，6：37-41.

③ 高蕴梅. 面向数字人文的图书馆服务和馆员素养研究[J]. 大学图书情报学刊，2018，36(2)：8-11.

④ 李洁. 数字人文背景下图书馆员角色转换[J]. 图书研究与工作，2017，10：26-30.

2.5　数字人文实践研究

(1)数字人文基础设施建设

基础设施建设对数字人文发展至关重要。由于数字人文具有鲜明的跨学科研究特色，因此基础设施建设不仅包括传统人文学科的基础设施，也包括计算机、网络、软件等数字环境设施，即在数字环境下实现人文学科研究所需的基本条件。

在理论框架研究方面，刘炜等认为数据科学为人文学科研究提供了方法论基础，因此，新的人文学科研究平台需要改造或重新建立。他给出的基本思路是以数据为基础，以方法为导向，提供统一的数据资源管理、大数据分析、可视化展示和智慧型服务。① 邓要然等通过调研美国 14 家数字人文机构的名称、隶属关系、人员组成、研究项目等信息，指出数字人文与图书馆具有长期共生的关系。② 他强调，高校图书馆应主动利用数字人文研究的契机，避免学科被边缘化，利用已有的丰富资源和成熟存取技术，支撑数字人文研究发展。赵生辉等在对高校数字人文中心调研的基础上，经过比较分析，得出如下结论：高校数字人文中心建设尚处于起步阶段，应采取积极有效措施，推动数字人文领域基础问题研究，制定高校数字人文中心建设规范，发挥高校数字人文中心在学科融合与协同创新中的推动作用。③ 周晨认为数字人文建设具有数字化、智能化、跨学科化等特征，需从资源管理、工具应用及专业人才等方面破解数字人文发展中的一系列难题。④

在研究机构建设方面，2011 年，我国第一家数字人文研究中心在武汉大学成立。2012 年，台湾大学成立数位人文研究中心，并相继建立了 11 个数据库，

---

① 刘炜，谢蓉，张磊，等. 面向人文研究的国家数据基础设施建设[J]. 中国图书馆学报，2016，42(255)：29-39.

② 邓要然，李少贞. 美国高校数字人文中心调查[J]. 图书馆论坛，2017，3：26-34.

③ 赵生辉，朱学芳. 我国高校数字人文中心建设初探[J]. 图书情报工作，2014，58(6)：64-69，100.

④ 周晨. 大数据时代图书馆数字人文建设现状与发展路径[J]. 图书馆工作与研究，2018，8：50-53.

包括超过 600 万的元数据、近 3000 万的影像以及近 4 亿的文本。台湾大学发起的"数位典藏与数位人文"会议召集亚洲地区乃至全世界对中文数字人文研究感兴趣的学者，会议每年召开一次，成为亚洲地区最具盛名的数字人文国际会议。与此同时，台湾政治大学、香港公开大学、南京大学等高校纷纷成立数字人文研究机构。

（2）数字人文专题库建设

在典籍数字化方面，张毅①和程静②分别利用文本挖掘、GIS、可视化、关联数据等技术从时空两个维度对华东师范大学图书馆特藏方志数据库进行揭示。蔡迎春通过整理和研究馆藏民国文献，将原版民国时期文献与中华人民共和国成立后的新版民国时期文献结合起来，利用 GIS 技术建立了民国时期文献数据库③。汤萌等以徽州文书为研究对象，提出融合元数据和主题法的信息组织方法，以期揭示该文献的潜在内容并实现半自动标引。④ 鉴于中山大学图书馆拥有丰富的徽州文书资源，王蕾建议建立历史文献数字人文研究平台，并开展该文献元数据标准制定工作。⑤

在古籍数字化方面，典型的数字化工程是"四库全书"和"中国基本古籍库"，其中《四库全书》是第一部被数字化的古籍。由北京大学等高校与北京爱如生公司合作建立的"中国基本古籍库"，囊括了上万本中国古籍超过 17 亿字的全文。此外，一些学者通过构建古籍研究平台对古籍资源进行开发。卢彤采用网络调查、亲身体验、文献梳理等方法，对中文古籍数字化成果辅助人文学术研究的功能进行分析后，指出将古籍与信息技术相融合的开发利用模式是未来古籍数字化

---

①　张毅，李欣 . 面向数字人文的特藏资源揭示研究——以方志数据库建设为例[J]. 图书馆，2019，6：100-105.

②　程静，张毅 . 基于 GIS 的图书馆异构资源整合可视化设计[J]. 图书馆论坛，2018，38(10)：47-54.

③　蔡迎春 . 数字人文视域下的图书馆特藏资源数字化建设[J]. 图书馆建设，2018，7：31-36，41.

④　汤萌，孙翌，刘宁静，等 . 徽州文书特色资源的主题设计与标引方法研究[J]. 图书馆杂志，2019，38(4)：61-68.

⑤　王蕾 . 徽州文书、徽学研究与数字人文[J]. 图书馆论坛，2016，36(9)：1-4.

的重要方向。① 范佳认为古籍数字化工作应该从文本挖掘、GIS 技术、文本可视化和古籍语料库四方面进行开发。②

　　上述专题库在数字化方面起到了基础性的作用，但由于各方利益需求和数字版权问题，使得这些专题库存在发展无规划、内容重复、数据不规范、数据质量差、文本挖掘不充分、用户体验差等问题，这些问题的解决是推动数字人文发展的重要前提。

————————————

　　① 卢彤，李明杰. 中文古籍数字化成果辅助人文学术研究功能的调查[J]. 图书与情报，2019，1：70-79.

　　② 范佳. "数字人文"内涵与古籍数字化的深度开发[J]. 图书馆学研究，2013，3：29-32.

第3章 数字人文面临的问题与研究意义

数字人文通过引入数字技术对人文学科的研究方法进行变革和创新。目前，数字人文在历史学、文学、图书情报、语言学等学科中进行了一些尝试，并取得了一系列研究成果。但从研究的水平和层次看，数字人文研究尚处于起步阶段，数字技术与人文学科的融入度以及数字技术对人文学科的贡献度均有待于进一步提升。在今后的研究中，数字人文要想真正重构人文学科的研究范式，有待于在"人文化"方面进一步加强。

3.1 数字人文认知与理解问题

近年来，随着数字技术的发展，数字人文研究日益深入，取得的研究成果越来越多。纵观现有成果，不难发现它们大多数基于数字技术，重点探讨大数据环境下人文学科研究方法。数字人文往往被认为是利用数字技术解决人文学科问题，其中"数字"是手段，"人文"是对象，这种理解具有一定局限性。其主要原因是，将"人文"视为研究对象，忽略了人文研究最重要的主体性问题，人文学科较之自然科学和社会科学最大区别在于研究对象的差异性和主体性。目前，一些研究人员关注的是数字技术，而不是人文学科，这种"维数字论"的做法很难满足人文学科的现实需求。

此外，数字人文突出"数据驱动"的研究范式有可能偏离人文学科的研究路径。在传统研究中，人文学科研究往往是论证驱动的，强调分析问题；而数字人文研究在数据驱动思想的指导下，专注于数据的采集、清洗、处理等过程，以数据为中心构建研究体系，在一定程度上违背了传统人文学科研究精髓，难以保证人文学科研究的学术性和思辨性。因此，数据驱动的研究范式很难支持人文学者对学术问题的思考与分析。如果人文学科研究仅停留在"数据"表面，很难实现研究范式从论证驱动到数据驱动的转变。综上所述，数字人文是"数字"和"人文"的结合体，利用数字技术对人文学科的关键问题进行解释和研究，但数字人文的最终目标是服务人文学科，只有以数字技术为工具，以人文问题为载体，充分体现人文情怀才是数字人文的题中之义。

随着数字人文研究持续升温，学术界对数字人文趋之若鹜，在一定程度上存在盲目追赶潮流的问题。该问题主要体现在数字人文平台建设和数字人文研究工具研发两方面。数字人文平台是数字人文研究的重要支撑，是数字人文项目的孵化器。目前，国内外已经建成了一系列数字人文研究平台，典型代表有：伦敦大学学院数字人文研究中心、斯坦福大学空间与文本分析中心、数字人文组织联盟、清华大学数字人文研究中心、武汉大学数字人文研究中心、南京大学高研院数字人文创研中心、台湾大学数字人文研究中心等。尽管数字人文研究平台为数字人文研究提供了必要的平台支持，但一些平台是为了迎合数字人文浪潮而建立的，建设动机和建设目标不够明确，没有做到数字技术与人文学科的深度融合，主导的项目没能充分调动人文学者与计算机学者的积极性和主动性，甚至一些项目仅仅引入数字技术概念，而对于如何利用这些技术解决人文学科的关键问题缺乏必要的探讨。目前，数字人文平台普遍存在建设标准不统一、学科融合度不够、支持力度有限等问题。在数字人文研究工具研发方面，刘恒兹指出，为了迎合数字人文浪潮，一些图书情报机构开发的数字人文平台或工具尚未受到人文学者的关注。[①] 董舞艺等认为，数字人文的研究重点是为人文学者提供必要的知识发现和可视化工具。[②] 贺晨芝等经过调研发现，上海图书馆众包项目成熟，但受众相对有限，活跃用户很少。[③] 韩宇等针对徽州文书数据库指出，该数据库尚未

---

① 刘兹恒，董舞艺. 高校图书馆参与数字人文的一些思考[J]. 大学图书情报学刊，2019，37(6)：3-6.

② 董舞艺，梁兴堃. 中国人文学者参与数字人文动机的二元结构及行为路径[J]. 中国图书馆学报，2019，45(4)：86-103.

③ 贺晨芝，张磊. 图书馆数字人文众包项目实践[J]. 图书馆论坛，2020，40(5)：3-9.

实现共用共享，无法与其他数据库互联互通，不利于开展深层次的数字人文研究。① 与此同时，数字人文研究采用的技术手段相对单一，缺乏有针对性的数字人文研究工具。

3.2 大数据与人文学科融合问题

人文学科是一个庞大的学科群，其包含的学科呈现多样性和复杂性的特征。不同学科与大数据的关联度略有不同。社会学、法学、政治学等传统学科对数据的依赖性较强，数据背后蕴含的含义更丰富；文学、历史学、哲学等学科往往关注人们的价值理想、精神生活等，对数据的依赖性较低，数据蕴含的含义相对有限，这些学科在大数据环境下受到的冲击较小。从大数据的发展历程看，大数据是数据规模和数据类型激增的结果，但大数据并不是万能的，它无法取代传统的中小规模数据。大数据技术尚处在发展完善之中，它在短期内不能完全取代传统的数据挖掘或机器学习技术。此外，数据驱动的研究仍面临诸多挑战，简单地将大数据研究来替换传统的人文学科研究为时尚早。但一个不容忽视的事实是，大数据时代已经到来，大数据的引入无疑给人文学科研究带来了新的问题和挑战。

人文数据的快速增长给人文研究提出了巨大挑战。时至今日，随着海量专业文献资源的涌入，人文学者的阅读能力与文献资源的规模之间存在巨大差异，人文学者无法从海量文献资源中找到所需信息。丰富的数据库以及便捷的资源获取途径方便了人文学者获取各类资源，但也进一步加重了"信息迷航"问题。为了解决上述问题，人文学者需要借助计算机处理模式和分析方法，依托计算机存储设备开发数字学术资源，引入复杂计算与分析建立系统仿真与实证平台，从根本上改变人文知识的获取、处理、分析、解释、呈现等方式。特别是在文学、历史学、语言学等学科取得了较好效果，组建了专门的研究机构，形成了数字人文中心网络和国际数字人文机构联盟等组织机构。

---

① 韩宇，王蕾，叶湄. 徽州文书数据库建设的现状与发展趋势[J]. 高校图书馆工作，2019，39(6)：54-60，68.

大数据增加了传统人文学科定性研究的难度。大数据环境下，大数据思维已经渗透到生活的方方面面，科学研究也不例外。大数据技术与方法被广泛地引入自然学科和人文学科研究中，通过对海量数据的收集、处理和分析得出结论。人文学科关注的不是数据规模和数据模型，而是能否为人文学科研究提供必要的量化分析依据。数据质量的高低以及数据模型的精准度直接决定数据分析结果的可信度。特别地，人文学科研究注重分析某些社会问题、社会现象的本质以及人与社会的关系等，这些研究需要数据支持及定量分析。大数据时代涌现了海量数据，这些数据的质量参差不齐，且来源的真实性无法保证，再加上整理和提炼过程相当繁琐，这使得人文学科定量分析和定性分析的难度加大，很难得出较客观的研究结论。

大数据驱动的研究可能引起人文知识的浅层化。在大数据环境下，数字人文研究突破了传统研究拘泥于规则预设的弊端，通过数据挖掘研究问题的关联性并进行知识发现。研究起点的变化使得人文学科研究摆脱了对研究对象的依赖，进而将人文学科的问题转化为数据世界的问题。① 大数据在为人文学科带来全新研究视角的同时，也可能在数据获取、处理、组织、分析过程中弱化传统人文学科研究的权威性。也就是说，从数据中获取更有益的价值，使得一些人文学者痴迷于数据模型，忽略了研究问题，盲目地将数据与知识、数据与服务混为一谈。过分强调数据和数据模型可能引起人文知识的浅层化，导致研究问题聚合而非质问，数据表现为展示而非处理，缺乏对人文学科机理和本质的深入探讨，难以给出精确的解释和有针对性的对策。

大数据技术与方法可能造成人文精神的丧失。访谈和对话是人文学科数据的主要来源之一，这些数据直观、可靠。在大数据环境下，数据往往独立于具体场景存在，故其可理解性较差。如果人文学科研究过分依赖于大数据技术与方法，势必导致缺乏必要的人文关怀和人文精神。大数据技术与方法具有良好的通用性，这为人文学科研究赋予鲜明的技术特征，但数据模型无法解决所有人文学科问题，而且容易忽略问题的个性化特征，甚至出现个性固化和信息孤岛的问题。因此，大数据技术与方法能够助力人文学科研究更加敏锐地发现问题，但也可能

---

① 李阳，孙建军. 人文社科大数据研究的价值追寻[J]. 图书与情报，2019，1：1-7.

引起人文精神的丧失。特别是在人工智能技术驱动下，人文学科的创新思维逐渐弱化，这种唯数据论的分析方法引发的研究范式变革与人文学科研究传统产生断裂，进而对人文学科的文化观、发展观、服务观等带来颠覆性的影响。

大数据环境下的人文学科研究范式受到挑战。研究资料的数字化改变了传统人文研究的资料类型，数字资源的采集、处理、分析对研究成果的贡献度日益凸显。大数据环境下，图书、期刊、图像、视频等数据资源呈现出来源更广泛、结构更多元化、信息粒度更小、记录更碎片化等特征。在人文学科研究中，数据资源的复杂性急需借助计算机辅助处理。与此同时，随着人文数据规模的增大，人文数据的精准筛选和深度挖掘成为需要迫切解决的问题，这对人文学者的逻辑思维和数据处理能力提出了更高要求。然而，人文学者的知识结构和数理分析能力无法支撑其从事大数据环境下的数字人文研究，这种矛盾性给人文学科研究带来巨大挑战。

大数据环境下的人文学科研究往往忽略实地调查。实地调查是一种重要的人文学科研究方法，在大数据环境下，人文学者往往可以借助数据库来实现研究目标，这在一定程度上忽略了实地调查的重要性。在数据驱动的人文研究中，数据调查是必不可少的环节，数据调查需要明确研究目标、研究假设、研究活动以及数据采集对象、采集方式、筛选策略等。诸如人口数据、民调数据、健康数据等均有必要进行实地调查，仅仅利用数据库很难客观地反映实际情况，无法得到准确的研究结论。

大数据环境下的数字人文研究面临知识生产与人文意蕴的二元价值困境。在大数据环境下，人文学科所处的场景发生了深刻变化，人文学科研究需要通过数据驱动的模式来发现一些新问题并通过对数据价值挖掘得到解决方案。然而，对数据的过度依赖和过度解读往往限制了人文学科的高质量发展，数据呈现形式的单一化以及显示度成果的缺失势必影响大数据环境下人文学科发展的学术自信和价值自信。大数据环境下的人文学科研究关注的不是利用大数据技术与方法建立的数据模型，而是针对人文学科的疑难问题找到求解方法。大数据环境下的人文学科研究往往采用吞吐式产出的模式，这显然与人文学科科学严谨的研究理念相违背。

3.3　数字人文理论与研究方法问题

　　数字人文研究方法的基本思路是：将研究问题视为可编码的信息，将研究对象转化为可追溯的数据，将价值体系打上可识别的标签，通过数据统计、数据挖掘、可视化展示等手段呈现一个直观的数字化文本形态，数字人文学者结合专业知识对可视化结果进行分析和解释。根据数字人文研究思路，通过比较传统人文学科与数字人文之间的联系与区别，以期实现"数字"与"人文"的深度融合。

　　人文学科的原理阐释、理论分析以及概念抽象等研究均建立在对现实世界的切身体验和对资料符号信息的直观感受基础上。数字人文方法将包含文献资料和行为活动的研究对象进行数据化和可视化处理，形成新的文本形态。数字人文方法的引入极大地丰富了人文学科的研究内涵。数字人文学者对研究问题的认知、理解、阐释，不是面向文献资料或事实本身，而是面向"二次加工"生成的可视化文本形态。传统人文学科研究主要面向两个层次：一个是"原始文本"，将原始的文献资料和行为活动视为人文学科研究的"原始文本"，相当于索绪尔提出的"言语层"；另一个是"元文本"，即柏拉图提出的"理式"、奥塔提出的"宏大叙事"，相当于具有规则约束的"语言层"。数字人文在上述两层结构的基础上，增加了"次生文本层"，经过数字人文处理的新文本形态可以视为"次生文本"。"次生文本"是"原始文本"的映射，即"原始文本"数字化处理结果即为"次生文本"。传统人文学科研究面向"原始文本"和"元文本"之间的二元关系，在数字人文背景下就演变为"原始文本""元文本""次生文本"之间的三元关系。其中，"次生文本"既有可能对"原始文本"抽象还原，又有可能对"原始文本"颠覆性解构；既有可能突出"原始文本"和"元文本"之间的隐含关系，又可能反映两者之间的矛盾性。面向"原始文本"的研究也叫作"细读"，面向"次生文本"的研究叫作"远读"。"远"与"近"是相对于"原始文本"的距离而言的。数字人文学者对"次生文本"的研究依然是"细读"式的，该研究依赖于数字人文学者对"原始文本"的认知、理解和感悟等。数字人文极大地丰富了人文学科研究的层次和内涵，有效地拓展了人文学科研究的深度和广度。时至今日，数字人文中的"次生文本"仅是对文献资源的存储、检索、统计等辅助性功能的完善，尚未成为一种独立的研究方法贯穿于人文学科研究全过程。

知识生产是数字人文研究的重要问题之一，其所面临的问题要比传统人文学科研究更具挑战性。其一，数字人文要求研究人员具有文献收集与整理、文本分析以及内涵释义的能力。特别是当面对海量文献资料时，研究人员束手无策，这就需要其能够以随机采样的方式完成文献资料的阅读，进而获得研究对象的感性认知。尽管这些经验是片面的、碎片化的，但对于人文学科研究却是不可缺少的。其二，数字人文还要求研究人员具有"看图识字"的能力，即从"次生文本"的各种图形、符号、数字等信息中得到"原始文本"的隐含语义和价值判断。上述研究是数字人文研究发展的初级阶段。其主要特点是：在"人-机"关系中，"人"处于绝对主导地位。随着人工智能技术的完善与发展，数字人文研究方法不断演化与更新，"人"在"人-机"关系中的地位有所下降，在一些特定应用中，"机"代替"人"的情况时常发生。这使得一些人文学者对数字人文提出质疑，他们认为将人文学科研究的认知、理解、解释和判断的权利赋予计算机，无疑隔断了研究人员与"原始文本"之间的联系，降低了研究人员对"原始文本"的直观感受。其主要原因是：第一，数字人文研究尚处于初级阶段，对人文学科的贡献度有限；第二，对科幻大片渲染的人工智能带来的"超人类"时代的恐慌。其实，一种科学的态度是，既不要由于数字人文处在起步阶段就忽视它对人文学科的重要影响和价值，也不要过分夸大数据驱动的定量分析能力。

目前，数字人文研究专注于丰富和发展服务于人文学科研究的数字技术和辅助工具，致力于构建可推广的技术路线和方法体系。数字人文研究方法的有效性从两方面进行验证：一是技术路线的可行性，二是人文分析的有效性。前者依赖于统计学、计算机科学等学科技术与方法，后者借助于传统人文学科研究方法。对于传统人文学科而言，数字技术不仅是方法的革新，更重要的是其提出了一系列新的问题，如本体论的区分以及研究对象数字化必要性分析等。可以明确的是，在人文学科研究中，研究意义是无法数字化的，数字化的是意义之外化物。例如，著名画作《梵高的鞋》能够通过数字化得到相应的数字作品，但其光晕却无法通过数字化得到。因此，数字人文必须要面对数字技术与人文学科深度融合的三元难题：无法数字化之物、被数字化的原始事实及其与建构的数字事实之间的关系。此外，数字人文工具研发需要人工参与，即数字人文工具依赖于传统人文学科的知识、技能、经验、价值观等。例如，情感分析是数字人文研究中的一项重要内容，一般采取二分类（积极、消极）和多分类（快乐、悲伤、痛苦等）相结合的方式建立情感词典。在该研究中，需要对情感词及其在特定语境下的情感指向进行区分，建立情感词与情感指向的映射关系。这种研究方法在古诗词情感倾向分析以及网络舆情评价等方面已初具成效。数字人文最为成功的研究成果依然是数据库建设，比较成熟的研究大多以 GIS 应用为主。在大数据环境下，文本分析尚未在数字人文领域广泛应用，其主要原因是：文献资料数字化程度不高，无法支撑大规模文本挖掘应用。传统人文学科研究关注的是档案、手稿等第一手的文献资料，这些文献资料往往借助于 OCR 技术，该技术存在诸多不足，仍需要大量人工校对。因此，在未来一段时间，文献资料的数字化与"次生文本"分析共同发展，并逐渐形成互相支撑的生态系统。

现有数字人文研究大多没有遵守知识发现的规范化方法。数字人文是在数据的基础上面向人文学科进行知识生产和知识发现的过程，该过程应该遵守知识发现的规范化方法，即问题定义、数据采集、技术实现、问题求解、结果分析与可视化等五个阶段。数字人文研究应该围绕知识发现的全过程或者其中的某些重要阶段展开研究，以便实现知识发现的研究目标。在大数据环境下，大数据不仅给数字人文研究提供了数据资源和研究方法，也拓展了人文学科的研究内容。传统的人文学科研究也需要收集数据，但受技术条件限制，往往借助于采样的方法，试图利用最少的数据获得最多的知识。在这种情况下，数据的质量对研究结果的影响较大，而大数据提供的海量数据和研究方法有效地规避了上述不足，提高了人文学科研究效率。数字人文研究重点不在于大数据，也绝非文献资料数字化，但目前数字人文研究尚未突破上述范畴。

3.4　研究价值与意义

数字人文致力于数字革命中知识生产方式的转型，推动构建面向未来的知识体系和方法体系，关键是大数据环境下基于学者导向的研究需求以及基于资源共享的网络基础设施建设。数字人文的研究价值和意义体现在以下几方面。

数字人文为大数据环境下的人文学科研究提供了新的研究路径。人文学科的数据采集困难，以前人文学科研究大多依赖于抽样调查，通过抽样调查得到的往往是局部数据，为了能够得到更多的调查数据，需要增大抽样比例，但仍未达到覆盖"全数据"的程度，因此，所得结论具有明显的推论性质。在大数据环境下，人文学者能够获得研究对象的全体数据，大数据技术与方法为人文学科的量化研究提供必要的技术支持。一直以来，人文学科研究的基本思路是"大胆假设，小心求证"。海量数据的涌入成为众多人文学科研究的前提，数字人文能够解决大数据环境下人文学科难以辨析的关键问题，并能够从量化角度给出合理解释。

数字人文为人文学科与其他学科实现跨学科研究提供坚实基础。数字人文立足于解决人文学科的关键问题，从技术和方法方面融合人文科学、自然科学、社会科学、应用工程等学科，实现真正意义上的跨学科协同研究。数字人文促使研究人员从问题本身出发，结合自身知识背景和研究需求，实现可共享资源的最大化、研究方法的通约化以及知识体系的综合化。近年来，随着互联网技术的发展，数字人文社区、讨论群组层出不穷，显现出很强的活力。不少数字人文的讨论和交流通过非传统渠道进行，并受到广大学者的关注，逐渐形成了一种跨学科、跨地区、跨平台的学术共同体。

数字人文将其他学科研究的系统性、明晰性以及规范性引入人文学科，推动了人文学科纵深发展。近年来，数字人文往往依赖于数据驱动或模型驱动的研究范式，存在"技术黑箱化"的问题，引起部分学者的盲目乐观或悲观。简单地将数字人文等同于数据或模型，或者将数字人文的能力夸大到可以解决人文学科的一切关键问题，都是片面的。不可否认的是，数字技术的融入以及大数据的涌现为人文科学研究提出了新的挑战，这就需要构建一种定性研究与定量研究相结合的研究范式。

数字人文有助于培育新一代复合型数字人文人才。著名学者拉姆齐指出，数字人文学者不仅具有扎实的人文基础，而且还应具有一定的编写代码的能力。他给出的数字人文学者定义具有很好的启发性。"数字"所指的范围，不仅包括 C、Java、R、XML 等编程语言，也包括开发软件，甚至软件相关研究。这就将从事软件研究的相关学者、利用软件进行知识管理的管理人员以及开发软件的工程师纳入了数字人文框架，为更广范围重塑新一代数字人文人才提供了一个参考模板。鉴于目前高等教育呈现出高度专业化的特征，强调实践性的数字人文学者有利于扩大学术生产的原动力、提高学术的多样性以及促进学术研究的协作性。

　　数字人文的理念和方法逐渐被学术界认可，越来越多的学者利用数字人文技术与方法进行人文学科研究。大数据环境下的数字人文研究，有可能改变质性研究过于依赖主观感悟的弊端。定性分析是人文学科最为推崇的研究方法，但数字人文提倡的定量分析方法势必让人文学科的科学属性得到进一步延伸。我们有理由相信，在不久的将来，将有更多的学者认同数字人文理念并积极投身数字人文研究，越来越多的原创性成果不断涌现，接近或达到国际先进水平。

第二篇　数字人文数据篇

第4章 数字人文数据来源

4.1 开源语料库

4.1.1 语料库概念

语料库属于语言学范畴，其实质是对获得的语料进行科学的处理后形成的文本数据库。20 世纪 80 年代以来，以语料库为基础的计算语言学与自然语言处理研究得到了极大的发展。不同的国家建立了多种规模、类型、语言的语料库，语料库的加工程度也越来越深化和细致。

语料库的定义可追溯到 1982 年美国布朗大学的 Francis 教授，他认为语料库是一种文本集合，该文本集合在语言分析方面对语言、方言等具有代表性。① 随后，英国伯明翰大学教授 Sinclair 将语料库定义为反映某种语言状态和变化的自然出现的语言集合。② 由此可见，早期的语料库主要是用来研究语言的规律、发展和变化的一个集合。随着计算机技术与语言学研究的深度融合，国内学者对语料库提出了新的定义。杨惠中认为语料库是用于语言分析与研究的语言资料库，它由大量的实际使用的语言信息构成。③ 何婷婷将语料库定义为具备一定规模和

---

① Francis N. Problems of assembling and computerizing large corpora [C]. Proceedings of the Computer Corpora in English Language Research, Bergen, Norway, 1982: 7-24.

② Sinclair J. Corpus, concordance, collocation [M]. Oxford University Press, 1991.

③ 杨惠中，卫乃兴. 语料库语言学导论[M]. 上海：上海外语教育出版社，2002.

代表性的、有一定结构的、为特定领域服务的在线语料集合。① 从上面几位学者的定义可以看出，语料库必须是数字化的、有规模的、能被计算机程序处理的语料集合。在大数据以及人工智能大行其道的今天，语料库研究离不开计算机技术的发展，并且在这个背景下语料库研究正在迈向一个新的台阶。

4.1.2 语料库特征

由上述对语料库的定义，总结出语料库的三个特征：

(1)语料库中存放的是真实语料，即在实际使用中真实出现过的语言材料。

(2)语料库并不是语言知识，它只是用于承载语言知识的工具，是基础资源。

(3)语料库中的真实语料用科学方法进行加工处理后才能变成实用的资源。

4.1.3 代表性语料库

(1)国家语委现代汉语通用平衡语料库

国家语委现代汉语通用平衡语料库是由国家语言文字工作委员会于1991年12月主持立项，1998年底建成的一个大规模在线平衡语料库。该语料库是国家语委"九五""十五"重大科研项目，受到科技部"863""973"计划中"图像、语音和自然语言理解""智能中文信息处理平台"和"中文信息处理应用基础研究"等多个项目的支持。此外，该语料库的时间跨度大、选材类别广等特点使其能够服务于语言文字的学术研究、语言文字标准规范的制定、语言文字的信息处理、语言文字的社会应用以及语文教育等多个方面。

国家语委现代汉语通用平衡语料库全库以1997年为临界点，总字符数约为1亿字符，分为手工录入印刷版语料与电子文本。其中手工录入的印刷版语料约8500万字符，包括1997年之前录入的7000万字符和1997年之后录入的1500万字符，电子文本语料约1500万字符。此外，该语料库还有个包含5000万字符的子集，称为标注语料库，包括分词和词类标注语料。

(2)北京语言大学语料库中心

北京语言大学语料库中心(BLCU Corpus Center，BCC)语料库是以汉语为主，

---

① 何婷婷. 语料库研究[D]. 华中师范大学，2003.

兼有英语和法语等语言的多语种在线语料库。BCC 语料库是能够反映现代社会语言生活的大规模语料库，主要面向语言本体和语言应用方面的研究，全库总字数约 150 亿字，包含多个领域的语料，其中微博语料约 30 亿字，文学领域的语料约 30 亿字，科技领域约 30 亿字，报刊语料约 20 亿字，古汉语语料约 20 亿字，综合语料约 10 亿字，其他语料 10 亿字。

（3）北京大学现代汉语语料库

北京大学现代汉语语料库（Center for Chinese Linguistics PKU，CCL）是由北京大学中国语言学研究中心负责开发、中国科学院计算技术研究所和北京大学计算语言学研究所等单位支持的纯学术非盈利性质的大规模在线语料库。该语料库中的语料包括古代汉语语料和现代汉语语料两种单语语料，其时间跨度为从公元前 11 世纪到现代。其中古代汉语语料约 2 亿字符，既收录了自周朝到民国时期的语料，还包含了全唐诗、全宋词、全元曲、诸子百家、道藏、辞书、大藏经、二十五史、十三经注疏等语料杂类；而现代汉语语料约 6 亿字符，涵盖了多个领域和类型，包括文学、戏剧、报刊、电视电影、学术文献、相声小品、翻译作品等。

CCL 语料库的检索系统也是纯学术非盈利的，该系统支持"不相邻关键字查询""指定距离查询"等多种复杂的检索表达式，支持通过查询标点符号来检索语料库中包含该标点符号的语料，用户还可以根据具体的需求通过排序、左右长度等方式来定向显示查询结果，并从网页上将查询结果下载到本地。此外，针对字符串 CCL 语料库还提供了丰富且开放的检索接口与功能，从而满足研究者、专家们各种各样的研究需求。

4.2 开放知识库

4.2.1 知识库概念

知识是人类智慧的结晶，而知识库则是针对某些领域问题求解的需要，采用某种表示方式对知识进行组织、管理和使用的相互联系的知识片集合。知识片集合中涵盖了许多知识，包括相关领域的事实数据、理论知识（定义、定理、运算法则等)、专家知识以及常识性知识等。基于知识构建的知识库系统具有结构化、智能性、易操作等优点，能将相应领域的问题求解知识进行显示的表达，并单独地组成相对独立的程序实体。

4.2.2　知识库特点

(1)知识库是根据知识的属性特征、所属领域、使用特征等组织成的有结构的知识模块。其构造必须使得其中的知识能够方便有效地搜索和存取、修改和编辑，并且对知识的完备性与一致性也有一定要求。

(2)知识库的基本结构是层次结构，共分为三层，由知识本身的特性所决定。其中最底层是"事实"知识，中间层则通过规则和过程等用来控制最底层的"事实"知识，最高层则通过"策略"(规则的规则)来控制中间层的知识。

(3)知识库中有一种特殊的知识，它被称为置信度，这种知识可以在知识库的任意层次中存在。针对某一具体问题，其相关的事实、规则和策略都可以标记为置信度，这样普通的知识库就变成了增广知识库。

(4)有一类被称为典型方法库的特殊知识库，当某些问题的解决途径是必然和肯定的，这时就可以将其作为部分相当肯定的问题解决途径，然后存储到典型方法库中，但在使用这部分时，只限于选用典型方法库中的某一层体部分。

此外，也可以通过分布式网络进行分布式知识库的建造。建造分布式知识库有 3 个优点：

(1)可以跨越广阔的地理空间分布。

(2)针对某一层次或领域的知识库，其相对应的问题求解任务较为单一，因此能够构建较高效的知识库系统。

(3)成本和价格较为低廉，可以构造更大的知识库。

4.2.3　代表性知识库

(1)WordNet

WordNet 是由普林斯顿大学的 George Miller 团队于 20 世纪 80 年代构建的、依赖专家知识的大型英文词汇知识库，它通过人工标注，将英文词汇按其语义构成了大型的语义网络。

WordNet 是由同义词集合以及描述同义词集合间的关系构成的，即名词、动词、形容词、副词等都会以同义词集合的方式存储在该知识库中，各个同义词集合间会通过词性关系和语义关系进行连接。当然同义词集合之间的语义关系有很多种，包括上下位关系、同义关系、反义关系、部分整体关系、因果关系、近似关系、蕴含关系等。

（2）BabelNet

BabelNet 是由罗马大学计算语言学实验室构建的、涵盖多语言词汇的语义网知识库。目前 BabelNet 已涵盖 271 种语言，其中包括所有的欧洲语言、大部分亚洲语言和拉丁语。并且 BabelNet 中包含了非常丰富的词汇间的语义关系，其中的同义关系、反义关系、上下位关系、整体与部分关系等 36.4 万条来自 WordNet 的语义关系，还有 3.8 亿条"国籍""首都"等非特定的相关关系来自 Wikipedia 的语义关系。

此外，BabelNet 还通过与 Wikipedia、WordNet、OmegaWiki、FrameNet、VerbNet 等语义资源建立链接，将不同语言中的词汇组织成同义词集，称之为 Babel Synset。BabelNet 大约有 1400 万个同义词集和 7.46 亿个词义，并且在每种语言中，每个 Babel Synset 平均包含 2 个同义词。

总之，BabelNet 通过自动映射的方式将 Wikipedia 链接到 WordNet 上，集成了 WordNet 在词语关系上的优势和 Wikipedia 在多语言语料方面的优势，构建成功了目前最大规模的多语言词典知识库。

（3）YAGO

YAGO 的全称是 Yet Another Great Ontology，是依赖 Wikipedia 和 WordNet 的开源知识库，其中数据的实体关系都严格遵守人工定义的规则，包括实体间的上下位关系、实体的属性间关系等。目前 YAGO 已拥有超过 1000 万个实体的知识和超 1.2 亿个有关这些实体的事实。

（4）HowNet

HowNet 是 20 世纪 90 年代我国计算语言学家董振东、董强提出并主持开发的一个常识知识库，致力于描述认知世界中人们对词汇概念的理解，它将知识看作一种关系，然后将这种关系结构化、可视化。具体而言，HowNet 以概念为中心，通过词汇义原（词汇的最小语义单元）描述了概念间的关系以及概念的属性间的关系, 其中每一个概念可以用汉语、英语等多种语言的词汇进行描述。

此外, HowNet 架构的支点是事件概念分类的双轴论, 它通过展现事物间复杂的关系进行建立概念的描述体系与推理机制。HowNet 中的事件共计 812 类, 除了事件本身这一最高类别外, 分为动态事件和静态事件。静态事件用来表示关系和事物的发展状态, 共 215 类, 其中有 52 类表示关系, 有 163 类表示状态; 动态事件与静态事件相对应, 用来表示行为动作的改变, 共 596 类, 表示改变关系的有 222 类, 表示改变状态的有 336 类。在 HowNet 的动态事件中还有 38 类 "泛动" 的事件, "泛动" 表示即将 "行动" 但还没明确表示是改变关系还是改变状态的词(如 "试" "做" 等)。

(5) CN-DBpedia

CN-DBpedia 是国内最早推出的、大规模的开放域中文百科知识图谱, 其中包括了数千万的实体及数亿的实体关系。其前身是复旦 GDM 中文知识图谱, 后来由复旦大学知识工场实验室在此基础上开发与维护, 逐渐成为国内非常有影响力的大规模通用百科知识库。目前 CN-DBpedia 已从通用百科领域逐步延伸到科技、军事、法律、金融、教育、医疗等数十个垂直领域, 为各行各业的智能化发展与落地提供基础性的知识服务。

(6) 大词林

《大词林》是一个由哈尔滨工业大学社会计算与信息检索研究中心秦兵教授和刘铭副教授主持开发和推出的大规模开放域中文知识库。自 2014 年 11 月推出第一版《大词林》,《大词林》共经历了两次大的版本变化。第一版的《大词林》包含了自动挖掘的实体和细粒度的上位概念词, 类似一个大规模的汉语词典, 其特点在于自动构建、自动扩充, 细粒度的上下位层次关系。第二版的《大词林》引入了实体的义项和关系、属性数据, 将每一个实体的义项唯一对应到细粒度的上位词概念路径, 让《大词林》中实体的含义更加清晰。

《大词林》具有以下特点:

①通过多信息源对实体类别进行自动获取, 并对各个实体类别进行层次化, 整个构建过程是自动构建的, 并不需要领域专家的参与。

②不同于以往人工构建知识库时, 知识库对开放域实体的覆盖度是有限的,《大词林》中数据规模是随着互联网中实体词的不断更新而不断扩大的, 理论上

对开放域实体的覆盖度是没有限制的。

③《大词林》中每一个实体的义项都有丰富的实体和关系数据，且每个义项都能对细粒度的上位词概念路径进行唯一对应，这使得实体的含义更加清晰明确。

4.3　专题数据库

4.3.1　专题数据库概念

专题数据库是针对某一特定领域或主题建立的信息资源库，在数字人文领域，它是面向深层次人文研究、内容挖掘和智慧服务的重要基础，更是对文化遗产进行数字化保护的重要措施。

数字人文研究中常见的数字化对象有很多，其所涉类别广、领域跨度大，包括日记、手稿、随笔、书信、历史书籍、古典文献等。当然不仅可以对常见的文本进行数字化，还可以对视频、图像、音频等多媒体进行数字化。对此，国内外的学者与研究机构进行了一些研究工作，取得了不小的进展。

学者 Millikan[1] 对美国政治家 John Quincy Adams 的 1.5 万多页日记进行了数字化，为美国历史的研究贡献了非常宝贵的材料。加拿大学者 Thomae 等[2]针对危地马拉大都会大教堂中仅存的危地马拉音乐手稿 Santa Eulalia，通过 OMR 与机器学习技术对其进行自动识别和编码，实现了对音乐文化遗产的保护。I-Media-Cities 项目针对大量与欧洲城市历史有关联的音视频数据，利用深度学习算法，对音视频中的实体(人物、建筑等)进行了自动识别与元数据增强，并通过众包技术对音视频的内容进行了人工标注与修正，进而展现欧洲城市的物理变迁和社会动态，该项目获得了 9 家欧洲电影资料库、5 家研究机构和 2 家技术服务商的

---

① Millikan N. The diaries of John Quiney Adams digital project [EB/OL]. [2019-11-29]. https：//dev. clariah. nl/files/dh2019/boa/0450. html.

② Thomae M E. Taking digital humanities to Guatemala, a case study in the preservation of colonial musical heritage [EB/OL]. [2019-11-29]. https：//dev. clariah. nl/files/dh2019/boa/0664. html.

共同支持。① 美国国家基金会支持的 World Historical Gazetteer 项目运用关联数据技术，在获得历史文本和地图中已核实的位置数据的基础上，将地名辞典中对应位置的人物、事件等历史实体相关联。② 王晓光等③利用机器学习技术，并通过专家审核的方式构建了中国敦煌壁画主题词表，为我国历史文化遗产的数字化进程作出了重要贡献。

4.3.2　代表性专题数据库

(1) 中国历代人物传记数据库 CBDB

中国历代人物传记数据库(China Biographical Database，CBDB)是一个由哈佛燕京学社、台湾"中研院"历史语言研究所以及北京大学中国古代史研究中心三方合作进行开发与维护的、开放的线上关系数据库，截至 2021 年 5 月，CBDB 大约包含 491，000 个人的传记信息，主要是从 7 世纪到 21 世纪。CBDB 以尽可能多地去收录中国历史史料和人物传记数据为长期目标，且这些数据正在不断丰富，并正在为唐、五朝、辽、宋、金、元、明和清人物创建新的传记条目。该数据库目前免费开放数据，以供社会大众和各个领域的研究人员将其作为人物传记的重要参考资料，进行统计分析、空间分析等学术研究工作。

CBDB 的数据库组成如图 4.1 所示，其数据涵盖了围绕人物的不同方面的数据信息。

如图 4.1 所示，CBDB 数据库包含了地址信息、亲属关系、入仕途径、著作、社会关系、等多方面的属性信息。为了查询这些基本的数据信息，CBDB 提供了一个单独的线上查询系统，该系统支持多种方式的查询，不仅可以对单个人物的多个属性进行查询，还可以查询不同人物之间的社会关系。这种通过构建社会关

---

① Scipione G, Guidazzoli A, Imboden S, et al. I-Media-Cities: a digital ecosystem enriching a searchable treasure trove of audio visual assets [EB/OL]. [2019-11-29]. https://dev. clariah. nl/files/ dh2019/boa/0108. html.

② Grossner K. World-Historical Gazetteer [EB/OL]. [2019-11-29]. https://dev. clariah. nl/files/dh2019/boa/0452. html.

③ Wang X, Wang H, Chang W, et al. Chinese Dunhuang mural vocabulary construction based on human-machine cooperation [EB/OL]. [2019-11-29]. https://dev. clariah. nvfiLes/dh2019/boa/ 1015. html.

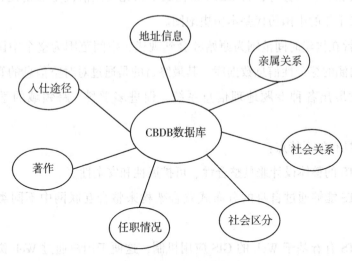

图 4.1　CBDB 数据库组成

系网络作为其数据组织结构的数据库为研究者们提供了一种新的研究方式，研究者们能够基于 CBDB 中的关联性数据，思考人类的过去和历史，以充分挖掘 CBDB 中的研究价值。

CBDB 具有如下特点：

① 大规模。截至 2021 年 5 月，CBDB 包含了约 49 万人的传记信息，时间跨度从 7 世纪到 21 世纪，并不断进行更新和补充。

② 多维度。CBDB 以人物为主体，记录了人名、生卒年份、地址、亲属、社会关系、著作等多维度的属性信息。

③ 细粒度。CBDB 中除了基本的人物传记信息外，还记录了 241 种不同类型的关系，这些关系又细分为 10 类和 34 个子类，这使得 CBDB 可以作为人物的传记指南，提供比传记字典还要准确和完整的数据信息。

（2）中华文明之时空基础架构 CCTS

中华文明之时空基础架构（Chinese Civilization in Time and Space，CCTS）是台湾"中央研究院"负责开发与维护的。CCTS 由基础的历史地图、基于 Web 的 GIS 应用机制，以及主题空间信息 3 部分组成。其中基础的历史地图以《中国历史地图集》为基础，并结合《申报地图》和百万分之一的《中国数字地图》，再辅以各种历史地形图和遥感影像等,将 CCTS 架构成了从先秦到清代全部朝代和疆域,时间跨度超二千年的中国历代基本历史地图。

CCTS 旨在构建时间范围为原始社会到现代,空间范围为整个中国,并以中华文明为内涵的综合性信息数据库,其最终目的是通过对时空信息的管理、呈现与运用,发展出各种专题地理信息系统,促进多学科、跨领域的学术研究与应用。

CCTS 具有如下特点:

① CCTS 的整体设计兼具整合性、可扩展性和安全性。

② CCTS 能够通过自身的分布式整合架构来整合互联网中不同类型的时空信息。

③ CCTS 有着基于 Web 的 GIS 应用机制,这便于用户通过 Web 浏览器进行信息检索与图像制作。

④ CCTS 通过将台湾"中研院"的汉籍电子文献系统、明清地方志联合目录数据库以及清代粮价资料库等进行整合,形成了整合时空属性且具备精确空间定位的汉学应用研究环境。

4.4　网络资源

当然,学者和研究者们如果因为研究的领域和内容,无法使用上述的语料库、知识库和数据库,还可以利用网络爬虫技术来获取互联网上的数字资源。下面将对网络爬虫进行简要叙述。

(1)网络爬虫

现代社会生活的各个方面都引进了云计算与大数据技术,数字人文领域也不例外,研究人员需要大规模的数据开展其研究与应用工作,因此网络爬虫技术迅速发展。网络爬虫本质上是人为模拟搜索引擎的行为,根据具体的需求获取网站上相关的内容并保存到本地,以便日后使用。

目前主流的网络爬虫可分为通用爬虫和主题爬虫。其中主题爬虫又称为聚焦爬虫,它是开发者通过编程语言针对某个或某些特定领域编写的爬取数据的应用程序,这种属于定向进行数据采集的爬虫。而通用爬虫则一般不需要用户自己编写爬虫程序，而是以要搜索内容的关键字为索引，通过基于搜索引擎技术的网络浏览器进行数据搜集，然后存储到本地数据库或其他数据库。

（2）网络爬虫框架

网络爬虫的基础框架可分为爬虫调度器、URL 管理器、HTML 下载器、HTML 解析器和数据存储器这 5 个部分，其组织结构如图 4.2 所示：

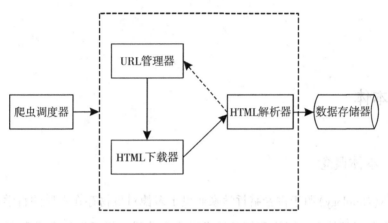

图 4.2 网络爬虫组织结构

该框架的各组成部分主要功能如下：爬虫调度器负责任务调度，统筹协调其他 4 个部分；URL 管理器负责管理和维护已爬取和未爬取的 URL 链接；HTML 下载器负责从 URL 管理器中获取未爬取的 URL 链接，下载 URL 对应的 HTML 网页；HTML 解析器负责获取 HTML 下载器中的 HTML 网页，并从中解析所需的数据；数据存储器负责将 HTML 解析器中解析出的数据存储到数据库。

（3）网络爬虫工作流程

网络爬虫的基础流程较为简单，总体上分为三步：

① 获取网页：通过爬虫工具或者爬虫程序对所爬取网页的 URL 进行解析，即给所爬网址发送请求，此时所爬网址收到请求后，会返回该网址的相关数据。

② 解析网页：通过解析工具将所需的数据从网页上提取出来。

③ 存储数据：将提取出的数据保存到数据库中。

第 5 章　数字人文数据组织

5.1　本体

5.1.1　本体概念

本体(Ontology)源于古希腊哲学家亚里士多德对事物存在本质的哲学研究①，后来被逐渐兴起的人工智能和信息技术融合和改进，用于知识表示和知识组织，从而成为数字人文领域信息服务的新工具。

对于本体的定义，学术界一直没有统一的定论。Neches 等在 1991 年最早给出了本体的定义，即本体是"给出构成相关领域词汇的基本术语和关系，以及利用这些术语和关系构成的规定这些词汇外延的规则"。② 1993 年，斯坦福大学的 Gruber 提出了本体的定义。③ 1997 年，Borst 博士等在 Gruber 的基础上对本体的定义进行了修正。两者合并之后的定义为：本体是一种共享的、概念化的、明确

---

① Maedche A, Staab S. Ontology learning for the semantic web [J]. IEEE Intelligent Systems, 2001, 16(2): 72-79.

② Neches R, Fikes R E, Finin T, et al. Enabling technology for knowledge sharing [J]. AI Magazine, 1991, 12(3): 36-36.

③ Gruber T R. A translation approach to portable ontology specifications [J]. Knowledge Acquisition, 1993, 5(2): 199-220.

的、形式化的规范①。德国卡尔斯鲁厄理工学院的 Studer 等认为本体包含明确、形式化、共享和概念模型四个方面的定义②，其中明确(Explicit)指本体中对所引用概念的使用以及使用此概念时的限制条件应预先得到明确的定义和说明；形式化(Formal)指本体应该具有让计算机理解与处理的性质；共享(Shared)指本体模型所表达的观念、观点可以被人们共同理解与认可；概念模型(Conceptualization)指通过定义对客观世界某些现象的概念来表示对客观世界的抽象。学术界使用最广泛的是波音公司 Uschold 博士等在 1996 年提出的本体定义，即本体是一套术语词表以及术语含义的规范说明。③

我国学者对于本体的定义也进行了系统研究，特别是图书情报领域和人工智能领域对本体的概念进行了多种解释。张晓林博士认为本体是"概念集"，指特定领域公认的关于该领域的对象及其关系的概念化表述。④ 浙江大学人工智能研究所的刘柏嵩先生和高济教授使用了概念模型(Conceptual Model, CM)表示本体，他们认为 CM 由一个类层次和类属性以及一组符合有关类或其属性的公理规则组成。⑤ 中国标准化研究院标准馆的李景博士认为本体是一个关于某些主题、层次清晰的规范说明，是一个已经得到公认、形式化的知识表示体系，它包含术语表，表中的术语全是与某一专业领域相关的，术语表中的逻辑声明全部用来描述那些术语的含义和术语之间关系，即本体提供了一个用来表达和交流某些主题知识的词表和一个描述术语表中术语之间关系的关系集。⑥⑦ 北京大学的汤艳莉和

① Borst P, Akkermans H. An ontology approach to product disassembly [C]. Proceedings of International Conference on Knowledge Engineering and Knowledge Management, Berlin, Germany, 1997：33-48.

② Studer R, Benjamins V R, Fensel D. Knowledge engineering：principles and methods [J]. Data & Knowledge Engineering, 1998, 25(1-2)：161-197.

③ Uschold M, Gruninger M. Ontologies：principles, methods and applications [J]. The Knowledge Engineering Review, 1996, 11(2)：93-136.

④ 张晓林，李宇. 描述知识组织体系的元数据[J]. 图书情报工作, 2002, 2：64-69.

⑤ 刘柏嵩，高济. 基于 RDF 的异构信息语义集成研究[J]. 情报学报, 2002, 6：691-695.

⑥ 李景. 本体理论在文献检索系统中的应用研究[M]. 北京：北京图书馆出版社, 2005.

⑦ 李景，钱平，苏晓鹭. 构建领域本体的方法[J]. 计算机与农业, 2003, 7：7-10.

赖茂生教授认为本体是对世界或者领域知识、概念、实体及其关系的一种明确的、规范的概念化描述。① 张秀兰教授认为本体是通过描述、捕获领域知识，确定领域内共同认可的概念和概念之间的关系，以用于领域内的不同主体之间交流与知识共享的形式化规范说明。②

对比国内外学者关于本体的定义不难发现，国外学者本体的研究较为深入，所提出的本体定义较为经典，并被学术界广泛引用。而国内学者对本体的研究起步较晚，且多数在国外学者的基础上进行的，是对本体定义的进一步扩展。虽然对本体的定义与概念有不同的理解与定义，但存在基本共识，即本体包括概念模型、明确性、形式化、可共享和描述领域知识等方面，这些方面基本描述了本体的实质内容。随着本体理论和技术的不断发展以及本体应用的日渐成熟，学界对于本体的认识日益清晰，本体定义也将更加全面。

5.1.2 本体理论

（1）本体建模语言

本体作为共享概念模型明确的形式化规范说明，一般认为本体构成要素包括类（概念）、关系、函数术语、公理和实例，以下具体说明：

① 类（概念）：表示类似术语表达的概念集合。

② 关系：表示概念之间的语义关系，包括整体与部分关系、继承关系、实例关系与属性关系等。

③ 函数：是关系的特殊表示形式，用来表示特定关系构成的复杂结构。

④ 公理：代表永真断言，即无须再进行证明的逻辑永真式。

⑤ 实例：表示具体的对象，实例是本体中最小对象，它具有原子性，不可再分。

此外，本体的构成要素还有属性、约束、规则等，在实际构建过程中须对这

---

① 汤艳莉，赖茂生. Ontology 在自然语言检索中的应用研究[J]. 现代图书情报技术，2005，2：33-36，52.．

② 张秀兰，蒋玲. 本体概念研究综述[J]. 情报学报，2007，4：527-531.

些构成要素进行明确的定义和说明。

（2）本体描述语言

本体作为一种共享的、对概念的形式化描述，需要用事先规定的语言对其进行描述或表示。在本体理论和技术研究过程中，涌现出多种本体描述语言，其中最具代表性的本体描述语言可以划分为以下两类：

① 基于谓词逻辑的本体描述语言，主要包括 Ontoligua、OCML、LOOM、Cycl 和 Flogic。其中，Ontoligua、OCML 和 Flogic 是基于一阶谓词逻辑和框架模型的本体描述语言，LOOM 是基于描述逻辑的，Cycl 是在一阶谓词逻辑基础上进行扩展的二阶逻辑语言。这些本体描述语言可以通过形式化的表示来实现计算机的自动处理，但不足之处在于有些概念及概念关系难以用谓词逻辑准确表示，形式化表示具有局限性。

② 基于 Web 的本体描述语言，主要包括 XOL、RDFS、SHOE、OIL、DAML+OIL 和 OWL。XOL 是基于 XML 的本体交换语言，SHOE 是简单 HTML 本体的扩展，这两种语言的形式化基础是框架。RDFS、OIL、DAML+OIL 和 OWL 都是基于 RDF 的进一步扩充，继承了 RDF 的语法和表达能力。

（3）本体分类

本体可分为顶级本体、领域本体、任务本体和应用本体等四类，具体描述如下：

① 顶级本体。主要研究和描述最普通的概念，定义了最基本的概念类、属性及语义关系，描述的是最普通的概念及概念之间的关系，与具体的应用无关，其他类的本体都是该类本体的特例。

② 领域本体。描述的是特定领域中的概念及概念之间的关系。

③ 任务本体。描述的是具体任务或行为中的概念及概念之间的关系。

④ 应用本体。描述的是依赖于特定领域和任务的概念及概念之间的关系。

（4）本体评价

随着本体研究的不断深入，本体数量日益增多。这些本体在准确性、可靠性、科学性等方面有着较大差异。因此，作为改善本体质量的方法，本体评价日益受到各领域专家学者的重视。在梳理文献①②③④⑤的基础上，将本体评价方法归纳为以下几类：

① 用户评价法。用户用投票的方式评价本体的质量，但该方法很大程度上取决于用户的主观意识，无法对本体进行全面客观的评价，因此没有得到推广使用。

② 应用评价法。该方法将本体应用到某个特定任务或应用中，然后用任务或应用结果的好坏来评价本体的优劣。这种方法能够较为直观地评价本体的质量，但在某些情况下，对任务或应用结果的好坏也无法进行客观评价，因此该方法对本体的评价也不是很准确。

③ 语料库评价法。该方法通过测试本体与相关领域语料库的匹配程度来对本体进行评价，但这种方法对语料库的领域覆盖度要求较高。

④ 专家评价法。该方法利用相关领域专家知识对本体的质量进行评价，该方法评价结果受限于专家的知识水平，难以重复使用，且不具有可比性，无法进行大规模的本体评价。

⑤ 复合指标评价法。该方法根据一定的标准和规则建立一套本体评价指标体系，然后通过融合每个指标的权重与分数计算最终的评价结果。复合指标评价法是最常用的本体评价方法，其具有开放性、全面性的特点。但该方法的评价结果太过依赖指标体系，因此选用的指标要具有代表性、合理性，且指标权重分配应适当。

⑥ 黄金标准评价法。该方法将构建的本体与相关领域公认的"黄金标准"本体相比较，然后利用比较后的结果对构建的本体进行评价。这种方法难以评估"黄金标准"本体的质量，且在对比评价过程中需要相关领域的专家参与。

总而言之，上述本体评价方法都有其适用性与可行性，方法本身的通用性较

① Suomela S, Kekäläinen J. User evaluation of ontology as query construction tool [J]. Information Retrieval, 2006, 9(4): 455-475.

② 马晓伟. 基于 WEB 的本体评价系统的研究与实现[D]. 中国海洋大学, 2009.

③ 宋丹辉. 本体评价若干问题研究[J]. 图书馆学研究, 2011, 17: 6-9, 5.

④ 崔运鹏. 基于本体论的农业知识管理关键技术研究[M]. 北京: 中国农业科学技术出版社, 2009.

⑤ 刘宇松. 本体构建方法和开发工具研究[J]. 现代情报, 2009, 9: 17-24.

差，局限性较大，很难跨领域广泛使用。目前，复合指标评价法最为常用，因此在本体评价过程中，可以通过建立科学完善的指标评价体系来对本体的质量进行评估，再适当通过专家评价法等方法进行辅助评价，这样对本体质量的评估将会更加全面客观。

5.1.3　本体构建

本体构建对于本体应用来说至关重要，本体构建是一项庞大的系统工程，需要各领域的专家按照一定的本体构建原则，在科学合理的方法论指导下，通过合适的关键技术以及便携的本体开发工具加以实现。

（1）构建规则

目前已有不少本体，由于对各自问题和具体工程领域的考虑不同，构造本体的过程也不尽相同。研究人员和学者们从实践角度出发，提出了一系列构造本体的标准，其中最具影响力的是 Gruber 提出的五条规则。①

① 明确性和客观性：即本体应该用自然语言对所定义的术语给出明确的、客观的语义定义。

② 完全性：即给出的定义是完整的，完全能表达所描述术语的含义。

③ 一致性：即由术语得出的推理与术语本体是相容的，不会产生矛盾。

④ 最大单调可扩展性：即向本体中添加通用或专用的术语时，不需要修改其已有的内容。

⑤ 最小承诺：即对待建模对象给出尽可能少的约束。

这些本体设计原则都非常抽象，不具有可操作性，有些原则之间甚至存在不一致的情形。在本体构建过程中，要根据实际需要灵活运用，才能构建高质量的本体。

（2）构建方法

本体构建方法指的是根据实际需求，按照本体构建步骤构建本体的方法。具体而言，该方法首先获取知识，然后对知识进行抽象和提炼，最后用计算机可以

---

① Gruber T R. Toward principles for the design of ontologies used for knowledge sharing？［J］. International Journal of Human-Computer Studies，1995，43(5-6)：907-928.

理解的方式表达出来。本体构建方法决定了本体对知识的表示能力以及逻辑推理能力。

　　本体构建方法是从本体的具体构建项目中总结出来的，目前典型的本体构建方法有骨架法、TOVE 法、IDEF5 法、METHONTOLOGY 法、KACTUS 法、SENSUS 法和七步法等。①

　　其中骨架法、TOVE 法以及 IDEF5 法多用于企业领域本体的构建，这几种方法具有一些差异性：骨架法提供了构建方法学的框架，它是基于流程导向的构建方法；TOVE 法是一种构建本体描述的知识逻辑模型；IDEF5 法是基于图表语言和细化说明来构建企业领域的本体。

　　而 METHONTOLOCY 法、KACTUS 法、SENSUS 法和七步法，主要用于领域知识本体的构建，这几种方法的不同之处在于：METHONTOLOCY 法是以化学领域的本体构建方法为基础，经过改进发展而来的，构建方法更为通用；KACTUS 法主要是对已有本体的提炼、扩展，难以用于构建新的本体；SENSUS 法遵循自上而下的层级结构，可操作性较强；七步法是基于本体构建工具 Protégé 的本体构建方法，实用性强，应用广泛。

　　文献②分析了这几种本体构建方法的基本步骤，并选取生命周期、相关技术、方法细节、方法特点以及应用领域等方面进行比较。比较结果显示，这几种本体构建方法中比较完整、成熟的是七步法和 METHONTOLOGY 法，而 IDEF5 法、SENSUS 法、TOVE 法、骨架法和 KACTUS 法则一般，它们的成熟度依次为七步法、METHONTOLOGY 法、IDEF5 法、TOVE 法、骨架法、SENSUS 法、KAC-TUS 法。尽管如此，每种方法体系都有其特点和适用领域。

　　目前，本体构建方法还没能像构建软件系统那样形成完整的方法论，仍然存在许多的问题，例如自动化程度不高、建设过程缺乏规范性、大多数方法基于实践经验、不具有通用性、共享与可重用性有限、评价标准缺乏等。因此，在实际应用中，应根据现有方法的特点和适用性，结合具体的应用环境，辅以领域专家指导，选择合适的本体构建方法。

----

① 李勇，张志刚．领域本体构建方法研究[J]．计算机工程与科学，2008，5：129-131．
② 张文秀，朱庆华．领域本体的构建方法研究[J]．图书与情报，2011，1：16-19．

（3）构建工具

目前已经出现了很多本体构建工具，它们各有优缺点。① 以本体构建工具支持的本体描述语言进行分类，大致可分为以下两类：

① 基于某种特定的语言。主要包括 Ontolingua、Ontosuarus、WebOnto 等工具，其中 Ontolingua 基于 Ontolingua 语言，Ontosuarus 基于 Loom 语言，WebOnto 基于 OCML 语言，并在一定程度上支持多种基于 AI 的本体描述语言。

② 独立于特定的语言。主要包括 Protégé、WEBODE、ONTOEDIT、OILED 等，这些工具可以导入和导出多种基于 Web 的本体描述语言格式，如 XML、RDF（s）、DAML+OIL 等。上述工具支持本体开发生命周期的大多数活动，由于这些工具具有基于组件的结构，因此易于通过添加新的模块来提供更多的功能，具有良好的可扩展性。

尽管目前有关本体构建的研究广受关注，本体构建工具也层出不穷，但是这些工具仍存在一些问题②：缺乏统一的标准和规范，且不同工具构建的本体之间无法兼容，使得在异构系统中无法实现复用；不支持协同开发，使得构建的本体中掺杂许多个人主观意见，从而降低了本体的质量；一些本体工具界面不够友好，缺乏对中文的支持，降低了本体开发效率。以上本体构建工具提供的只是本体编辑功能，是手工构建本体的方式。目前众多学者与研究团队正专注于本体自动构建工具的研究，相关的技术称为本体学习（Ontology Learning）技术③。如何自动获取数据和知识来提高本体的构建效率，从而实现本体的自动化构建，这是一个值得关注的研究方向。

5.2　关联数据

5.2.1　关联数据概念

关联数据（Linked data）最早是由蒂姆·伯纳斯·李提出的概念，初衷是将

---

① 韩婕，向阳. 本体构建研究综述[J]. 计算机应用与软件，2007，9：21-23.
② 樊小辉，石晨光. 本体构建研究综述[J]. 舰船电子工程，2011，6：15-18.
③ 杜小勇，李曼，王珊. 本体学习研究综述[J]. 软件学报，2006，9：1837-1847.

Web 中没有进行关联的数据链接起来，构建可被机器理解的、包含语义关系的数据网络。关联数据利用资源描述框架作为数据模型，使用统一资源标识符（Uniform Resource Identifier，URI）作为数据的标识，通过 HTTP 协议调整规范数据，然后进行数据发布。蒂姆·伯纳斯·李认为创建关联数据应遵循以下四个原则①：

（1）用 URI 作为对象的名称，即为任何事物标识名称；

（2）通过 HTTP URI，便于用户定位到具体的对象，查找到这些名称。

（3）通过查询对象的 URI，采用 RDF 和 SPARQL 的形式提供有意义的原始数据信息。

（4）尽可能提供相关的 URI 链接以发现更多信息资源。

关联数据允许用户发现、关联、描述、利用各种数据，人们可以通过 HTTP/URI 机制，直接获取数字对象，对象包括人、机构、地点、电视节目、图书、统计数据、概念、评论等。这些对象可以来自一个组织内部的不同系统，也可以来自不同组织的不同系统，它们的内容、存储地点以及存储方式可以完全不相同，但它们之间存在关联。

相较于传统数据库技术，关联数据技术在数据整合、语义化等方面具有机器易读性的独特优势。近年来，图书馆中知识库的数据资源大都是半结构化或非结构化的，用传统关系型数据库无法进行存取，而关联数据技术支持所有类型的数据存储与关联，可以将看似毫无关联的数据资源链接起来。

关联数据主要有以下特点：

（1）提供数据存储及链接机制。

（2）实现数据网络的布局，增强人机可读性。

（3）提高异构子模块之间的协调工作。

（4）通过对虚拟咨询日志进行统一归档，实现问题与信息资源的有效互联，从而进一步挖掘用户行为。

---

① Berners-Lee T. Linked data-design issues[EB/OL]. [2021-01-22]. http：//www.w3.org/designissues/linkeddata.html.

5.2.2　资源描述框架

资源描述框架(Resource Description Framework，RDF)是关联数据的底层数据模型，将 RDF 数据及关联数据序列化需要某种数据格式，RDF 的数据格式有 Turtle、RDF/XML、RDFa 与 JSON-LD 等。当需要获取互联网上的关联数据时，根据 HTTP 内容协商机制，Web 服务器根据用户请求返回不同格式的数据，该机制通过 HTTP 的 Content-Type 标头实现，标头依据具体的格式而有所不同，比如 application/rdf+xml 表示 RDF/XML 格式，text/turtle 则表示 Turtle 格式，application/ld+json 表示 JSON-LD 格式的关联数据。

为了简单、灵活地描述网络资源，RDF 利用 RDF 陈述的方式来描述事物。具体而言，即单条 RDF 陈述描述两个事物及其之间的关系，多条 RDF 陈述链接起来形成信息图谱。其中一个 RDF 陈述又称三元组，是 RDF 数据模型的一个基本单元，三元组通常称为"主体—谓语—客体"。其中主体可以是任何由 URI 命名的事物，谓语是描述主体的概念、特征或关系，用于将主体与客体联系起来，客体可以是采用 URI 命名的事物或字符串表示的文本。此外，在 RDF 的基础上，W3C 制定了 RDF Schema 提升 RDF 对资源的描述能力。

总而言之，RDF 采用基于 RDF/XML 的语法进行数据存储与交换，使用三元组并通过 URI 标识网络资源和元数据。RDF 定义的元数据描述方法不仅为各种类型资源的描述提供统一的数据模型，允许不同领域的用户根据不同资源编制所需的词汇表来描述领域元数据的语义，同时还支持不同元数据之间兼容和互操作。

5.2.3　关联数据创建与发布

(1)关联数据与 Web 发布

关联数据是建立在 Web 技术基础上，以关联数据的四项基本原则为依据，对 Web 技术进行进一步的规范。关联数据遵循的四个原则表明了关联数据的性质，其实现不拘泥于任何具体的技术，只和相关的 Web 标准有关。因此绝大多数情况下，关联数据的发布不需要改换原来的发布系统，只需在原来的系统上加上支持关联数据系统的应用模块。

Web 技术主要涉及 HTTP、URL 和 HTML。关联数据对 Web 技术有了更高的规范和要求。由于 URI 具有易于实现和永久有效的特点，其路径不允许随意更改，且要求在不同软硬件平台上都能正确编码，因此，URI 一并解决了命名和定位两个问题。值得注意的是，关联数据所标识的 URI 必须符合 CooIURI 规范。①

关联数据发布的具体技术可概括如下：

① 根据 URI 的"参引"请求，采用 HTTP 协议中的指令规则，生成 HTTP URI，并且生成 RDF 数据模型的描述文档。

② 建立来自不同数据源的 RDF 链接。

③ 在 Web 上发布描述好的数据资源，主要有两种方式：根据 URI 的"参引"请求，依据 HTTP 的内容协商规则，将实体之间的关系用 RDF 图的 HTML 文件或 RDF 文件形式表示出来；采用支持带"#"号 URI 的方式可直接定位到 RDF 中的资源。②

④ 有一个可访问的、对 RDF 数据库检索的接口。

（2）关联数据发布方式

① 小规模的应用方式。对现有的 Web 服务器软件进行一定的设置；对 URI 的命名的规范加以设定；用 RDF 数据模型描述要发布的数据资源；以静态文件形式进行发布。

② 大规模的应用方式。在数据量大的情况下，需要后台建有全面支持关联数据发布的数据库管理平台。

③ 在更新频率较大时，采用在线生成 RDF 描述数据的方式，可以根据原始数据直接在线生成。

④ 在需要从关系数据库到 RDF 数据进行转换的情况下，借助 DIR 方式。DIR 方式是从数据库到 RDF 数据的转换方式，即将数据库中储存的内容数据根据发布关联数据规则发布为关联数据。DIR 方式的具体流程是：根据编制映射文件，将数据的内容映射为对应的 RDF 内容；将资源数据相应的表、行等映射为

---

① Wikipedia. Linked data ［EB/OL］. ［2013-03-20］. http：//www.w3.org/designissues/linkeddata.html.

② Shi Y. How to publish linked data on the web ［EB/OL］. ［2013-03-09］. http：//docs.goodle.com/view？ id=ajjq7zprkrz8_Odfhmj8cs.

RDF 资源数据所对应的类、属性等，实现数据库到 RDF 数据的转换；将数据库中储存的数据资源发布成关联数据。这种方式的优势是可以降低语义内容的构建难度，提高发布速度。明确，开放关联数据（Linked Open Data，LOD）中许多大型数据库都是用这种方式发布的。

5.2.4　关联数据应用机制

关联数据作为一种数据交换和语义表示的技术标准，采取的是结构化、标准化、语义化和交流互动、开放共享的机制。概括起来说，关联数据主要有三个基本机制：URI、RDF 和 HTTP。关联数据采用 URI 机制所标识的数据资源以 RDF 形式表达，通过 HTTP 协议来揭示并且获取这些数据资源，如图片、视频、音频、程序或者机构、作者、学术论文等，都可以用 URI 进行定位。URI 和 HTTP 相结合就可以在任何位置通过 HTTP 协议访问到关联数据。关联数据的应用机制使其具有了 URI、RDF、HTTP、语义关联和可参引的主要特征。关联数据的最大优势体现在它可以使那些没有关联的数据链接起来，变成可以直接访问的数据。从应用性和实践性角度看，关联数据已经成为推动语义网发展的重要力量之一，因而被 W3C 推荐为语义网的最佳实践。

5.2.5　关联数据在数字人文中的应用

关联数据在数字人文中的应用主要体现在数字资源组织与保存、文本计算分析、图像文本编辑和内容建模等方面，详见图 5.1。

（1）在数字资源组织与保存方面，利用关联数据将结构化、半结构化和非结构化数据资源，通过 URI 链接，以 RDF/XML 三元组语法描述，并以专门用来存取 RDF 数据的三元组数据库保存各种数据。

（2）在文本计算分析过程中，利用关联数据、本体、描述逻辑语言对文本进行字词句关联查询、校勘分析、注释内容比对分析、版本分析、概念关系抽取、作品作者时空分析等处理。

（3）在文本编辑阶段，将关联数据技术与国际图像互操作框架相结合，对文本中的图文声像等数据进行编辑，如对一部典籍的不同版本、修订情况进行整理编辑。利用国际图像互操作协议（IIIF），对不同版本的图像数据进行编辑，并基于知识图谱展示串联成文献的证据链。这种时空维度下的图像编辑，超越了传统人文研究依赖文本的界限。

（4）在内容建模阶段，可以根据不同文本内容结构，利用关联数据和已有本体模型结构对文本内容进行建模。在互联网环境下，遵循已有的关联数据规范和推荐协议，可以为典籍文献、文化遗产、历史遗迹、考古等多维空间虚拟世界，建立基于文本内容的仿真模型和研究场景。这些数字人文基础建设与应用过程以数字资源描述框架为基础、以关联数据理论和技术为支撑。数字人文的文本数字化保存、计算分析、图文编辑以及内容建模等过程，亦推进了以关联数据为核心的语义技术架构的发展。

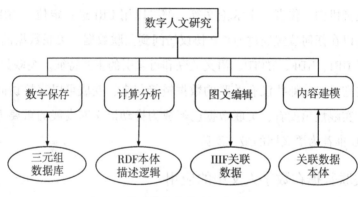

图 5.1　关联数据在数字人文中的作用

5.3　语义网

5.3.1　语义网概念

"语义"指语言蕴含的含义，语义网指能够根据语义进行判断的网络。语义网由万维网联盟的蒂姆·伯纳斯·李提出，其主要目的是使互联网上各种格式的文件可以被计算机识别与理解，进而达到互联网上信息的互联互通。蒂姆·伯纳斯·李对语义万维网做了如下描述：语义万维网是对当前万维网的扩展，语义万维网有力地促进了计算机之间以及计算机与人类之间更好地协同工作。①

　　语义网本质上是万维网的延伸拓展,它使得机器之间能够进行有意图的交互。它是一个以机器易处理方式连接起来的信息网,不仅能够查询、显示信息,也能够自动集成和重新使用跨越各种应用系统的数据。在一定程度上,可以将其看作互联网上一种高效的数据表示方式,或者连接全球的数据库。

　　总而言之,语义网建立的基础是知识的概念化和形式化,以及相应的描述规则。语义网是人工智能领域和 Web 技术相结合的产物,人工智能领域中的知识工程研究从孤立的知识库系统逐渐发展到基于内部网和外部网的信息系统集成,最后扩展到整个互联网。在这个研究过程中,逐渐加深了对知识表达和推理的认识,并总结出了新的描述和推理方法。语义网不仅具有创建上的分散性,还具有应用上的通用性。②

5.3.2　语义网体系结构

　　语义网的体系结构如图 5.2 所示,自底而上分别为编码定位层、XML 结构层、资源描述层、本体层、规则层(含逻辑层、证明层和信任层),各层之间相互联系、逐层拓展。下面分别详细介绍各层的含义、功能以及各层之间的逻辑关系。

　　(1)编码定位层

　　编码定位层(Unicode+URI)又称为基础层,处于语义网体系结构的最底层。其中 Unicode 负责处理资源的编码,URI 负责资源的标识。URI 由三部分组成:资源主机名、在路径上给出的资源称谓、统一的命名规则分配系统。由于在互联网上需要唯一的资源地址,因此利用 URI 编码来表示和标记所有可能被搜索的资源(包括图片、文档、视频、音乐等)位置。编码定位层是整个语义网的基础。

　　(2)XML 结构层

　　XML 结构层亦称语法层,这一层主要是制定一些规范,以期为上层提供更

---

　　①　朱礼军,陶兰,黄赤. 语义万维网的概念、方法及应用[J]. 计算机工程与应用,2004,3:79-80.

　　②　李涓子,丁峰,王克宏. 下一代 Web 的蓝图——语义 Web[J]. 计算机教育,2004,5:19-20.

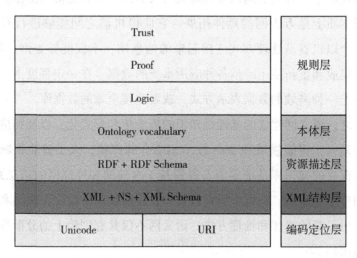

图 5.2　语义网体系结构

好的服务。在这一层，主要是标记扩展语言(Extensible Markup Language，XML)，这是一种数据存储性语言，具有开放、自我描述的特点。XML 并不提供一套定义好的标签，而是提供给用户一个标准，用户能够根据需要，自定义标记名并对一些元素进行自定义。XML 侧重于数据结构的描述，而非数据内容。此外，命名空间(Name Space，NS)由 URI 索引确定，用来简化 URI 的书写。XML Schema 提供了一整套用来约束使用 XML 文档标签的机制。XML 具有灵活的结构、命名空间带来的数据确定性以及 XML Schema 提供的多种数据类型以及检验机制，使得 XML 结构层成为语义网体系结构中重要的组成部分。

(3)资源描述层

XML 结构层主要任务是从语法上表示数据的结构和内容，但 XML 只能表示数据的语法，却无法表达机器可以理解的形式化语义，因此，语义网引入资源描述框架。资源描述框架(Resource Description Framework，RDF)是由 W3C 推荐的一种描述万维网上信息资源及其之间关系的语言规范。RDF 在语法上符合 XML 规范，用来描述网络信息资源的数据模型，并标明了索引中信息之间的逻辑关系。RDF 根据主谓宾结构构建的三元组用来表征资源的元数据，其他的元数据也可以用它来表述。此外，RDF Schema(RDFS)是用 RDF 定义的一套描述信息资源及其关系的词汇集。利用 RDF Schema 可以定义资源的类型、属性并显示地揭示它们之间的语义关系。资源描述层存在两个问题：一是 RDF 不具备解决一词多义及多词一义问题的能力；二是 RDF 和 RDFS 无法平衡表达能力和推理能力。因此，语义网引入了本体。

（4）本体层

在语义网范畴里，将本体定义为关于领域知识的形式化、概念化的明确规范。在语义网的体系结构中，本体主要有以下四个作用：

① 概念描述，即通过概念的描述实现揭示领域知识的目的。

② 语义揭示，本体的表达能力比 RDF 强，可以用来揭示更丰富的语义关系。

③ 一致性，本体能够保证语义一致性，进而解决了一词多义、多词一义和词义含糊的问题。

④ 推理支持，本体强大的语义揭示能力以及在概念描述上的确定性，使其保证了数据层面推理的有效性。

从语义网的整体结构看，本体层不但弥补了资源描述层存在的问题，而且构建的概念模型也是逻辑层及以上各层的基础。

（5）规则层（含逻辑层、证明层和信任层）

在蒂姆·伯纳斯·李的语义网构想中，用户需要使用代理（Agent）完成任务。代理具有三个基本任务，即服务发现、协调及验证。代理在执行每一步任务过程中都涉及推理的问题，此时必须依靠数据和规则。由于本体的主要作用是提供对领域知识的共同理解与描述的概念，即推理所需的数据，这就需要逻辑层（Logic）提供一套高效的、与语义网开放和分布式体系结构相适应的规则系统。

在语义网体系结构中，逻辑层、证明层和信任层统称为规则层。逻辑层主要描述推理规则，它代理完成对用户任务的分解定位、协调、验证并最终建立信任关系。证明层（Proof）是为保证代理可靠性提供的一种验证机制，其基本思想是对证明层（Proof）数据段中包含的多个可信信息源进行验证，从而证明所提供的数据和推理是正确的。信任层（Trust）通过"证明"交换和数字签名技术，建立信任关系，进而保证语义网的可靠性。

根据语义网体系结构，分别研究制定各层相关的规范，开发相应的工具及软件开发包，从而面向多用户开发可靠、友好的语义网，并提供良好的支持。

5.3.3　语义网开发框架

开发框架、预置组件及服务均可缩短部署时间，减少成本，降低技术复杂性。下面列出 RDF 开发框架及支持的查询语言。

（1）Jena

目前语义网的研究者和应用者广泛使用 Jena 平台，该平台是惠普实验室语义网研究项目组开发的开源工具，是一个基于 JAVA 编程语言的语义网应用框架。Jena 提供了大量的 APIs 对 RDF、RDFS 以及 OWL 支持，并实现动态数据访问和结构输出。

Jena 的结构可以分为三层：视图层（Graph Layer）、视图加强层（EnhGraph Layer）、模型层（Model Layer）。

视图层基于 RDF 抽象语法，主要实现的是三元组的存储，存储的数据不仅包含源数据也包含通过推理等得到的新数据，并将其用适当的方式展示出来。

视图加强层是一个中间层，用于联系视图层与模型层，能够同时提供节点和图形多个视图。该层提供多态对象，反映了程序的多态性。该层存储模型层生成的所有图形，并根据操作者的需求进行调用。

模型层是数据的输入层，通过 Model 等多个 API 提供对图中节点操作的方法，是 Jena 的核心层。

此外，Jena 平台支持的 SPARQL 查询语言是 W3C 的工作草案或推荐标准，其框架主要包括：

① 以 XML/RDF、三元组的形式读写 RDF。

② RDFS、OWL、DAML+OIL 等本体操作。

③ 利用数据库存储数据。

④ 提供了 ARQ 查询引擎，实现了查询语言 SPARQL 和 RDQL，支持对模型的查询。

⑤ 支持基于规则的简单推理，推理机制将推理器导入 Jena，在创建模型时将推理器与模型关联。

（2）Sesame

Sesame 是针对 RDF 数据管理（存储、查询和推理）提出的一个通用系统框架。它是一个开源项目，提供了开放的 API 接口，使得研究者和开发者能够方便地集成不同的存储系统，推理引擎以及查询引擎等。它基于关系型数据库（MySQL、PostgreSQL、Oracle）、文件系统和主存，提供了推理算法以及更新算法，支持自定义查询语言 SeRQL 和 RDQL。

Sesame 旨在提供一个通用的系统框架，既不规定如何设计存储模式，也不规定如何实现推理，而是通过定义一组接口来规定存储模块和推理模块应该完成什么功能，以便于集成不同模块。

此外，还有一些工具，如 Redland、RDFSuite 等也是影响力较大的 RDF 开发框架，在此不再赘述。

5.4　数据库

5.4.1　数据库概念

数据库是最方便、最有效的数据管理工具，它采用某种数据结构进行组织、存储、管理大量数据，用户可以对存储在数据库中的数据进行增加、删除、查询、修改等操作，用户能够根据工作内容设计并建立相应的数据库。目前，数据库分为关系型数据库与非关系型数据库。关系型数据库由来已久且应用范围广泛，它是一种建立在数据关联基础上的数据库；与关系型数据库不同，非关系型数据库采用非关系型、分布式、不提供 ACID（数据库事务处理的四个基本要素）的数据库设计模式。

数据库技术具有以下特点：

（1）数据的独立性。包括物理独立性和逻辑独立性，其中物理独立性指数据的物理结构的变化不会影响数据的逻辑结构；逻辑独立性指用户的应用程序与数据库中的数据相互独立，即修改应用程序不会影响数据库中数据。

（2）数据的共享性。数据库中的数据可以被多个用户共享，共享性避免了用户存储大量重复数据，有助于减少数据冗余，避免出现数据之间的不相容或不一致的情况。

（3）数据的故障恢复。数据库根据相关机制，及时发现物理上或逻辑上的故障，进而快速恢复数据库的运行，避免数据被破坏。

（4）数据的集中控制管理。使用数据库对数据进行集中控制和管理，使用数据模型表示数据之间的关系。

（5）数据的一致性和可维护性。根据数据的安全性控制、完整性控制和并发控制，允许同一时间周期内对数据进行多路存取，防止数据丢失、用户之间的不正常交互，保证数据的正确性、有效性、一致性和可维护性。

5.4.2　关系型数据库

关系型数据库是按照关系数据模型进行创建的数据库。关系数据模型使用二维表来存储数据，其中二维表是一系列二维数组的集合，它用行和列来表示数据之间的关系。二维表之间具有一对一、一对多、多对多等关系，因此，可以将关系型数据库视为由二维表及其之间的关系组成的数据结构。

关系型数据库普遍采用结构化查询语言，该语言可以对关系数据库中的数据进行查询、操纵、定义和控制，是一个通用且简单易懂的数据库管理语言。结构化查询语言（Structured Query Language，SQL）是支持数据库建立、修改、查询等操作的程序设计语言。SQL 包含数据查询语言、数据操纵语言、数据定义语言和数据控制语言，可以完成对数据库的全部操作，如定义关系模型、录入数据、建立数据库、查询修改、删除数据库及数据等。在使用 SQL 进行数据操作时，用户只需告诉计算机"做什么"，而无需说明"怎么做"，其操作过程由系统自动控制，这种模式有助于减轻用户负担，提高数据的独立性。

经过数十年的发展，关系型数据库的理论基础、相关技术、产品都较为丰富完善。目前，典型的关系型数据库有 MySQL、SQL Server、Oracle、DB2 等。关系型数据库具有 ACID 四大特性：原子性、一致性、隔离性、持久性。关系型数据库能够解决事务的恢复、回滚、并发控制、死锁解决等问题。关系型数据库的优点包括使用简单、易于理解与维护、具有较强的安全性、事务保证性等，因此被广泛使用。但随着互联网的不断发展，特别是在一些需要超大规模数据和高并发的任务中，关系型数据库暴露出了很多问题，如无法对数据库高并发读写、无法高效率存储访问、扩展性及可用性较弱等。为了解决这些问题，非关系数据库应运而生。非关系型数据类型多样且支持开源，因此，非关系型数据库广受欢迎。

5.4.3 非关系型数据库

非关系型数据库(Not Only SQL,NoSQL)不同于关系型数据库的数据管理方式,它采用键值、列式、文档等非关系模型。NoSQL 不支持关系型数据库事务的 ACID 特征,该数据库建立在非传统关系数据模型上。此外,NoSQL 往往是开源免费的,因此使用起来更加便捷。

非关系型数据库主要有以下两个优点:

(1)拥有横、纵双向的扩展能力。由于自身结构原因,关系型数据库必须在多个服务器上进行布置,但非关系型数据库可以布置在一个服务器上。

(2)结构自由。在 NoSQL 中数据的保存形式一般是键值对。

这两个优点让非关系型数据库能够更好地融入云计算环境,提供更好的数据存储服务。

非关系型数据库可以视为一种数据结构化存储方法的集合,主要分为以下几类:

(1)列式存储

基于列式的存储是以流的方式在列中存储数据。具体而言,对于任何记录,索引可以快速找到列上的数据。列式存储亦支持行检索,但这需要从每个列中获取匹配的列值,并重新组成行。这种方式使得 NoSQL 具有较好的可扩展性。对于海量数据,列式存储有很好的适应性。目前支持列式存储的数据库有 Apache HBase、Hypertable 以及 Google BigTable 等。

(2)键值对存储

键值对存储方式是非关系数据库中最简单的一种数据存储方式。它是键值对的集合,即每个键分别对应一个值,并且键值存储的数据类型可以是字符串、数字,甚至是一系列的键值对封装成的对象,其类型不受限制。键值对存储方式的优点在于,可以通过对主键的操作来提高查询和修改的速度,适合那些对大量数据的高访问负载或日志系统的应用。使用键值对存储的数据库有 MemcacheDB、Berkeley DB、Redis 等。

(3)文档存储

文档存储用于存储日常文档,其本质是基于键值对的存储方式,但这种方式更为复杂。文档存储普遍应用于大量数据、缓存以及 JSON 数据的存储。使用文档存储的数据库有 MongoDB、CouchDB 等。

(4)图数据库

图数据库针对图和图论相关问题，为用户提供一种良好的网状数据管理方式，目前最流行的图数据库是 Neo4j，此外还有 AllegroGraph、FlockDB、Infinite-Graph 和 OrientDB 等图数据库。

5.4.4　关系型数据库和非关系型数据库

关系型数据库和非关系型数据库的优缺点对比如下：

关系型数据库具有以下优点：关系型数据库采用二维表，符合人类逻辑，易于理解；借助 SQL 语言，可以在一个表甚至多个表之间进行复杂的数据操作；关系型数据库的完整性及事务一致性让其更容易维护。

关系型数据库也有缺点，主要表现在读写性较差；由于结构固定，对海量数据的读写效率不高。

非关系型数据库的优点如下：

(1)读写效率高。

(2)NoSQL 基于键值对，即表中的主键和值存在对应关系，无需 SQL 语言解析，因此性能较好，易于扩展。

(3)数据的格式和类型灵活多样，可以是键对值，也可以是文档图片。

非关系型数据库的缺点是不提供 SQL 支持，学习成本高，并且没有事务处理。

总之，关系型数据库应用广泛，并形成了大量成功案例。但随着多源异构数据的不断涌现，用户对数据的快速处理、及时响应、精准分析提出了更高要求。传统的关系型数据库很难满足上述需求，有必要借助非关系型数据库满足用户需求。上述两类数据库具有不同的数据结构和适用场景，用户可以根据实际需要选择相应的数据库完成数据存储任务。

第三篇　数字人文技术与方法篇

第6章 面向数字人文的文本挖掘

6.1 文本挖掘框架

文本挖掘，也称为文本数据挖掘或文本知识发现，是以未经处理的非结构化或结构化的文本数据作为分析对象，从中挖掘隐含的、具有潜在价值知识的过程。① 近年来，随着数字图书馆、智慧博物馆的兴起，海量数字资源不断涌现，特别是文本资源日益丰富，为文本挖掘提供了重要的原材料。文本挖掘的基本流程是：文本数据经预处理后，进行文本挖掘，对得到的知识或模式进行评估，最后输出文本挖掘结果，文本挖掘框架如图 6.1 所示。

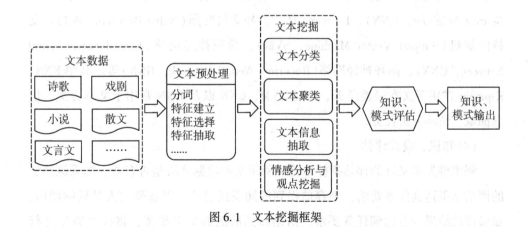

图 6.1 文本挖掘框架

---

① 宗成庆，夏睿，张家俊. 文本数据挖掘[M]. 北京：清华大学出版社，2019.

（1）文本数据获取

文本由一系列包含词、短语、句子和段落等要素，并通过各种标点符号连接的文档构成，是人类能够理解的自然语言。文本数据获取是文本挖掘的第一步，在面向数字人文的文本挖掘研究中，文本数据主要包括诗歌、戏剧、小说、散文以及文言文等。研究人员可以根据任务目的，选择已有的数据集或者构造新的数据集。

（2）文本预处理

文本预处理的目的是在不失去文本主要特征的前提下，对文本数据进行一系列处理，将文本数据转化为挖掘算法所需的数据格式。该步骤主要涉及文本分词（中文文本）、特征选择、特征提取等操作。常用的文本特征有：词汇级特征以及句子级特征。在一般情况下，预处理需要进行数据清洗操作，去除文本数据中的标点及停用词，停用词指的是在文本中出现频率很高，但没有明确意义的词，主要包括语气助词、副词、介词等，如"的""在""和"等。在一些特定任务中，停用词也包括形容词。

（3）文本挖掘

在完成文本预处理后，研究人员根据任务需求，选择合适的文本挖掘算法，建立文本挖掘模型。文本挖掘任务主要包括文本分类、聚类、信息抽取、情感分析、观点挖掘等。目前，数字人文中常用的文本挖掘方法有：K-均值算法（K-Nearest Neighbor，KNN）、K-means 算法、朴素贝叶斯（Naive Bayesian，NB）、支持向量机（Support Vector Machine，SVM）、卷积神经网络（Convolutional Neural Network，CNN）、循环神经网络（Recurrent Neural Network，RNN）等。其中 KNN、K-means 常用于文本聚类任务，NB、SVM、CNN 以及 RNN 常用于文本分类、信息抽取、情感分析任务。

（4）知识、模式评估

利用事先定义好的评估指标来验证所用文本挖掘算法是否有效，如果该算法的评估结果达到任务要求，则存储得到的知识或模式，以备研究人员后续使用；如果评估结果没有达到任务要求，则返回到前面的某个步骤，将模型重新进行调整和改进，然后再进行一次文本挖掘，直至评估结果达到要求。目前，文本挖掘常用的评估指标基于二维混淆矩阵，该矩阵如表 6.1 所示，主要包括准确率

（Accuracy）、召回率（Recall）、精确率（Precision）和 $F1$ 值等。

表 6.1　　　　　　　　　　　**二维混淆矩阵**

真实类别	预 测 结 果	
	类别 1（正例）	类别 2（正例）
类别 1（正例）	真正例（True Positive）TP	假反例（False Negative）FN
类别 2（正例）	假正例（False Positive）FP	真反例（True Negative）TN

（5）模式输出

对于达到评估结果的知识或模式，可以利用可视化技术将其转化为人所感知的形式，如图形、动画或文字语言等。常用的可视化技术包括人机交互、用户界面等。在文本挖掘中，研究人员经常利用知识图谱 API 接口对知识图谱进行可视化展示。

6.2　文本分类

文本分类是按照一定的分类体系，对文本类别进行自动标注的过程。文本分类的目标是在给定分类体系下，将文本集合中的每个文本划分到某个或者某几个类别中。数字人文中常见的文本分类任务包括文本作品主题分类、体裁分类、隐式情感分类等。

6.2.1　传统分类算法

（1）朴素贝叶斯算法

朴素贝叶斯算法是基于贝叶斯定理与特征条件独立假设的分类方法。① 特征条件独立假设指的是在给定类别条件下，用于分类的特征之间是相互独立的。朴素贝叶斯算法学习样本特征 x 和类别信息 y 的联合概率分布 $p(x, y)$ 进行建模的

---

① Mitchell T M. The discipline of machine learning [M]. Pittsburgh：Carnegie Mellon University，2006.

机制，故该算法属于生成式模型。具体地，联合概率分布可转化为先验概率分布及条件概率分布。

在文本分类任务中，特征与类别的联合概率分布假设有两种：多项分布模型（Multi-nomial Model）和多元伯努利分布模型（Multi-Variate Bernoulli Model）。由于多元贝努利分布模型只考虑特征的出现与否、不记录特征的位置及频次，而多项分布模型多项分布不仅考虑了特征的出现，还记录了特征出现的频次。因此在实际应用中，往往采用多项分布模型来进行文本分类。

利用朴素贝叶斯算法进行文本分类时①，首先依据特征条件独立假设，计算样本特征 x 和分类结果 y 的联合概率分布；然后在此基础上，对于给定的样本特征 x，引入贝叶斯定理求出后验概率最大的类，并将其作为特征 x 的分类结果 y。具体过程如下：

输入：训练样本集 $T=\{(x_1, y_1), (x_2, y_2), \cdots, (x_N, y_N)\}$，其中 $x_i = (x_i^{(1)}, x_i^{(2)}, \cdots, x_i^{(n)})$，$x_i^{(j)}$ 为第 i 个样本的第 j 个特征，$x_i^{(j)} \in \{a_{j1}, a_{j2}, \cdots, a_{jS_j}\}$，$a_{jl}$ 为第 j 个特征可能的第 l 个取值，$j=1, 2, \cdots, n$，$l=1, 2, \cdots, S_j$，$y_i \in \{y_1, y_2, \cdots, y_K\}$；样本特征 x。

输出：样本特征 x 的类别 y

① 计算先验概率及条件概率

$$P(Y=y_k) = \frac{\sum_{i=1}^{N} E(y_i=y_k)}{N}, \quad k=1, 2, \cdots, K \tag{6.1}$$

$$P(X^{(j)}=a_{jl} \mid Y=y_k) = \frac{\sum_{i=1}^{N} E(x_i^{(j)}=a_{jl}, \ y_i=y_k)}{\sum_{i=1}^{N} E(y_i=y_k)} \tag{6.2}$$

$$j=1, 2, \cdots, n; \ l=1, 2, \cdots, S_j; \ k=1, 2, \cdots, K \tag{6.3}$$

其中 E 为指示函数，利用极大似然估计法计算先验概率 $P(Y=y_k)$ 和条件概率 $P(X^{(j)}=a_{jl} \mid Y=y_k)$。

---

① 李航. 统计学习方法［M］. 北京：清华大学出版社，2012.

② 对于样本特征 $x = (x^{(1)},\ x^{(2)},\ \cdots,\ x^{(n)})^{T}$，其计算公式如式(6.4)所示。

$$P(Y = y_k)\prod_{j=1}^{n}P(X^i = x^{(j)} \mid Y = y_k),\quad k = 1,\ 2,\ \cdots,\ K \tag{6.4}$$

③ 确定样本特征 x 的类别 y

$$y = \underset{y_k}{\arg\max}\prod_{j=1}^{n}P(X^{(j)} = x^{(j)}Y = y_k) \tag{6.5}$$

（2）支持向量机

支持向量机 SVM 是一种常见的传统分类模型①，其设计思想是基于间隔最大化分类准则，在特征空间建立分类模型。也可以理解为：给定一组训练数据集，将其映射到高维特征空间，需要找到一个分类面，使分类面两侧最近的数据点距离该分类面的距离最大，其中，找到的分类面称为分类超平面，该超平面将特征空间中的数据点划分为正负两部分。因此，SVM 具有两个核心思想：① 寻找具有最大类间距离的超平面；② 通过核函数在低维空间计算并构建分类面，将低维不可分问题转化为高维可分问题。

在特征空间中，分类超平面的定义如式(6.6)所示。

$$w^T x + b = 0 \tag{6.6}$$

其中，$x = (x_1,\ x_2,\ \cdots,\ x_N)$ 为待分类样本，分类超平面由法向量 w 和截距 b 决定，其中 w 决定了超平面的方向。

SVM 分为线性可分支持向量机、线性支持向量机以及非线性支持向量机三类。线性可分支持向量机适用于训练样本是线性可分的场景，即训练数据不含噪声时，特征空间中存在唯一的最大间隔分类超平面将不同类完全且正确地划分开。

在线性可分支持向量机中，间隔最大化分离准则由式(6.7)表示。

$$\min_{w,b}\frac{1}{2}\|w\|^2 \tag{6.7}$$
$$s.t.\quad y_i(w^T x_i + b) - 1 \geqslant 0,\ i = 1,\ 2,\ \cdots,\ N$$

---

① Cortes C, Vapnik V. Support-vector networks [J]. Machine Learning, 1995, 20(3): 273-297.

其中，$x_i \in (x_1, x_2, \cdots, x_N)$，$y_i \in \{+1, -1\}$（$i = 1, 2, \cdots, N$），为样本的类别信息，当 $y_i = +1$ 时，x_i 为正例，$y_i = -1$ 时，x_i 为负例。

在实际任务中，不含噪声的数据几乎很难找到，而且寻找满足任务需求的核函数，以期特征空间的训练样本从线性不可分变为线性可分，亦较为困难。也就是说，当训练样本中存在异常点时，不考虑异常点，样本线性可分；考虑异常点时，分类效果达不到预期。为了解决上述问题，通常定义软间隔准则，即引入一个松弛变量 ξ_i，$\xi_i \geq 0$，（$i = 1, 2, \cdots, N$）。间隔最大化分离准则可由式（6.8）表示。

$$\min_{w, b} \frac{1}{2} \parallel w \parallel^2 + C \sum_{i=1}^{N} \xi_i \tag{6.8}$$

$$s.t. \quad y_i(w^T x_i + b) \geq 1 - \xi_i, \quad i = 1, 2, \cdots, N$$

对于非线性分类问题而言，只有利用非线性模型才能降低分类难度，更好地完成分类任务。非线性支持向量机引入核函数，将原始空间的训练样本通过映射函数投射到高维特征空间，在高维特征空间利用线性支持向量机进行分类。

核函数的表示形式如式（6.9）所示。

$$K(x, z) = \phi(x)^T \cdot \phi(z) \tag{6.9}$$

其中，$\phi(x)$ 为映射函数，$\phi(x)^T \cdot \phi(z)$ 为 $\phi(x)$ 和 $\phi(z)$ 的内积。具体地，引入核函数时，只需定义核函数 $K(x, z)$，不需要具体定义映射函数。

常见的核函数有：

① 多项式核函数：

$$K(x, z) = (x^T z + 1)^n \tag{6.10}$$

② 高斯核函数或径向基核函数：

$$K(x, z) = \exp\left(-\frac{\parallel x - z \parallel^2}{2\sigma^2}\right) \tag{6.11}$$

③ 线性核函数：

$$K(x, z) = x^T z \tag{6.12}$$

6.2.2　深度神经网络

（1）卷积神经网络

卷积神经网络 CNN①②③ 是一种深层前馈神经网络，该模型在文本分类领域已取得显著成效。CNN 具有强大的特征提取能力，其采用局部连接（卷积操作）、权重共享（一组神经元具有相同的连接权）、池化等技术，有效地减少了网络参数数量，缓解了模型的"过拟合"问题。一个完整的卷积神经网络包括输入层（Input）、卷积层（Convolution）、池化层（Pooling）、全连接层（Full-Connection）以及输出层（Output），各层之间相互关联。CNN 模型的结构如图 6.2 所示。

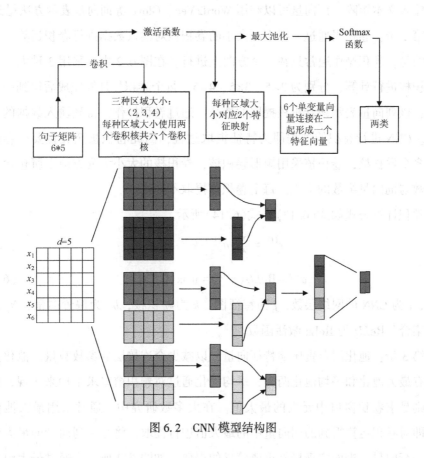

图 6.2　CNN 模型结构图

①　李航. 统计学习方法［M］. 北京：清华大学出版社，2012.

②　Kim Y. Convolutional neural networks for sentence classification［C］. Proceedings of the 2014 Conference on Empirical Methods in Natural Language Processing, Doha, Qatar, 2014：1746-1751.

③　Hughes M, Li I, Kotoulas S, et al. Medical text classification using convolutional neural networks［J］. Studies in Health Technology and Informatics, 2017, 235：246-250.

利用 CNN 模型进行文本分类的主要步骤如下：

第 1 步：输入层，CNN 的输入数据为文本矩阵，这就要求首先进行分词操作，进而得到文本序列。通过词嵌入训练词向量并对词语进行初始化表示，每一个词语表示为一个向量，一个句子由若干一维向量表示。在图 6.2 中，输入数据为一个 6×5 的文本矩阵，其中 $x = (x_1, x_2, x_3, x_4, x_5, x_6)$ 为输入文本，词向量的维度为 $d = 5$。该矩阵的每一行表示输入数据的词向量，将所有词向量拼接即可得到输入文本矩阵。词向量可以利用 Word2Vec、Glove 等词向量表示方法得到。

第 2 步：卷积层通过一组不同大小的卷积核对输入数据进行卷积运算，需要注意的是，卷积操作通常只在一个方向上进行。在图 6.2 中，采用 3 种大小不同的卷积核进行计算，分别为 2×5、3×5、4×5，每个卷积核计算完成后得到一个列向量，该列向量表示该卷积核提取的特征。通过卷积操作，得到输入数据的 6 个特征。CNN 进行卷积的过程即为特征提取过程，因此卷积核至关重要。卷积层包含多个卷积核，卷积核采用矩形卷积核，卷积核的大小为列方向上所包含单词的个数与词向量维数的乘积，每个卷积核提取不同特征。

卷积计算公式如式 (6.13)、式 (6.14) 所示。

$$x_j^{(l)} = \sum_{i \in N_j} a_i^{(l-1)} k_{ij}^{(l)} + b_C^{(l)} \tag{6.13}$$

$$a_i^{(l)} = \mathrm{Re}LU(x_j^{(l)}) = \max(0, x_j^{(l)}) \tag{6.14}$$

其中，l 为 CNN 的网络层数，j 为特征图，k 为卷积核，b_C 为偏置向量，N_j 为特征图集合，$\mathrm{Re}LU$ 为 ReLu 激活函数。

第 3 步：池化层负责压缩特征向量，以减少全连接层的参数数量。池化方法一般有最大池化和平均池化两类，平均池化通过对卷积窗口求平均来实现，最大池化则是求卷积窗口中元素的最大值。在大多数研究中，通常采用最大池化方法，即对卷积运算得到的列向量中的最大值进行提取，将每一列向量的最大值连接成一行向量，进而实现局部重要信息的提取。如图 6.2 所示，通过最大池化方法，将 6 个特征向量进行最大池化，得到长度为 6 的特征向量，池化层作用是：

① 特征降维，池化相当于在空间范围内做了维度约减，从而使模型可以抽取更加广范围的特征。同时减小了下一层的输入大小，进而减少计算量和参数个数。

② 特征不变性，保留主要特征，防止过拟合，提高模型泛化能力。特征不变性主要包括平移不变性、旋转不变性、尺度不变性。

③ 定长输出，即无论经过卷积后的特征的大小是否相同，池化后就会获得相同长度的向量。

第 4 步：全连接层将所有局部特征连接到最后一层节点，再根据具体任务完成文挖掘和知识发现任务。以文本分类为例，一般利用 softmax 函数得到分类结果。softmax 函数如式(6.15)所示。

$$\text{softmax}(x_j^{(l)}) = \frac{e^{x_j^{(l)}}}{\sum_i e^{x_i^{(l)}}} \tag{6.15}$$

(2)循环神经网络

循环神经网络 RNN[①] 与前馈神经网络的不同在于，其神经元在某时刻的输出可以作为后续的输入，这种串联的网络结构非常适合处理具有时间序列的数据，因此，该模型在文本内容挖掘和知识发现领域有着广泛的应用。RNN 的结构如图 6.3 所示。

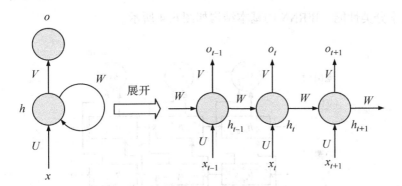

图 6.3　RNN 模型结构图

图 6.3 左侧部分为 RNN 的原始结构，右侧部分为 RNN 按时间序列展开的结构。在 t 时刻，RNN 中前向传播过程可由式(6.16)、式(6.17)表示。

---

① Keller J M, Liu D R, Fogel D B. Fundamentals of computational intelligence: neural networks, fuzzy systems, and evolutionary computation [M]. Wiley: IEEE Press, 2016.

$$h_t = f(U_h x_t + W_h h_{t-1} + b_h) \qquad (6.16)$$

$$o_t = g(V_o h_t + b_o) \qquad (6.17)$$

其中，f 表示激活函数（一般为 tanh 函数），U_h 是输入层 x_t 到隐藏层 h_t 的权重矩阵，W_h 是上一时刻的隐藏层 h_{t-1} 到当前时刻隐藏层 h_t 的权重矩阵，b_h 为偏置向量，g 表示激活函数（一般为 softmax 函数），V_o 是隐藏层 h_t 到输出层 o_t 的权重矩阵，b_o 为偏置向量。

以 t 时刻为例，隐藏层 h_t 的输入除了当前时刻的输入层 x_t，还包含上一时刻隐藏层的输出 h_{t-1}。这种特殊的结构对于任意 t 时刻的隐藏层都记住 $t-1$ 时刻的信息。通过这种方式，RNN 适合处理长序列标注问题。

由 RNN 的结构可知，RNN 下一时刻的输出是由之前多个时刻的输入共同决定的。在一些特殊的应用场景，当前时刻的输出不仅与之前时刻的输入有关，还与之后时刻的输入有关，单向 RNN 无法解决上述问题，故而提出双向循环神经网络（Bidirectional RNN，BiRNN）。① BiRNN 由两个相反方向的 RNNs 拼接而成，输出则由这两个 RNNs 的隐藏层状态共同决定。该模型可以获取向前、向后的两个方向的上下文信息，也即，可以同时获取 $t-1$ 时刻和 $t+1$ 时刻的信息，大大提升了文本分类性能。BiRNN 的基本结构如图 6.4 所示。

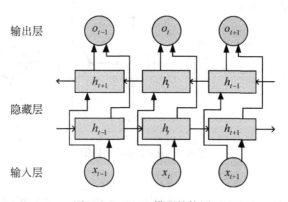

图 6.4　BiRNN 模型结构图

①　Schuster M, Paliwal K K. Bidirectional recurrent neural networks [J]. IEEE Transactions on Signal Processing, 1997, 45(11): 2673-2681.

　　由于 RNN 在训练过程存在"梯度消失"或"梯度爆炸"的问题，当前时刻的隐藏层无法记住更远的信息，因此，RNN 中隐藏层 h_t 只能实现信息的短时记忆，若要进行信息的长期记忆，需要引入长短期记忆网络及其变体。

（3）长短期记忆网络

　　长短期记忆神经网络（Long Short-Term Memory，LSTM）[①]是 RNN 的变体，相对于 RNN，LSTM 通过"门"机制解决了长序列训练过程中的"梯度消失"和"梯度爆炸"问题。"门"的本质为一层全连接层，它的输入为一个或多个向量，输出的是 0 到 1 之间的数字。如果门的输出为 0，则表示门完全关闭；如果门的输出为 1，则表示将门完全打开，而输出 0 到 1 之间的实数则表示门半打开，开合的幅度和这个实数的大小有关。LSTM 的结构如图 6.5 所示，其运算过程可由式（6.18）—式（6.23）所示。

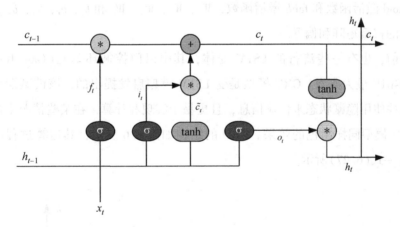

图 6.5　LSTM 结构示意图

$$i_t = \sigma(W_i[h_{t-1}, x_t] + b_i) \tag{6.18}$$

$$f_t = \sigma(W_f[h_{t-1}, x_t] + b_f) \tag{6.19}$$

$$\tilde{c}_t = \tanh(W_c[h_{t-1}, x_t] + b_c) \tag{6.20}$$

$$c_t = f_t c_{t-1} + i_t \tilde{c}_t \tag{6.21}$$

①　Hochreiter S，Schmidhuber J. Long short-term memory［J］. Neural Computation，1997，9（8）：1735-1780.

$$o_t = \sigma(W_o[h_{t-1}, x_t] + b_o) \qquad (6.22)$$

$$h_t = o_t \tanh(c_t) \qquad (6.23)$$

LSTM 引入输入门、遗忘门和输出门来控制存储长期记忆的单元状态 c_t 的输入和输出。图 6.5 和上述式中，i_t 表示输入门，输入门决定了当前时刻的输入 x_t 有多少保存到单元状态 c_t；f_t 表示遗忘门，遗忘门用于控制上一时刻的单元状态 c_{t-1} 有多少保留到当前时刻 c_t；$\tilde{c}_t$ 表示不包含上一时刻的单元状态 c_{t-1} 时生成的当前时刻的单元状态，即当前时刻需要更新到单元状态 c_t 的内容；c_t 表示最终输出的当前时刻的单元状态，其利用遗忘门和输入门来将上一时刻的状态 c_{t-1} 与当前的记忆 $\tilde{c}_t$ 组合在一起，此时由于遗忘门的控制，它可以保存很久之前的信息，由于输入门的控制，它又可以免于记忆当前无关紧要的信息；o_t 表示输出门，输出门用来控制单元状态 c_t 有多少输入到当前输出值 h_t。此外，σ 和 $\tanh$ 分别表示 sigmoid 激活函数和 $\tanh$ 激活函数，W_i、W_f、W_o、W_c 和 b_i、b_f、b_o、b_c 分别表示对应的权重矩阵和偏置。

目前，也有一些流行的 LSTM 变体，其中以门控循环单元(Gate Recurrent Unit，GRU)最为典型。GRU 模型是受 LSTM 模型启发提出的，该模型摆脱了细胞状态并使用隐藏状态来传输信息，且更易于实现和计算，在某些情况下能产生和 LSTM 模型同样出色的效果。GRU 的结构如图 6.6 所示，其运算过程可由式(6.24)—式(6.27)所示。

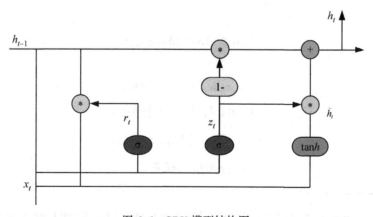

图 6.6　GRU 模型结构图

$$z_t = \sigma\left(W_z\left[h_{t-1},\ x_t\right] + b_z\right) \tag{6.24}$$

$$r_t = \sigma\left(W_r\left[h_{t-1},\ x_t\right] + b_r\right) \tag{6.25}$$

$$\tilde{h}_t = \tanh\left(W_h\left[r_t * h_{t-1},\ x_t\right] + b_h\right) \tag{6.26}$$

$$h_t = (1-z_t) * h_{t-1} + z_t * \tilde{h}_t \tag{6.27}$$

其中，z_t 表示更新门，它决定了要丢弃哪些信息以及新增哪些信息，r_t 表示重置门，它决定忘记历史信息，$\tilde{h}_t$ 为候选输出，表示当前时刻新增信息，h_t 表示隐藏层的输出、σ 为 sigmoid 函数，通过该函数可以将数据变换为 0~1 之间的数值，从而充当门控信号，W 和 b 分别表示对应的权重矩阵和偏置向量，$*$ 表示 Hadamard Product，即矩阵中的元素相乘，x_t 表示当前时刻的输入。

与 LSTM 模型相比，GRU 模型将 LSTM 模型的输入门和遗忘门合并成一个更新门，使得单元状态与隐藏状态合并，进而控制输入与遗忘的平衡，因此，GPU 模型比 LSTM 模型的模型结构更简单、计算速度更快。

LSTM 模型和 GRU 模型都属于 RNN 模型的变体，被称为 RNNs，因此双向结构也适用于 RNNs。双向 RNNs 可以捕捉序列中的历史信息与未来信息，能够学习更丰富的语义特征，其整体结构与双向 RNN 模型类似，在此不再赘述。LSTM、GRU 等 RNNs 模型的出现是为了解决长序列训练过程中的"梯度消失"和"梯度爆炸"问题，在过去的几年里，RNNs 模型的实力已经得到很好的证明，在许多序列问题中都取得了显著的成绩。

6.3　文本聚类

聚类针对给定的样本，依据它们特征的相似度或距离，将其归并到若干个"类"或"簇"中去。在文本聚类中，类别的数量是预先未知的，聚类算法根据一定的标准确定类别的数量和每个类别中包含的样本。在机器学习中，聚类作为一个基本问题，已被广泛应用于自然语言处理和文本数据挖掘。①

---

① Jain A，Dubes R. Algorithms for clustering data [M]. New Jersey：Prentice-Hall，1988.

6.3.1 文本相似性度量

相似度或距离是聚类算法的核心。目前，常见的相似度或距离有：

（1）闵可夫斯基距离

给定的样本集合 X 是 N 维实数向量，x_i，$x_j \in X(i=1, 2, 3\cdots, N, j=1, 2, 3, \cdots, N)$，$x_i=(x_i^1, x_i^2, \cdots, x_i^N)$，$x_j=(x_j^1, x_j^2, \cdots, x_j^N)$，样本 x_i 与 x_j 的闵可夫斯基距离表示为：

$$d_{ij} = \left(\sum_{k=1}^{N} |x_{ki} - x_{kj}|^p \right) \frac{1}{p} \tag{6.28}$$

其中 $p \geqslant 1$。

当 $p=2$ 时为欧氏距离，表示为：

$$d_{ij} = \left(\sum_{k=1}^{N} |x_{ki} - x_{kj}|^2 \right) \frac{1}{2} \tag{6.29}$$

当 $p=1$ 时为曼哈顿距离，表示为：

$$d_{ij} = \left(\sum_{k=1}^{N} |x_{ki} - x_{kj}| \right) \tag{6.30}$$

当 $p=\infty$ 时为切比雪夫距离，取各个坐标数值差的最大值，表示为：

$$d_{ij} = \max_k |x_{ki} - x_{kj}| \tag{6.31}$$

（2）夹角余弦相似度

在文本挖掘中，样本之间的相似度也可以用向量间夹角余弦（Cosine）来表示。计算如式（6.32）所示。

$$\cos(x, y) = \frac{x^T y}{\|x\| \|y\|} \tag{6.32}$$

当夹角余弦越接近于1，表示样本越相似；越接近于0，表示样本差异越大。

样本 x_i 与 x_j 的夹角余弦相似度表示为：

$$s_{i,j} = \frac{\sum_{k=1}^{N} x_{ki} x_{kj}}{\left[\sum_{k=1}^{N} x_{ki}^2 \sum_{k=1}^{N} x_{kj}^2 \right]^{\frac{1}{2}}} \tag{6.33}$$

6.3.2　K-均值聚类

K-均值聚类①是一种基于数据集划分的聚类算法，该算法将数据集划分为 k 个子集，构成 k 个类，每个样本到其所属类中心的距离最小。需要注意的是，每个样本只属于一个类。

K-均值聚类实质上是一个迭代过程，每次迭代的主要过程是：事先指定所需划分的类的个数 k，算法随机选择 k 个样本点作为聚类中心，将每个样本划分到与其最近的聚类中心所属的类中，得到一个聚类结果；根据该聚类结果，计算每个类中样本的均值，将该均值作为新的聚类中心，重复以上步骤，直至收敛为止。具体过程如下：

(1)划分：给定样本集 $X = \{x_1, x_2, \cdots, x_n\}$ 和聚类中心 $M = \{m_1, m_2, \cdots, m_k\}$，试图找到一个聚类结果 C，使得每个样本和该样本所属类中心之间的距离之和最小：

$$\min_{C} \sum_{l=1}^{k} \sum_{C(i)=l} \| x_i - m_l \|^2 \tag{6.34}$$

(2)更新：对给定的聚类结果 C，求得各个类的中心 $M = \{m_1, m_2, \cdots, m_k\}$，使得每个样本和该样本所属类中心之间的距离之和最小：

$$\min_{m_1, m_2, \cdots, m_k} \sum_{l=1}^{k} \sum_{C(i)=l} \| x_i - m_l \|^2 \tag{6.35}$$

对于每个包含 m_l 个样本的类 G_l，更新其均值 m_l：

$$m_l = \frac{1}{n_l} \sum_{C(i)=l} x_i, \quad l = 1, \cdots, k \tag{6.36}$$

重复以上两个步骤，直到聚类结果不再改变，得到最终的聚类结果。

需要注意的是，上述步骤样本之间的距离计算，采用如式(6.37)所示的欧式距离平方。

$$d(x_i, x_j) = \sum_{k=1}^{m} (x_{ki} - x_{kj})^2 = \| x_i - x_j \|^2 \tag{6.37}$$

---

① Pelleg D, Moore A W. K-means: extending K-means with efficient estimation of the number of clusters [C]. Proceedings of International Conference MachineLearning, CA, USA, 2000: 727-734.

K-均值聚类算法描述如下：

输入：训练样本集 $X = \{x_1, x_2, \cdots, x_n\}$

输出：聚类结果 C

第1步：随机选择 k 个样本点作为初始聚类中心 $M = \{m_1, m_2, \cdots, m_k\}$；

第2步：对样本点进行聚类。对固定的聚类中心 $\{m_1, m_1, \cdots, m_k\}$，计算每个样本到聚类中心的距离，将每个样本划分到与该样本最近的中心的类中，得到聚类结果 C；

第3步：计算新的聚类中心。对第2步的聚类结果 C，计算当前各个类中样本的均值，作为新的聚类中心 M'；

第4步：如果迭代收敛或符合停止条件，输出 $C^* = C$，否则，返回第2步。

6.3.3 层次聚类

层次聚类[1][2]的基本思想是依据不同类别样本之间的距离，将样本进行逐层聚类，形成一棵树形聚类树。根据聚类树形成的方式不同，可划分为如下两种聚类方法：聚合（Agglomerative）或自底向上（Bottom-Up）聚类、分裂（Divise）或自顶向下（Top-Down）。同 K-均值聚类一样，层次聚类在聚类过程中，每个样本只属于一个类别。

自底向上（Bottom-Up）聚类方法：将训练样本集中的每个样本视为一个类，通过欧氏距离计算各样本之间的距离，将距离最短的两个样本合并为一个类，循环该步骤，直至满足终止条件。

自顶向下（Top-Down）聚类方法：将训练样本集视为一个类，计算各样本之间的距离，将距离最长的两个样本划分到不同的类中，此时，便会生成两个新的类，循环该步骤，直至满足终止条件。

---

[1] Ester M, Kriegel H, Sander J, et al. A density-based algorithm for discovering clusters in large spatial databases with noise [C]. Proceedings of Association for Computing Machinery's Special Intersst Group Knowledge Discovery and Data Mining, Oregon, USA, 1996：226-231.

[2] 特雷弗·哈斯蒂，罗伯特·蒂布希拉尼，杰罗姆·弗里德曼. 统计学习基础—数据挖掘、推理与预测[M]. 范明，柴玉梅，昝红英，等译. 北京：电子工业出版社，2004.

自底向上（Bottom-Up）聚类算法过程如下：

输入：训练样本集 $X = \{x_1, x_2, \cdots, x_n\}$；各样本之间的距离

输出：层次聚类结果

第 1 步：计算 x_i 与 x_j 之间的欧氏距离 $\{d_{ij}\}$，记作矩阵 $D = \begin{bmatrix} d_{ij} \end{bmatrix}_{n \times n}$；

第 2 步：将每个样本视为一个类，构造 n 个类；

第 3 步：合并类间距离最小的两个类，其中最短距离为类间距离，构建一个新类；

第 4 步：计算新类与当前各类的距离。若类的个数为 1，终止计算，否则返回到第 3 步。

自顶向下的层次聚类方法的聚类过程与自底向上层次聚类过程恰好相反，但其在文本聚类过程中比自底向上的聚类算法更为复杂，主要体现在以下两方面：① 进行完一次聚类后，会形成两个新的类，此时，选择哪个类进行分裂是值得关注的问题，每次循环都面对同样的问题。一般情况下，选择距离最长的样本所在的类再进行聚类；② 在进行聚类时，使用的分类策略不同，得到聚类结果也不同。

6.4　文本信息抽取

6.4.1　命名实体识别

命名实体识别（Named Entity Recognition，NER）作为信息抽取的第一步，为挖掘文本信息以及文本知识发现奠定了基础。命名实体识别的目的是识别文本中具有特殊含义且指代性强的实体。这些实体主要包括：人名、地名、组织机构名、时间、日期、货币或其他数量及百分比等。由于时间、日期、货币或其他数量及百分比的实体构成规律较为明确，通常采用正则表达式就能准确地识别。人名、地名和组织机构名的识别则面临较大困难，因此命名实体识别相关研究以人名、地名和组织机构名的识别为主。

命名实体方法总体可分为基于规则的方法、基于传统机器学习的方法以及基于深度学习的方法。目前，基于深度学习的方法已成为当前研究的主要方向。

（1）基于规则的方法

早期命名实体识别研究主要以基于规则的方法为主。基于规则的方法，主要由领域专家编写制定规则，要求相对比较高。该方法首先由领域专家编写一些适用于任务的基本规则，然后对误识结果进行分析，进而修订规则，直至识别效果达到预期要求。常用的基于规则的方法是基于词典匹配的方法，该方法通过字符串完全或部分匹配进行命名实体识别，其实现相对简单且效率较高。基于词典匹配的方法通常包括正向、逆向、双向最长匹配方式。基于规则的方法的优点是无需提前对语料库进行标注，在小规模语料库上效果较好，且算法运行速度快。缺点是编写规则对人员专业水平要求较高，且系统移植性较差。

（2）基于传统机器学习的方法

基于传统机器学习的方法将命名实体识别当作序列标注任务，算法模型需要利用已标注的语料进行训练。有监督的命名实体识别方法在识别过程中，通常包括以下几个步骤：① 一般采用 IOB（Inside-Outside-beginning）或 IO（Inside-Outside）标注体系对语料进行人工标注；② 特征定义，通常选取当前词、前一个词、后一个词、词性等特征进行命名实体识别，选择原因是这些特征对命名实体识别结果影响较大；③ 训练模型，常用的模型主要有隐马尔可夫模型（Hidden Markov Model，HMM）和条件随机场（Conditional Random Field，CRF）。

① 基于隐马尔可夫模型的方法

隐马尔可夫模型 HMM[1][2] 给定一个待标注的句子 $X = x_0 x_1 \cdots x_T$（称为观测值），序列标注模型希望探索一个标签序列 $Y = y_0 y_1 \cdots y_T$（称为状态值），使得后验概率 $P(Y \mid X)$ 最大。HMM 利用贝叶斯规则对后验概率 $P(Y \mid X)$ 进行分解。

$$P(Y \mid X) = \frac{P(X, Y)}{P(X)} = \frac{P(Y) \times P(X \mid Y)}{P(X)} \tag{6.38}$$

由于概率 $P(X)$ 在给定句子后不再变化，对任何标签序列都没有影响，因此最大化条件概率 $P(Y \mid X)$ 可以转换为最大化联合概率 $P(X, Y)$，即最大化先验

① 冯静，李正武，张登云，等. 隐马尔可夫模型的桥梁检测文本命名实体识别[J]. 交通世界，2020，8：32-33.

② Rabiner L R，Juang B H. An introduction to hidden markov models [J]. IEEE ASSP Magazine，1986，3(1)：4-16.

概率 $P(Y)$ 和似然 $P(X \mid Y)$ 的乘积。为了方便计算 $P(Y)$ 和 $P(X \mid Y)$，HMM 假设标签序列满足一阶马尔科夫链，即标签状态 y_t 的取值仅与 y_{t-1} 有关，观测值 x_t 仅与 y_t 有关。从而，将联合概率 $P(X, Y)$ 分解为如式(6.39)的形式。

$$P(X, Y) = P(Y) \times P(X \mid Y) = \prod_{t=0}^{T} P(y_t \mid y_{t-1}) \times P(x_t \mid y_t) \qquad (6.39)$$

由上述公式可知，HMM 模拟了句子生成过程。

HMM 进一步将问题简化为计算 $P(y_t \mid y_{t-1})$ 和 $P(x_t \mid y_t)$，其中 $P(y_t \mid y_{t-1})$ 称为状态转移概率，$P(x_t \mid y_t)$ 为发射概率。给定训练样本 $D = \{(X_m, Y_m)\}_{m=1}^{M}$，状态转移概率 $P(y_t \mid y_{t-1})$ 和发射概率 $P(x_t \mid y_t)$ 都可以采用最大似然估计获得，如式(6.40)、式(6.41)所示。

$$P(y_t \mid y_{t-1}) = \frac{\text{count}(y_{t-1}, y_t)}{\text{count}(y_{t-1})} \qquad (6.40)$$

$$P(x_t \mid y_t) = \frac{\text{count}(x_t, y_t)}{\text{count}(y_t)} \qquad (6.41)$$

其中 $\text{count}(y_{t-1}, y_t)$ 表示 y_{t-1} 和 y_t 共现的次数。

命名实体识别并非任意两个标签状态之间都可转移在同一类实体，只有标签 B 到 I、I 到 I、I 到 O 和 O 到 B 之间存在转移概率，其余概率都是 0。由于某些"字"和标签可能在训练样本中没有共现，因而产生"数据稀疏"问题，通常在估计发射概率时会采用平滑算法对没有观察到的组合赋予一个较小的概率值。

对于句子 $X = x_0 x_1 \cdots x_T$，利用 HMM 计算公式可以得到任意一种序列 $Y = y_0 y_1 \cdots y_T$ 的后验概率。最简单的方式是穷举所有可能的标签序列，然后根据概率找出最优序列，但穷举搜索方式效率太低，因此常用动态规划算法求解这类问题。HMM 模型中使用维特比(Viterbi)解码算法。①

维特比算法需要维持两组变量 $\delta_t(y)$ 和 $\varphi_t(y)$，其中 $\delta_t(y)$ 记录到 t 时刻为止以标签 y 结束的路径所对应的最大概率，$\varphi_t(y)$ 记录 $\delta_t(y)$ 对应路径 $(t-1)$ 时刻的标签。

$$\delta_t(y) = \max_{y'} \{ \delta_{t-1}(y') P(y \mid y') P(x_t \mid y) \} \qquad (6.42)$$

---

① Forney G D. The viterbi algorithm [J]. Proceedings of the Institute of Electrical and Electronics Engineers, 1973, 61(3)：268-278.

$$\varphi_t(y) = \underset{y'}{\operatorname{argmax}} \{ \delta_{t-1}(y') P(y \mid y') P(x_t \mid y) \} \qquad (6.43)$$

当计算到句子结尾的第 T 个"字"时，利用上述公式可得到第 T 个"字"所对应的标签。

$$y_n = \underset{y}{\operatorname{argmax}} \{ \delta_n(y) \} \qquad (6.44)$$

然后，利用式(6.45)进行回溯，找到最优的标签路径。

$$y_t = \varphi_{t+1}(i_{t+1}) \qquad (6.45)$$

② 基于条件随机场模型的方法

条件随机场 CRF 是一类最适合预测任务的判别模型，其中相邻的上下文信息或状态会影响当前预测①②。CRF 在命名实体识别、词性标注、基因预测、降噪和对象检测问题等方面都有应用。通常将线性链条随机场模型用于序列标注任务。线性链条随机场模型如图 6.7 所示。

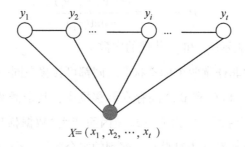

图 6.7　线性链条随机场模型

在文本标注任务中，若 $X = (x_0, x_1, \cdots, x_T)$ 为输入序列，对该序列进行标注，由此得到状态序列 $Y = (y_0, y_1, \cdots, y_T)$。在给定随机变量序列 X 的条件下，随机变量序列 Y 的条件概率分布 $P(Y \mid X)$ 构成条件随机场，即满足马尔可夫性：

①　Lafferty J, McCallum A, Pereira F. Conditional random fields probabilistic models for segmenting and labeling sequence data [C]. Proceedings of the 8th International Conference on Machine-Learning, MA, USA, 2001：282-289.

②　马孟铖，杨晴雯，艾斯卡尔·艾木都拉，等. 基于词向量和条件随机场的中文命名实体分类[J]. 计算机工程与设计，2020，41(9)：2515-2522.

$$P(y_i \mid X, y_1, \cdots, y_{i-1}, y_{i+1}, \cdots, y_T) = P(y_i \mid X, y_{i-1}, y_{i+1}) \quad i = 1, 2, \cdots, n \tag{6.46}$$

对于输入序列 $X = (x_0, x_1, \cdots, x_T)$，其标签状态序列 $Y = (y_0, y_1, \cdots, y_T)$ 的条件概率 $P(Y \mid X)$ 为：

$$P(Y \mid X) = \frac{1}{Z_X} \exp \left\{ \sum_{t=1}^{T} \sum_k \lambda_k f_k(y_{t-1}, y_t, X, t) \right\} \tag{6.47}$$

其中，$f_k(y_{t-1}, y_t, X, t)$ 为作用于输入序列和标签状态的任意特征函数，$\lambda_k \geqslant 0$ 是特征函数 $f_k(y_{t-1}, y_t, X, t)$ 的权重，该参数表明特征函数的重要性，需要从训练样本 $D = \{(X_m, Y_m)\}_{m=1}^{M}$ 中学习获得。特征函数 $f_k(y_{t-1}, y_t, X, t)$ 的定义和参数权重 λ_k 的学习是条件随机场的关键。Z_X 为规范化因子，可以表示为：

$$Z_X = \sum_y \exp \left\{ \sum_{t=1}^{T} \sum_k \lambda_k f_k(y_{t-1}, y_t, X, t) \right\} \tag{6.48}$$

通常将每一个特征函数 $f_k(y_{t-1}, y_t, X, t)$ 称为一类特征模板。命名实体识别任务可利用的特征模板很多，表 6.2 列出了常见的特征模板。

表 6.2　　　　　　　　　　　　　常见特征模板

特　　征	描　　　述
词汇化特征	当前字符 x_t，前驱字符 x_{t-1}，字符组合 $x_{t-1}x_t$，$x_t x_{t+1}$，$x_{t-1}x_t x_{t-1}$
标签特征	当前标签 y_t，前驱标签 y_{t-1}，标签组合 $y_{t-1}y_t$ 等
标签词汇组合特征	$x_t y_t$，$y_{t-1} x_t$，$y_{t-1} x_t y_t$ 等
词典特征	字符串 $x_{t-1}x_t$，$x_t x_{t+1}$，$x_{t-1}x_t x_{t-1}$……是否在给定的词典中

李章超等选择单字作为序列化标注单位，对《左传》进行了序列化标注，共定义了 25 个类别用于序列化标注的实体识别。[①] 在图 6.8 所示的语料中，W 单独构成一个实体，B 为实体首字，E 为实体尾字。该语料中包含郑伯(人名)、段

---

① 李章超，李忠凯，何琳.《左传》战争事件抽取技术研究[J]. 图书情报工作，2020，64(7)：20-29.

(人名)和鄢(地名)等实体。

郑	伯	克	段	于	鄢
B-ATT	E-ATT	O	W-DEF	O	W-LOC

图 6.8 序列化标注结果

李章超等在已标注的语料集上利用条件随机场模型并结合特征模板,对战争时间、交战双方等 7 个命名实体进行识别和抽取。在选择特征模板时,除了使用汉字或词语本身特征、标签特征之外,还增加了上下文窗口长度、单词词性和实体指示词等特征。实验结果表明,条件随机场模型能够较好地完成《左传》战争事件抽取任务。

(3)基于深度学习的方法

基于深度学习的方法成为目前的主流方法,取得了良好的识别效果。与传统机器学习中的有监督方法相比,基于深度学习的方法无需人工制定规则或者复杂的特征,能够自动从输入语料中提取出隐藏的特征。命名实体识别常用的深度学习模型有 CNN、RNN 以及基于注意力机制(Attention Mechanism)的神经网络,其中 RNN 中的长短期记忆神经网络 LSTM 已广泛应用于命名实体识别。6.2 节已经介绍了 CNN、RNN 以及 LSTM 等模型,以下重点探究注意力机制的工作机理。

注意力机制本质是一种资源分配模式,其特点是选择性地关注某些重要的信息,忽略不重要的信息。目前大多数注意力模型是基于 Encoder-Decoder 框架。Encoder-Decoder 框架如图 6.9 所示。

图 6.9 Encoder-Decoder 框架图

　　具体地说，对于给定的输入序列 $X=(x_1, x_2, \cdots, x_n)$，对应地输出序列 $Y=(y_1, y_2, \cdots, y_m)$ 生成①，其中 X 可以是问句，Y 是问句的答案。Encoder 的作用是将输入序列 X 进行编码，然后通过非线性变换转化为语义编码 C，其中 C 为固定长度向量。

　　解码器 Decoder 将之前生成的固定长度向量 C 转化为输出序列 Y。注意力机制在 Encoder- Decoder 框架的基础上，将原先不同时刻相同的语义编码 C 替换为根据不同输入不断更新变化的 C②，如图 6.10 所示。

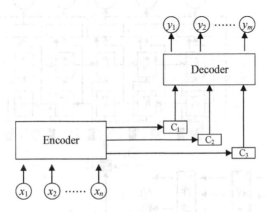

图 6.10　注意力机制结构图

　　注意力机制根据不同元素提供不同的注意力分配概率分布，计算该元素和各个语义关系的相似性，得到权重系数，并将各个语义相关性进行加权求和，最终得到该元素注意力 Attention③ 值，该值表示不同元素在目标任务中的重要程度。

　　①　Gao L, Guo Z, Zhang H, et al. Video Captioning With Attention-Based LSTM and Semantic Consistency [J]. IEEE Transactions on Multimedia, 2017, 19(9)：2045-2055.

　　②　Liu J, Wang G, Duan L Y, et al. Skeleton-Based Human Action Recognition With Global Context-Aware Attention LSTM Networks [J]. IEEE Transactions on Image Processing, 2017, 27 (4)：1586-1599.

　　③　Si C, Chen W, Wang W, et al. An attention enhanced graph convolutional LSTM network for skeleton-based action recognition [C]. Proceedings of the Institute of Electric and Electronics Engineers Conference on Computer Vision and Pattern Recognition, Long Beach, USA, 2019：1227-1236.

钟诗胜等提出一种引入词集级注意力机制的中文命名实体识别方法。该方法在引入外部词汇信息的基础上，根据字在词中的位置划分词集、获得词集向量，进而建立词集级别的注意力机制，强制性地将注意力集中在适当的词集，忽略不可靠的部分，从而提高中文命名实体识别效果。① 模型框架如图 6.11 所示。

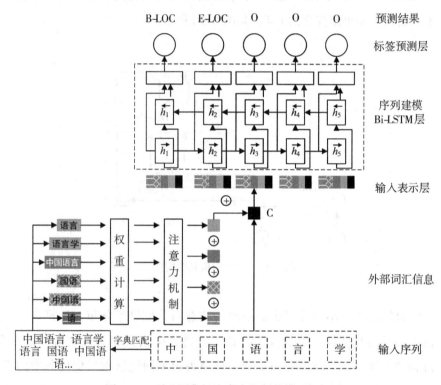

图 6.11　引入词集级注意力机制的模型框架图

在图 6.10 中，给定汉字序列 X = {"中"，"国"，"语"，"言"，"学"}，将其中的每一个字映射成为字向量，然后将外部词汇信息通过权重计算，将其整合到每个字的向量表示中；最后将字向量输入到序列建模层和标签预测层，得到最终的识别结果。

① 钟诗胜，陈曦，赵明航，等. 引入词集级注意力机制的中文命名实体识别方法[J].吉林大学学报(工学版)，2022，52(5)：1098-1105.

序列建模层将输入表示层的最终表示序列作为输入，对字和字之间的关系进行特征提取。这一层通常采用双向长短期记忆网络（Bi-directional Long Short-Term Memory，Bi-LSTM）。$\overrightarrow{h_i}$ 用来捕捉字向量及前向的上下文信息，$\overleftarrow{h_i}$ 用来捕捉字向量及后向的上下文信息，因此，Bi-LSTM 通过拼接 $\overrightarrow{h_i}$ 和 $\overleftarrow{h_i}$ 来获取字和字之间的特征。由于 Bi-LSTM 无法利用类别标签之间的关系，无法排除 B-LOC、I-PER 等不合理的组合，所以一般在 Bi-LSTM 基础上引入 CRF 模型进行全局优化。Bi-LSTM-CRF 模型直接对条件概率 $P(Y|X)$ 进行建模。Bi-LSTM-CRF 模型的训练和解码类似于 CRF 模型，最终的解码阶段通过维特比算法预测全局最优标签序列。

6.4.2　关系抽取

在文本挖掘领域，关系通常指实体之间的联系，如语法关系、语义关系等。将实体之间的关系形式化地描述为关系三元组 $<e_1, r, e_2>$，其中 e_1 和 e_2 是实体类型，r 是关系描述类型。关系抽取的目的是从给定的文本语料中识别并判定实体对之间的特定关系。文本经过命名实体识别、关系触发词识别两个处理步骤，将三元组 $<e_1, r, e_2>$ 存储在数据库中供后续分析或查询。

目前，数字人文领域的关系抽取研究一般是基于特定语料展开的，特定领域的关系识别通常被转化为有监督的关系分类问题，基本实现思路是：从两个实体及其所在句子的上下文抽取代表性特征；利用机器学习算法在标注语料上训练分类模型 $f(s, (e_1, e_2)) \in R$（其中 s 为句子，e_1、e_2 为实体，R 为关系）；最后利用分类器预测实体之间的关系。分类方法可分为基于机器学习的方法和基于深度学习的方法。

（1）基于机器学习的方法

基于机器学习的方法利用带有标注的语料训练关系分类模型。该方法主要包括基于特征的方法和基于核函数的方法。

给定一组实体对 (e_1, e_2)，基于特征的方法从该实体对的上下文中抽取特征，并基于这些特征完成关系分类任务。常用到的分类模型有支持向量机、最大熵、朴素贝叶斯、条件随机场等。

Zhou 等基于支持向量机模型，提出了基于特征的关系分类方法①，该方法采用的特征有：① 词汇特征，包括实体对 (e_1, e_2) 包含的词汇、实体对 e_1 和 e_2 之间出现的词汇、实体 e_1 之前的词汇以及实体 e_2 之后的词汇；② 实体类型特征，表示两个实体对应的类型，如 Person、Location 和 Organization 等，实体类型对判断实体之间的语义关系具有很强的指示作用，例如，如果 e_1 是乔布斯，e_2 是苹果公司，基本可以断定 e_1 和 e_2 之间的关系为创始人或者成员；③ 实体指称特征，考虑了实体 e_1 以及实体 e_2 的实体级别，可以是具体的名称、名词和代词，例如，实体乔布斯和实体苹果公司，都表示具体的名称；④ 重叠特征，表示实体 e_1 和 e_2 之间词汇的重叠关系（主要包括 e_1 和 e_2 之间的实体数目、e_1 和 e_2 实体的词汇数目）；⑤ 基本短语块特征，主要包含三类：针对实体对 (e_1, e_2) 之间的短语中心词，考虑了第一个短语、最后一个短语和中间段的中心词，实体 e_1 前面的短语中心词包括前两个短语的中心词，实体 e_2 后面的短语中心词包括后两个短语的中心词；⑥ 依存树特征，表示在句法依存树中两个实体所依存的词汇以及该词汇对应的词性标注；⑦ 短语结构树特征，主要包括实体对 (e_1, e_2) 之间的短语标签路径或者实体对 (e_1, e_2) 之间的短语标签路径与顶层短语中心词组合；⑧ 语义资源特征，语义资源可以用来加强特征的表示，一般获取语义资源有两种方法：一种是从 WordNet 和 HowNet 等语义词典中获取，另一种是从训练语料中获得。按照上述方式从训练语料中抽取出词汇、句法和语义等特征，并在此基础上利用支持向量机模型预测 (e_1, e_2) 的语义关系。

基于特征的方法是指从一组实体对所在的上下文中抽取一系列特征用于关系分类任务。由于特征空间包含的特征类型多样，如何针对具体任务选择合适的特征进行关系分类，是研究人员面临的一大挑战。针对该问题，研究人员提出基于核函数的分类方法。

基于核函数的方法是通过计算特征向量的内积进行关系分类。该方法在输入句法结构树之后，利用核函数比较关系实例之间的结构相似性。该方法的关键是设计计算两个关系实例相似度的核函数。目前常用的核函数有序列核函数、树核

---

① Zhou G D, Su J, Zhang J, et al. Exploring various knowledge in relation extraction [C]. Proceedings of Association for Computational Linguistics, Michigan, USA, 2005：427-434.

函数以及卷积核函数。

Zelenko 提出基于短语结构树的核函数[1]，以此为例介绍基于核函数方法的具体流程。N_1、N_2 分别表示句法树 T_1、T_2 的节点集合。如果句子对应的句法树中以节点 n 为根节点的子树与子树集合的第 i 颗子树匹配，则 $I_i(n) = 1$，否则 $I_i(n) = 0$。由于 $h_i(T_1) = \sum_{n_1 \in N_1} I_i(n_1)$，$h_i(T_2) = \sum_{n_2 \in N_2} I_i(n_2)$，因此，内积 $h(T_1) \cdot h(T_2)$ 可以利用式（6.48）对核函数 $K(T_1, T_2)$ 进行计算。

$$
\begin{aligned}
K(T_1, T_2) &= h(T_1) \cdot h(T_2) \\
&= \sum_i h_i(T_1) h_i(T_2) \\
&= \sum_{n_1 \in N_1} \sum_{n_2 \in N_2} \sum_i I_i(n_1) I_i(n_2) \\
&= \sum_{n_1 \in N_1} \sum_{n_2 \in N_2} C(n_1, n_2)
\end{aligned}
\tag{6.49}
$$

其中，$C(n_1, n_2) = \sum_i I_i(n_1) I_i(n_2)$，可以采用递归方法求解：

① 在句法树 T_1 以 n_1 为根节点的上下文无关规则和句法树 T_2 中，以 n_2 为根节点的上下文无关规则不同，则 $C(n_1, n_2) = 0$。

② 在句法树 T_1 以 n_1 为根节点的上下文无关规则和句法树 T_2 中，以 n_2 为根节点的上下文无关规则相同，并且，n_1、n_2 都是词性节点，即为叶子节点的父节点，则 $C(n_1, n_2) = 1$。

③ 在句法树 T_1 以 n_1 为根节点的上下文无关规则和 T_2 中，以 n_2 为根节点的上下文无关规则相同，但是，n_1、n_2 都不是词性节点，则

$$
C(n_1, n_2) = \sum_{j=1}^{nc(n_1)} (1 + C(ch(n_1, j), ch(n_2, j)))
\tag{6.50}
$$

其中，$nc(n_1)$ 表示 n_1 的孩子节点数，$ch(n_1, j)$ 表示 $n_i(i=1, 2)$ 的第 j 个孩子节点。Collins[2] 等证明，通过递归算法计算 $h(T_1) \cdot h(T_2)$ 与列举所有子树的方式

---

① Zelenko D, Aone C, Richardella A. Kernel methods for relation extraction [J]. Journal of Machine Leaning Research, 2003, 1: 1083-1106.

② Collins M, Duffy N. Convolution kernels for natural language [C]. Proceedings of Conference and Workshop on Neural Information Processing Systems, British Columbia, Canada, 2002: 625-632.

直接计算 $h(T_1) \cdot h(T_2)$ 等价。

（2）基于深度学习的方法

基于机器学习的方法选择的特征向量需借助人工完成，而且需要大量领域专业知识。而基于深度学习的方法通过训练大量语料自动构建模型，无需人工提取特征。目前，用于关系抽取任务的神经网络模型主要有卷积神经网络、循环神经网络、长短期记忆网络以及基于注意力机制的神经网络模型。

以卷积神经网络模型为例介绍基于深度学习的方法。Zeng 等利用卷积神经网络提取词汇级特征和句子级特征①。图 6.12 为基于神经网络的关系分类框架。

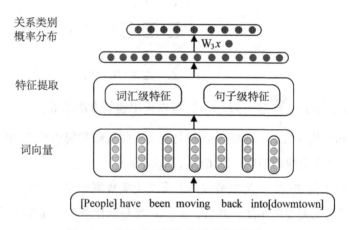

图 6.12　基于神经网络的关系分类框架

如图 6.12 所示，该框架主要包括以下三部分：词嵌入、特征提取以及结果输出。对于句子 $s = (w_1, w_2, \cdots, w_n)$，标出需要进行关系识别的两个实体 e_1 和 e_2；然后通过词嵌入将每个单词映射为词向量，得到词向量列表 $X = (x_0, x_2, \cdots, x_6)$；接着将获取的词汇特征 X_{lex} 和句子特征 X_{sen} 进行特征拼接，得到全局特征 X_{final}；最后，通过隐藏层和 softmax 分类器进行关系分类。需要注意的是，分类器的输出是一个向量，其维数等于预定义关系类型的数量，每个维度的值是

---

① Zeng D J, Liu K, Lai S W, et al. Relation classification via convolutional deep neural network [C]. Proceedings of International Conference on Computational Linguistics, Dublin, Ireland, 2014: 2335-2344.

对应关系的置信度得分，关系置信度的得分决定了该关系的类型。表 6.3 为文献①使用的词汇特征。

表 6.3　　　　　　　　　　　词 汇 特 征

特征	描　　　述
L_1	实体 e_1
L_2	实体 e_2
L_3	实体 e_1 的上下文词汇
L_4	实体 e_2 的上下文词汇
L_5	实体对 (e_1, e_2) 在语义知识库 WordNet 中的上位词

由于词汇特征仅仅考虑了实体对自身及其局部周围的上下文信息，无法捕捉判别实体关系的关键信息。因此，需要引入句子级特征，来捕捉长距离特征及局部上下文关系。图 6.13 为句子级特征提取框架。

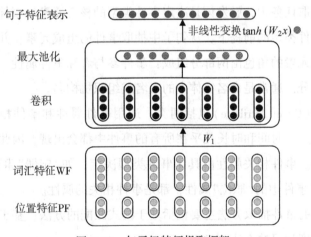

图 6.13　句子级特征提取框架

① Zeng D J, Liu K, Lai S W, et al. Relation classification via convolutional deep neural network [C]. Proceedings of International Conference on Computational Linguistics, Dublin, Ireland, 2014：2335-2344.

在实体关系分类中，词汇之间(尤其是普通词汇与实体之间)的依赖关系是非常重要的特征，而神经网络模型无法捕捉这些依赖信息。因此，通常需要对卷积神经网络的输入做适当调整。在图6.12中，WF为词汇特征，PF为位置特征。词汇特征由固定窗口大小表示，Zeng等使用宽度为3的窗口抽取特定大小的局部特征。此外，单词在句子中的位置特征也被作为输入特征。将词汇特征和位置特征进行拼接作为卷积神经网络的输入。

6.4.3　事件抽取

事件包括事件类型、参与者、时间、地点、原因等诸多元素。不同于目标明确、结构简单的实体识别和关系分类，事件抽取是一件更加复杂的任务，不同类型的事件对应不同的组织结构。例如，"公司收购"事件包含"收购者""被收购者""金额"等，而"离职"事件包含"离职者""公司机构""职位""离职时间"等。事件识别以及事件抽取是数字人文领域的研究热点之一，尤其是在处理历史文献时，事件识别以及事件抽取有助于历史学家更快地归纳特殊事件，梳理历史发展脉络。

在事件抽取任务中，触发词是决定事件类型的核心要素。事件抽取的主要任务是在已知事件类型的前提下，从句子中抽取事件的组成元素，并判别事件元素的角色。事件元素的角色由两部分组成：事件参与者和事件属性。事件参与者是事件的必要成分，通常是命名实体中的人名或组织机构名。

事件属性(Event Attribute)包括两类：通用事件属性和事件相关属性。由于事件发生的地点、时间和时长几乎在所有的事件中都会出现，因此这类属性称为通用事件属性。事件相关属性由具体事件类型决定，如"定罪"事件中的"罪名"属性，"履职"事件中的"职位"属性，都是事件相关的属性。

目前常用的事件抽取方法主要包括基于模式匹配的方法、基于机器学习的方法以及基于深度学习的方法。

基于模式匹配的方法适用于事件句较短，且总语料数据规模较小的文本。基于模式匹配的方法进行事件抽取，以语言学为基础对待抽取文本进行句法分析，以寻找目标主题句的规律及其与其他主题句的差异。李章超等利用基于模式匹配的方法对《左传》中的战争句进行识别。① 首先，根据《左传》中描述战争事件的特殊词，如，攻、伐等进行整理，构建《左传》战争事件触发词表。其次，通过对包含触发词的语句进行识别，依据触发词表，对语料库中包含触发词的语句进行抽取，作为候选战争句。最后，基于事先制定的模式和原则，对候选战争句进行过滤。

由于模式匹配的方法需要大量的人工标注，耙时耗力，且存在移植性差的问题。因此，基于模式匹配的方法适用于特定领域的事件抽取。

基于机器学习的方法从文本中抽取事件特征并进行事件识别。常用的文本特征主要有词汇、句法和语义特征。陈慧炜②在定义破案、抓获和报案等事件类型的基础上，利用人工标注的词形、实体和事件等特征，融合条件随机场模型对事件类型和事件论元进行识别；在数字人文领域，Wu③ 等将"东亚历史气候数据库"中清初(1644—1795)的 123 个气象记录作为研究数据，利用 word2vec 算法将每个文言文书写的气象事件转换成词向量，引入 K-means 算法，对这 123 个气象记录事件进行分类。上述方法克服了文言文语料不足的问题，准确率达到 82%。与此同时，Wu 等还将分类结果与地图和时间线相结合，开发了一个时空搜索界面，方便气候学家根据时间、区域和时间等维度访问和分析数据。

基于深度学习的方法主要以管道模式或联合抽取方式进行抽取。

(1)管道式事件抽取方法

2006 年，Ahn 提出一种管道式事件抽取方法(Pipeline Method)。④ 该方法将事件抽取任务按顺序分解为四个子任务，依次为：① 触发词识别(Trigger Detection)，即识别事件类型；② 事件元素抽取与角色分类(Argument Classification)；③ 事件整体特性判别(Attribute Classification)；④ 上报预判(Reportability Classifi-

① 李章超，李忠凯，何琳.《左传》战争事件抽取技术研究[J]. 图书情报工作，2020, 64(7)：20-29.

② 陈慧炜，刑事案件文本信息抽取研究[D]. 南京师范大学，2011.

③ Wu S Y, Chen H, Pai P L, et al. Climate event classification based on historical meteorological records and its presentation on a spatio-temporal research platform [C]. Proceedings of the Digital Humanities Conference 2019 (DH2019), Utrecht, Netherlands, 2019：1-7.

④ Ahn D. The stages of event extraction [C]. Proceedings of the Workshop on Annotating and Reasoning about Time and Events, Sydney, Australia, 2006：1-8.

cation)。事件整体特性判别为：极性(Polarity)，取值"正面"或"负面"，语态(Modality)，取值为"确定"或"未知"，泛型(Genericity)，取值为"具体"或"普遍"，时态(Tense)，取值为"过去""现在""将来"或"未知"。Ahn 将每一个子任务视为一个分类问题，为每一个子任务设计相应的特征，然后采用相同的分类器获得最终的分类结果。

(2)联合事件抽取方法

管道式事件抽取方法，一方面容易造成级联错误，即将上游事件识别的错误传播到下游的论元角色分类中；另一方面，下游分类器无法影响上游分类器的决策，单独的触发词检测或者事件论元识别考虑不到触发词与论元之间的关系，这直接导致上下文信息的丢失。为了解决这一问题，Li 提出一种触发词与事件元素的联合标注算法，将事件抽取任务视为一个结构学习问题，采用结构感知器模型同时预测触发词与事件元素，并在整个句子上寻找一组最优解。① 这种方法不仅能够捕捉不同事件之间触发词和事件元素之间的依赖关系，而且可以利用全局信息。联合标注算法如下：

首先，对联合标注模型进行形式化表示。触发词的标记集合用 $L \cup \{\varnothing\}$ 表示，其中 L 表示事件类型，$\varnothing$ 表示待识别词不是触发词。$R \cup \{\varnothing\}$ 表示事件元素的角色合集，R 表示事件角色，$\varnothing$ 表示待标注的候选事件元素不属于当前触发词的角色集合。

算法的输入是由 n 个词或短语、标点组成的句子 $x = (x_1, x_2, \cdots, x_n)$ 以及候选事件元素列表 $\varepsilon = \{e_k\}_{k=1}^{m}$。因此，输入可以表示为 $x = <(x_1, x_2, \cdots, x_n), \{e_k\}_{k=1}^{m}>$。

算法的输出 y 表示为：

$$y = <t_1, (a_{11}, \cdots, a_{1m}), \cdots, t_n, (a_{n1}, \cdots, a_{nm})> \tag{6.51}$$

其中，$t_i \in L \cup \{\varnothing\}$ 是第 i 个词或短语 x_i 的触发词标记，$a_{ij} \in R \cup \{\varnothing\}$ 表示事件元素 e_j 属于事件类型 t_i 的角色标记。联合事件抽取算法的目标是对于任意 x 准确地输出标注结果 y。该问题可通过以下目标函数进行求解：

---

① Li Q, Ji H and Huang L. Joint event extraction via structured prediction with global features [C]. Proceedings of theAssociation Computational Linguistics, Sofia, Bulgaria, 2013：73-82.

$$y = \underset{y' \in y(x)}{\operatorname{argmax}} W \cdot F(x, y') \tag{6.52}$$

其中，$F(x, y')$表示特征向量，W是对应的特征权重。

在数字人文领域，喻雪寒等以《左转》战争句为研究数据，采用联合事件抽取方法，提出一种基于古文历史事件联合抽取模型RoBERTa-CRF[①]。在邓勇所注的《春秋左传战争表》的战争语料基础上，依据战争目的进行对比和归纳，将战争划分为三大类型：征战类、戕杀类、救援类。事件抽取包括两类任务：一类是事件识别，另一类是事件论元角色抽取。喻雪寒等将第一类任务中的事件类型识别与第二类任务中的论元角色及论元抽取视作三元组的联合抽取任务。以语料"为报衛伐鄭，（冬），鄭人以王師、虢師伐衛南鄙"为例，进行事件标注。第一个论元"衛伐鄭"，它的事件类型是"征战"，论元角色对应为"战争原因"，标注结果如图6.14所示。

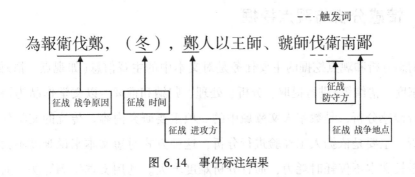

图6.14　事件标注结果

图6.15为RoBERTa-CRF模型对《左转》战争句进行事件抽取的基本流程，具体如下：首先，利用RoBERTa模型将标注语料转换为相应的向量化表示$E_i(i=1, 2, \cdots, n)$；接着，利用多层Transformer对语料进行提取特征，并生成特征向量$T_i=(1, 2, \cdots, n)$；最后，引入CRF模型学习约束规则，根据据此分析事件论元之间的语义关系，预测论元的标签序列。

---

① 喻雪寒，何琳，徐健. 基于RoBERTa-CRF的古文历史事件抽取方法研究[J/OL]. 数据分析与知识发现：1-13.[2021-08-04]. http：//kns. cnki. net/kcms/detail/10. 1478. g2. 20210325. 1127. 002. html.

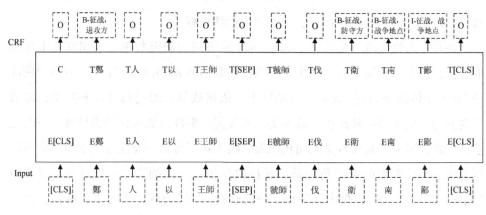

图 6.15　ROBERTa-CRF 模型结构

6.5　情感分析与观点挖掘

情感分析和观点挖掘的主要任务是对文本中的主观信息(如观点、情感、评价、态度、情绪等)进行提取、分析、处理、归纳和推理。以文学作品为研究对象进行情感分析,是数字人文领域中的一项重要研究内容。传统的文学作品情感分析,主要是依据人工经验进行分析,这种方式对短文本来说难度不大,但是对于长文本不仅耗时耗力,而且分析难度增大。利用文本挖掘算法,通过挖掘情感特征和相关的重要情感特征词①,进而实现文学作品的情感倾向性自动分析。

目前,根据采用的模型不同,将情感分析方法分为:基于情感词典的方法、基于机器学习的方法、基于深度学习的方法。

6.5.1　基于情感词典的方法

基于情感词典的方法,根据情感词典提供情感词的情感极性,以实现不同粒度下的情感极性划分。该方法的基本流程是:首先,进行输入文本的预处理(包

---

① 郭金龙,许鑫. 数字人文中的文本挖掘研究[J]. 大学图书馆学报,2012,3:11-18.

含去噪、去除无效字符等）。其次，进行分词操作，并将情感词典中的词语放入模型中进行训练。最后，根据情感判断规则输出情感类型。目前，大部分情感词典是人工构造的，根据情感划分粒度，可将情感分析划分为词语级、句子级、文档级、属性级等。

需要注意的是，基于情感词典的方法，情感词典的优劣决定了情感分析的准确率，因此，情感词典是判断词汇和文本情感倾向性的重要工具，情感词典自动构建是提高情感分析和观点挖掘效率的关键。情感词典自动构建方法主要包括基于知识库的方法、基于语料库的方法以及混合方法。目前，北京大学计算语言学研究所开发的"唐宋诗词汇语义知识库"①，常被研究人员用作情感分析。苏劲松等在该语料库的基础上，构建了全宋词语料库②，并在此基础上进行了宋词词语的情感识别。

（1）基于开放语义知识库的方法

基于开放语义知识库，通过挖掘其中词与词之间的关系，如同义、反义、上位和下位关系等，可以自动构建通用性较强的情感词典。然而，数字人文领域通常都是针对某一特定任务，例如，Barros③ 等将诗词作为研究数据，将弗朗西斯科·德·奎韦多四种类型的诗映射到情感上，使用快乐、愤怒、恐惧和悲伤等基本情感表达④作为情感词，通过查找英语情感词的同义词和与这四种情感相关的形容词，并将其翻译成西班牙语，构建了一个领域情感词表。

（2）基于语料库的方法

一个词语的情感意义并不总是唯一的，要了解某个词的情感意义，必须把它放到一个特定的语境中去理解。例如，在宋词中"可怜"一词在不同的语境中存在不同的情感意义：

---

① 胡俊峰. 基于词汇语义分析的唐宋诗计算机辅助深层研究[D]. 北京大学，2001.

② 苏劲松. 全宋词语料库建设及其风格与情感分析的计算方法研究[D]. 厦门大学，2007.

③ Barros L, Rodriguez P, Ortigosa A. Automatic classification of literature pieces by emotion detection: a study on quevedo's poetry [C]. Proceedings of Humaine Association Conference on Affective Computing and Intelligent Interaction, 2013: 141-146.

④ Ekman P. Strong evidence for universals in facial expressions: a reply to Russell's mistaken critique [J]. Psychology Bulletin, 1994, 115: 268-287.

> 了却君王天下事，赢得生前身后名。<u>可怜白发生</u>！（辛弃疾 破阵子） （1）
>
> 留仙初试研罗裙。小腰身，<u>可怜人</u>。（辛弃疾 江城子） （2）

显然，（1）中的"可怜"包含的是一种感叹青春易逝的悲哀之情，感情基调为沉（消极情感）；而（2）中则更多地体现出一种喜爱之情，情感基调为振（积极情感）。不同的语境决定了相同词在不同环境下的情感基调，甚至表达的情感完全相反。

将通用情感词典用于特定领域情感分析时，召回率往往会变低，且精准率也会显著下降。为了解决上述问题，通常需要引入领域情感词典。基于语料库的情感词典构建方法从语料中自动学习情感词，该方法具有领域自适应、时效性强、情感分析精度高等特点。这种方法需要人工标注大规模语料库，标注语料的更新可以借助共现关系法。共现关系法的基本依据是：以相似的模式出现在文本中的词语具有较高的语义和情感相似度。例如，在表达一种游子思乡情绪时，会出现"归燕""乡书""乡愁""登高""归思""茱萸"等，这组词具有明显的情感语义联系。

共现程度一般使用 PMI 互信息度来计算①，具体方法是：使用候选情感词与正面、负面种子词的 PMI 之差来度量该词的情感倾向值 SO：

$$SO(t) = PMI(w, w^+) - PMI(w, w^-) \qquad (6.53)$$

其中，w 表示候选情感词，w^+ 和 w^- 分别表示正面和负面种子词。

6.5.2 基于机器学习的方法

文献②根据诗中的情感词与情感词表的对应关系，将每首诗得到的一个由四位数字组成的数组，对应于每种情感对应的情感词规模，由于情感词规模与诗的

① Turney P D. Thumbs up or thumbs down：semantic orientation applied to unsupervised classification of reviews [C]. Proceedings of Association Computational Linguistics, Philadelphia, Pennsylvania, USA, 2002：417-424.

② Barros L, Rodriguez P, Ortigosa A. Automatic classification of literature pieces by emotion detection：a study on quevedo's poetry [C]. Proceedings of Humaine Association Conference on Affective Computing and Intelligent Interaction, 2013：141-146

长度有关，因此，对于规模相当的情感词，篇幅较短诗的情感所占权重较大。为了避免不规则分布产生的偏差，需引入重采样滤波器。随机选取原始语料集的实例，创建一个新的语料集，在该语料集的基础上，利用决策分类树构建情感分类模型。实验结果表明，文献①提出的情感分析方法能够较为准确地识别诗的情感。

Yu 等比较了朴素贝叶斯算法和支持向量机分别在狄金森诗歌和美国早期小说情感语料集上的分类性能。② 这两种算法在美国早期小说语料集上均取得了较高的准确率，在狄金森诗歌语料集上，朴素贝叶斯算法的性能更优。此外，他们通过引入词干特征以及停用词特征，比较分析了不同特征对情感分析性能的影响。结果表明，词干特征不会显著影响朴素贝叶斯算法的情感分类性能。但对于支持向量机而言，词干特征具有重要作用，带有词干特征的分类准确度随着特征缩减率的增加而稳步提高。

6.5.3 基于深度学习的方法

李晖等在卷积神经网络的基础上，提出一种基于整合胶囊网络的格律诗情感分析方法。他们对比了以卷积神经网络为代表的传统神经网络和单一胶囊网络以及整合胶囊网络的分类效果。实验结果表明：整合胶囊网络对古代中国格律诗的情感判别效果最优，准确率可达到94%以上③。这是由于整合胶囊网络在弥补卷积神经网络忽略细微特征与特征间关系缺陷的同时，兼顾了格律与情感表达的关联，分析结果能够反映古代中国的社会情感。图 6.16 为利用整合后的胶囊网络模型进行情感判别的流程图。

吴斌等提出一种基于短文本特征扩展的迁移学习模型（Correlation Analysis

① Barros L, Rodriguez P, Ortigosa A. Automatic classification of literature pieces by emotion detection: a study on quevedo's poetry [C]. Proceedings of Humaine Association Conference on Affective Computing and Intelligent Interaction, 2013: 141-146

② Yu B. An evaluation of text classification methods for literary study [J]. Literary & Linguistic Computing, 2006, 3: 327-343.

③ 李晖，张天垣，金纾羽. 古代中国格律诗中的社会情感挖掘[J]. 计算机工程与应用，2021, 57(7): 171-177.

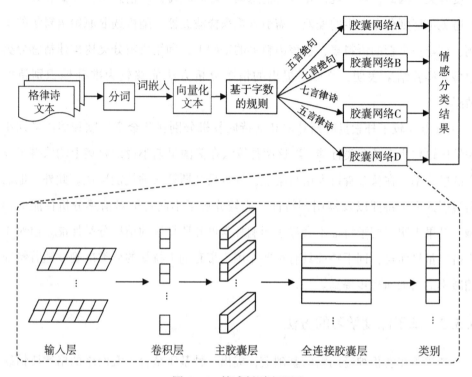

图 6.16　情感判别流程图

Transfer Learning Probability Co-occurrence，CATL-PCO）。① 该模型首先采用 FP-Growth 频繁词的关联分析方法，对古文特征向量进行扩展；然后，利用基于特征映射的迁移学习方法，将现代译文知识运用到无译文的古代诗歌作品；最后，建立三个分类器，通过分权表决方法得到最终的情感分类结果。CATL-PCO 模型能够解决古文短文本特征稀疏的问题，以及由于现代译文资源匮乏导致的古代诗歌情感分析困难问题。

---

　　① 吴斌，吉佳，孟琳，等．基于迁移学习的唐诗宋词情感分析[J]．电子学报，2016，44(11)：2780-2787.

第7章　面向数字人文的 GIS 与可视化

地理信息系统(Geographic Information System，GIS)是一种特定的空间信息系统，它是在计算机软、硬件系统支持下，对目标空间中的有关地理分布数据进行采集、储存、管理、运算、分析、显示和描述的技术系统。[①] 可视化(Visualization)是利用计算机图形学和图像处理技术，将数据转换成图形或图像在屏幕上显示出来再进行交互处理的理论、方法和技术。GIS 和可视化技术以其独有的空间数据采集、管理、分析及制图功能，在数字人文的研究中发挥着无可替代的作用。

7.1　相关研究

GIS 是以计算机图形图像处理、数据库技术、测绘遥感技术及现代数学研究方法为基础，集空间数据和属性数据于一体的综合空间信息系统。几个世纪以来，制图和地理测绘技术不断发展，直到 19 世纪地理空间分析技术有了显著的进步，英国人 Snow 通过绘制霍乱传染地图，有效地跟踪到了伦敦霍乱疫情的源头，这是世界上最早使用 GIS 的案例。[②] 20 世纪 30 年代，历史学界提出将地理与历史结合的研究方法，英国学者 Darby 在《1800 年以前的英格兰历史地理》一书中提到了一种"横剖面法(Cross Section)"，该方法通过选择时间序列上若干个

---

① Knowles A K. Past time，past place：GIS for history [M]. Redlands：Environmental Systems Research Institute，2002.

② 郭晔旻. 从流行病学调查开始—霍乱：压制"19 世纪的世界病" [J]. 国家人文历史，2020，8：36-43.

地理空间剖面来反映区域的演变。① 几乎是同一时期，美国学者 Sauer 提出"文化地景"的概念，强调了调查与了解自然地景到文化地景转化的内在时空脉络，而非仅停留在区域差异现象的简单描述的重要性。② 历史 GIS 是一项运用 GIS 研究历史问题的新领域，兴起于 20 世纪 90 年代。Goerke 的《Coordinate for Historical Maps》一书整理了欧洲大学研究所举办的研讨会展示的文章，认为历史 GIS 发展较为缓慢。③ 进入 21 世纪，历史 GIS 进入快速发展时期。Gregory 在 2003 年发表了有关历史数据服务的《Guide to Practice in GIS》④，并于 2007 年和 Ell 一同出版了《Historical GIS：technologies，methodologies and scholarship》一书，向学术界进一步普及了历史 GIS 的理念、技术及相关应用。⑤ 我国关于历史 GIS 研究的起步相对较晚。2000 年，有学者指出国内历史地理学的技术手段相对滞后，仍停留在利用传统地图学法和事件枚举法来进行研究分析的阶段。⑥ 是年，中国历史地理国际研讨会在云南大学召开，着重讨论了 GIS 在历史研究上的优势。此后，历史 GIS 在我国历史研究领域快速发展。2001 年，复旦大学历史地理研究所与美国哈佛大学等机构合作，开发了"中国历史地理信息系统（China Historical Geographic Information System，CHGIS）"，建立了一套中国历史时期连续变化、开放的基础地理信息数据库。⑦ 该系统在数字人文研究领域得到了充分的运用。由王兆鹏教授领导的唐宋文学编年地图项目涵盖了 300 多位诗人的行迹，以 GIS 为基础，并融入时间、地点、人物、作品，直观地展示了诗人一生的活动轨迹，

---

① Darby H C. An historical geography of England before AD 1800 ［M］. Cambridge：Cambridge University Press，1936.

② Sauer C O. The Morphology of Landscape ［M］. San Diego：University of California Publications in Geography，1925.

③ Gregory I N，Healey R G. Historical GIS：Structuring，mapping and analysing geographies of the past ［J］. Progress in Human Geography，2016，31(5)：638-653.

④ Gregory I N. A place in history：a guide to using GIS in historical research ［M］. The MIT Press，2003.

⑤ Gregory I N，Ell P S. Historical GIS：technologies，methodologies and scholarship ［M］. Cambridge：Cambridge University Press，2007.

⑥ 冯仁国. 关于中国地理学发展的思考[J]. 地球科学进展，2000，15(4)：470- 473.

⑦ 葛剑雄. 中国历史地理学的发展基础和前景[J]. 东南学术，2002，4：31-39.

具有很高的研究价值。① 中国地理学会历史地理专业委员会和复旦大学历史地理研究中心于 2015 年举办了第一届"历史地理信息系统 HGIS 沙龙"，之后每年举办一次。中国地理信息科学理论与方法学术年会也曾多次组织了历史 GIS 分会场。

可视化起源于 17 世纪，是一种研究视觉表现形式的技术，其目的是将纷杂信息中值得研究的数据直观地呈现出来，转变为用户更易理解和接受的形式。② 在大数据时代，随着计算机技术的发展，数字人文已经和可视化技术相互结合起来，两者相辅相成，数字人文为可视化提供了丰富的研究数据，可视化给数字人文带来了多样化的呈现形式。可视化在数字人文中的运用大致可以分为数据可视化、文本可视化和社会网络可视化三类。在数据可视化中，比较热门的技术是虚拟现实技术。吕屏等基于虚拟现实技术探讨了沉浸式虚拟博物馆的交互设计③，对数据可视化技术在数字人文中的应用具有一定的推广作用。"数字敦煌"是一项由武汉大学主导，集文化保护、文化教育、文化旅游于一体的虚拟工程，包括虚拟现实、增强现实和交互现实三部分④，极大地方便了人们游览和欣赏。文本可视化是数字人文研究常用的技术手段，是一种通过对海量无结构文本进行挖掘和处理后形成有结构的可视信息的手段⑤。近年来，古籍文本可视化成了数字人文研究中的一项重要内容。李斌等以史学名著《左传》为研究对象，进行了词语切分、词性、时间、人物 ID、地点 GIS 信息标注，进而实现了热点人物、人物关系网、人物游历轨迹与距离等量化统计与可视化展示，解决了历史人物的同名异指和异名同指问题，为古籍文本的内容标注、结构化人文知识库建设提供新的研

①　王兆鹏，郑永晓，刘京臣．借器之势，出道之新——"数字人文"浪潮下的古典文学研究三人谈[J]．文艺研究，2019，9：79-88．

②　张静．数字人文中历史人物数据的可视化应用研究[D]．湖南大学，2019．

③　吕屏，杨鹏飞，李旭．基于 VR 技术的虚拟博物馆交互设计[J]．包装工程，2017，38(24)：137-141．

④　吴健．多元异构的数字文化——敦煌石窟数字文化呈现与展示[J]．敦煌研究，2016，1：123-127．

⑤　唐家渝，刘知远，孙茂松．文本可视化研究综述[J]．计算机辅助设计与图形学学报，2013，25(3)：273-285．

究路径。① 欧阳剑从文本信息处理与文本可视化视角，对古籍可视化进行了深入研究，并归纳了古籍可视化的流程及类型。② 社会网络可视化是网络可视化技术在数字人文中的主要表现形式，是一项以社会网络分析为基础的可视化技术。社会网络可视化在文学作品的结构化研究中具有巨大潜力。李娜借助社会网络分析技术，根据线值、点度、个人中心网络、连通子网络等维度，可视化地展示了《方志物产》中物产名与别名之间的关系网络，展现了社会网络可视化技术在智能化处理方志类古籍文献并进行知识发现的良好前景。③ 范文洁针对《左传》进行社会网络可视化研究，将春秋时期的诸侯国根据合纵连横关系进行了社群划分，并对社群与核心国家逐一分析与讨论，最后将结果进行可视化动态展示。④

7.2　GIS

7.2.1　系统组成

一般认为一个完整意义上的 GIS 系统应该包含四个组成部分，即硬件、软件、数据、模型。

(1)硬件。GIS 硬件系统是 GIS 运行的基础设施，包括一系列相互配合才能完成 GIS 工作的硬件设备。这些设备大体上可以分成三个部分：① 完成 GIS 特殊数据输入工作的输入设备，包括全站仪、GPS 接收机、机载激光雷达、数字化仪等；② GIS 的地理空间数据分析处理设备，包括主机系统、工作站、个人电脑等；③ GIS 地理空间数据的输出设备，包括显示器、打印机、印刷机等。

① 李斌，王璐，陈小荷，等．数字人文视域下的古文献文本标注与可视化研究——以《左传》知识库为例[J]．大学图书馆学报，2020，38(5)：72-80，90.
② 欧阳剑，任树怀．数字人文研究中的古籍文本阅读可视化[J]．图书馆杂志，2021，40(4)：82-89，99.
③ 李娜，包平．方志类古籍中物产名与别名关系的可视化——基于社会网络分析技术视角[J]．图书馆论坛，2017，37(12)：108-114.
④ 范文洁，李忠凯，黄水清．基于社会网络分析的《左传》战争计量及可视化研究[J]．图书情报工作，2020，64(6)：90-99.

(2)软件。GIS 软件包括程序和由计算机执行的应用软件，用于完成数据管理、数据分析、数据显示和其他任务。用 Python、JavaScript、VB. NET 或 C++等语言编写的应用程序，用于 GIS 特定数据分析。这些程序和应用软件的常见用户界面包括菜单、图标和命令行。目前市面上主流的 GIS 软件主要是 QGIS、ArcGIS 等。ArcGIS 功能非常强大，但安装包非常大(如 ArcGIS10 的安装包约 3. 75GB)，而且购买 ArcGIS 的费用也非常昂贵，价格在几万到几十万之间，普通用户很难承受。ArcGIS 对 Mac 操作系统的支持度较差，需要使用 Boot Camp 在 Mac 硬盘分区中安装 Windows Desktop 操作系统后再安装 ArcGIS，或者在 Mac 操作系统内使用 Windows Desktop 操作系统虚拟机，这两种安装方法均较为麻烦。QGIS 的安装文件相比要小得多，Windows 版本约 500MB，Mac 版本约 250MB，无需授权，免费使用，虽然功能没有 ArcGIS 强大，但对一般的数字人文项目研究来说，完全可以满足需要。

(3)数据。GIS 数据是对数字人文项目中所有纸质文献和地图中的时空要素进行数字化表达的形式。对各种时空要素的数据表达主要包含以下几个方面：① 表达地理空间要素的位置信息，也就是地理空间要素在地球上的空间坐标数据。② 表达空间要素的自身性质的信息，叫做属性数据，比如要素的名称、数量、分类等。③ 表达地理空间要素的时态信息，即要素随着时间变化的动态数据。这些数据以数字化的形式存储，共同组成 GIS 数据。

(4)应用模型。应用模型是数字人文 GIS 的最终目标和意义所在。所谓应用模型，是为了解决数字人文项目中历史地理时空分离应用问题而建立的计算方法和计算流程，通过空间分析和空间信息可视化，呈现出空间形态与格局特征随时间的演变。应用模型是科学决策的重要辅助技术手段，也是数字人文 GIS 体现其重要价值所在。

7.2.2　主要功能

GIS 具有以下功能：

(1)数据采集与输入。采集数据是从文献的来源处得到数据。一个数字人文项目有 70%的时间在采集和整理数据，数据的采集和整理是最耗时、最昂贵的流程。数字人文视域下的历史文献蕴含着大量空间数据，比如地图、游记等，通过构建历史地理信息数据库，把空间数据的文字描述转化成数字形式的空间数据，这个转化的过程就叫做地图数字化。还有一种更方便的数据采集方式，是直接从互联网上已有的地理空间数据中心下载现成的数据，比如 Old Maps Online（https：//www. oldmapsonline. org）、David Rumsey Historical Map Collection（https：//www. davidrumsey. com）。

（2）空间数据处理与存储。GIS 数据处理阶段两个最为重要的工作分别是数据模型的转换和地图投影的变换。数据模型的转换是为了可以选择最合适分析运算的数据模型来表达地理空间要素；地图投影的变换则有助于把不同来源的地理空间数据统一到一个坐标系下来参与显示和分析。

（3）空间数据查询和探查。地理空间数据一般都存放在数据库中，在实际应用中，可能不需要全部的数据，而只是需要数据中的某一个子集。空间数据查询的作用是在大量地理空间数据集合中，挑选出符合应用需求的那一部分数据；数据探查通常采用一些图形工具来显示数据的统计特征和分布特征。

（4）空间数据分析与建模。空间数据分析运用 GIS 存储的地理空间数据进行各种计算，得到应用所需要的地理空间信息。GIS 能够实现的空间分析任务较多，在解决复杂的应用问题时，需要把很多种空间分析功能组合起来使用。把多种空间分析功能组合在一起，用来解决实际问题而形成的一个解决方案即为 GIS 应用模型。GIS 应用模型是 GIS 中极具科学价值和应用价值的组成部分。

（5）空间数据输出与制图。经过上面所述的 GIS 空间分析和应用模型，就可以得到对某一地理空间应用的科学分析结果，这些结果通常也是具有地理空间分布的数据，因此需要利用可视化技术把这些结果数据显示出来供研究和决策，空间数据的输出和制图能够有效地解决这一问题。

（6）系统分析与软件开发。通过商业方式购买到的 GIS 软件或者网上免费下载得到的 GIS 软件一般是通用型 GIS 基础软件平台，如 QGIS、ArcGIS、MapInfo等。这些软件虽然功能齐全，但这些功能都是常规的空间分析和处理功能。面对纷繁复杂的数字人文项目，仅仅使用通用型 GIS 软件解决不了全部的专业性问题，因此，需要在通用型 GIS 软件平台的基础上，做进一步的软件开发，以适应不同领域、不同应用的特定需求。例如，数字人文领域经常用到的历史地理信息系统（Historical Geographic Information System，HGIS）是在原有的三维空间数据的基础上增加了时间维度，形成的四维空间。

7.2.3　关键技术

从研究现状看，GIS 在数字人文中的运用主要集中于古籍数字化方面。面向古籍的文本挖掘研究已日趋成熟，但以地图和图像形式呈现的空间信息技术还远远不够。为了解决传统文本挖掘存在的时空分离问题，将根据现有的数字人文项目，结合 GIS 技术体系，对数字人文 GIS 研究给出一个标准体系，框架如图 7.1 所示。

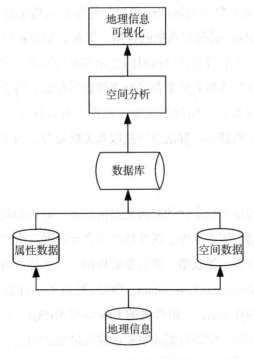

图 7.1　GIS 研究体系

（1）地理信息数字化

地理信息数字化是将纸质信息转化为 GIS 可用数据形式的过程。GIS 的两种数据类型分别是属性数据和空间数据。

属性数据（Attribute Data）是对地理空间信息进行描述的数据。属性数据包含的内容非常宽泛，可以是空间位置，比如城市的方位、交战地点等；也可以是空间形态，比如行政区域的面积、行进路线的状态等。各类历史文献包含大量的地理空间信息，它们可以是定性描述的文字，也可以是量化统计的表格。

空间数据(Spatial Data)由矢量数据(Vector Data)和栅格数据(Raster Data)两部分组成。矢量数据使用点、线和多边形等几何对象表示空间要素，栅格数据将空间分割成有规律的网格，每一个网格称为一个单元，并在各单元上赋予相应的属性值来表示空间要素。矢量数据表示地貌特征的效果比栅格数据好，矢量数据精度高更准确，但是大规模采集矢量数据的成本也远远高于栅格数据。

在 GIS 中，属性数据回答了地理空间信息"是什么"的问题，空间数据解决了"在哪里"的问题，而元数据的标准化和规范化亦是地理信息数字化需要解决的问题。元数据(Matadata)是描述数据的数据，例如，磁盘的标签、纸质地图的地图类型。由于地名、人名等指代会因时间变化等复杂因素而出现同名不同义、同义不同名的情况，如果将所有数据都进行空间数据存储，将会出现数据无法精确匹配的现象。为了提高数据精度和逻辑一致性，对古籍中不同时空的人名、地名、书名等数据使用机器学习算法进行抽取和关联聚合，为下一步空间数据存储做好准备工作。

(2)数据存储

数据存储的目的是将数字化的时间地点信息进行解析和映射，其中首要任务是设计数据库，包括空间数据库、属性数据库和元数据。由于常规的数据库起初只能存储字符型、整型、浮点型、逻辑型的数据，不支持空间数据类型，开放地理空间联盟(Open Geospatial Consortium，OGC)提出了一种矢量空间数据的标准实现方案，微软的 SQL Server、甲骨文的 Oracle 与 MySQL、PostgreSQL 都实现了各自的空间数据库方案。空间数据库主要存放矢量形式的点、线、面信息，矢量数据和栅格数据的文件格式不尽相同，常见的栅格数据文件格式包括 JPEG2000、ADRG、GeoTIFF 等，矢量数据则有 GeoJSON、GML、KML、Shapefile 等。属性数据库主要存放古籍的时间、人名、地名等。元数据主要是对数据项、数据集、数据库的来源说明和质量描述，主要以目录的形式呈现，方便用户对数据库的使用及维护。

GIS 一个常用的功能是在 GIS 图形窗口里选中某个地理空间要素的图形对象

后，GIS 会自动在其属性表格中把与该图形对象相关联的属性数据记录也查找出来，这表明空间数据中地理要素的图形对象与属性数据里的记录是一一对应的，这通过数据库中的标识码实现。标识码常用 ID 表示，就像人的身份证号码一样，不会重复出现，每一个地理空间要素都有唯一的标识码，拥有相同标识码的空间数据和属性数据一一对应。这种关系的建立可以解决古籍时空分离、资料分散的问题。

（3）空间分析

空间分析是对空间数据、属性数据两者共同信息的统计描述或说明，包括空间布局、空间预测、时空过程等。空间分析采用逻辑运算、数理统计和代数运算等数学方法，对空间目标的位置、形态、分布及空间关系等进行描述、分析和建模，以提取和挖掘空间目标潜在的隐含信息为目标。空间分析将空间数据转变为信息的过程，是 GIS 技术体系的核心。

GIS 在数字人文领域的空间分析可以划分为几何分析和空间统计分析，具体如表 7.1 所示。以下就空间分析方法进行介绍。

表 7.1　　　　　　　　　　　空间分析功能分类

功　能	包　含　内　容
空间几何分析	点模式分析、点线面数据分析、栅格数据分析等
空间统计分析	空间密度分析、相关性分析、热点分析等

几何分析是对基本几何特征相关的空间关系分析，如空间目标的位置、形状和分布等。空间几何分析包括点模式分析、点线面数据分析和栅格数据分析等。点模式分析是从研究对象的空间特征角度探讨点群的空间布局，不涉及其属性信息，方法主要有密度平滑法、距离衰退模型等。点线面数据分析又称为矢量叠加分析，用点及其坐标来构建点线面的空间特征，产生具有多重属性和几何图形的空间数据，是一种包含属性数据的分析模式。栅格数据分析是指所有对栅格数据进行的空间分析。相较于矢量数据，栅格数据更适合表示连续的表面，处理没有清晰边界的不确定数据，而且地理要素被离散成栅格单元，以矩阵形式存储，方

便对栅格单元中的属性数据进行统计和计算。

空间统计分析对一些空间要素，诸如人口密度、海拔高度等属性，进行横向和纵向的比较，需要将要素的某些属性值做成统计图表，进行直观的综合评价。空间统计分析主要用于空间数据的分类和综合评价，涉及空间数据和非空间数据的处理和统计计算。人们不满足于一些绝对指标的显示与分析，需要了解其他相对指标，因而密度计算是空间统计分析的常用方法。另外空间数据之间存在相关性和内在联系，为了找出空间数据之间的主要特征和关系，有必要对空间数据进行分类和评估，或者进行空间聚类分析。空间统计有很多分支，数字人文项目经常用到的有空间密度分析、相关性分析、热点分析。空间密度分析常用于统计各个区域的人口密度，以颜色的深浅加以区分。相关性分析用于探究空间位置与现象间的依赖关系，如气温与海拔的相关性。热点分析是探索和发现局部空间聚类分布特征的方法，比如疾病暴发传染的核心、行人拥挤的区域等。

(4)地理信息可视化

地理信息可视化是指利用数据分析和计算机信息处理技术，以图形方式表现复杂的科学现象和自然景观以及一些抽象概念的过程。具体而言，地理信息可视化利用 GIS 硬件系统将地理学信息进行输入、查询、分析、处理等操作，然后利用计算机采用图形、图像，结合图表、文字、报表，以可视化形式实现交互处理和显示。在数字人文 GIS 项目中，地理可视化有以下几种表现形式：

① 地图：空间信息可视化的最古老和最常用的形式，通常以二维平面的形式呈现。

② 多媒体信息：以声音、图像、视频等传播形式为主要媒介，形象地表现地理信息，是地理信息可视化的主要形式。

③ 动态地图：区别于传统地图，动态地图是可以反映随着时间发展人文现象变迁的数字地图。借助于现代技术手段处理多种媒体信息，使多种信息融合在一起并集成为一个有机的、具有良好的可操作性界面的数字平台。

④ 三维仿真地图：又称 3D 电子地图，是以地图数据库为基础，运用三维仿真技术将现实世界抽象化后按照一定比例呈现出来的模拟地图。

⑤ 虚拟现实：利用相关技术建立模拟环境，调动用户的听觉、触觉、视觉系统，犹如进入真实的地理空间环境并产生沉浸式的体验。

时至今日，越来越多的新鲜技术与 GIS 相结合进而颠覆传统研究，例如，三维 GIS 的发展已经较为成熟，国外将卫星导航系统、激光雷达、遥感等技术结合，运用于城市格局、历史样貌和领土演变等方面。GIS 与 VR、AR 和多媒体结合对历史古建筑的还原也是地理可视化的研究热点之一。

7.2.4　技术优势

(1)为文本资源提供了空间化和定量化的处理方法。远读(Distant Reading)是指通过对大规模古籍进行定量分析后，依托相关技术从中发现新的史实与现象，研究内容包括时空分析、人物关系和互动、主题研究等。① GIS 能够将地理空间数据与古籍相关联，为读者提供一个更为高效的信息检索与资源服务环境，还可将地图数据与古籍相结合，构建基于 GIS 技术的古籍数据库，在数字地图上直观地表现古籍的内容及地理分布，并提供地理检索和分析功能，结合文本式检索，帮助读者阅读和利用古籍。②

(2)将空间分析引入了历史研究。空间人文(Spatial Humanities)是对地理以及构筑的空间与文化、社会间交互影响的明确认识，融合了传统上对声音、经验、文本、图像等差异性的关注、以及系统化的模型分析和虚拟现实等方式的分析与传达，动态地连接了时间、空间和文化。③ 空间人文以 GIS 作为研究工具，来探究人与社会之间的互动关系，依托相关技术体系，展现人文在时空背景下的静态格局和动态变迁，生动直观地再现了历史数据的空间变化过程。

(3)GIS 本身在信息化和智慧化的今天得到了快速发展。随着三维可视化和虚拟现实技术的快速发展，二维 GIS 的不断成熟，催生出了更先进的三维 GIS。三维 GIS 较之于二维 GIS，可以使人更加真实的感受客观世界，以其独有的技术

---

①　胡悦融，马青，刘佳派，等 . 数字人文背景下"远距离可视化阅读"探析[J]. 图书馆论坛，2017，37(2)：1-9.

②　吴茗 . GIS 技术在古籍数字化资源建设中的应用[J]. 图书馆学刊，2016，38(4)：55-58.

③　Bodenhamer D J. Beyond GIS：The Promise of Spatial Humanities [EB/OL]. http：// docs. lib. purdue. edu/cgi/viewcontent. cgi? article＝1042&context＝purduegisday.

给用户带来全方位的感官体验。除了表现空间对象的二维关系，还能表达空间对象间的立体关系。此外，对空间对象进行纹理映射和实时消隐等操作也是三维GIS 的特色。用户可以借助可穿戴设备实现与三维空间模型的直观交互，给用户以沉浸式的体验，更有助于了解地理空间的演变过程。

7.3　数据可视化

7.3.1　基本概念

数据可视化是关于数据视觉表现形式的技术方法，它为数字人文研究提供了一种更加直观的挖掘、分析与展示手段，从而使数字人文更有意义，更富有表现力。数据可视化是进行量化分析的重要手段，通过绘制图表的方式将数据更加清晰地展示出来，是利用计算机对抽象化信息的具体体现。因此，数据可视化帮助用户根据认知数据得到新的知识。

数据可视化技术所涵盖的技术领域非常广泛，包括图形学、计算机视觉、图像处理、人工智能、用户界面等，也是目前大数据领域的一个重要的研究方向。数据可视化一般具有发掘数据特性（时间信息、空间信息等）、寻找合适的可视化方式（图、表）、前端呈现等步骤。近年来，数据可视化逐渐成为一种研究数据表示、数据综合处理、决策分析等问题必不可少的综合性技术。

数据可视化技术被广泛应用于数字人文项目。一方面，数据可视化以数据挖掘、数据采集、数据分析为基础；另一方面，它是一种新的表达数据的方式，是对现实世界的抽象表达。数据可视化将大量不可见的现象转换为可见的图形符号，并从中帮助人们发现规律和获取知识。图是表达数据最直观、最强大的方式之一，通过图的展示，能够对数据进行直观的变换，从而让枯燥的数字吸引人们的注意力。在选择图类型时，首先要考虑的问题是有什么数据，需要用图做什么，如何呈现出来。常见的数据可视化图有：直方图、饼图、流程图、散点图、泡沫图等。目前，虚拟现实（Virtual Reality，VR）、增强现实（Augemented Reality，AR）、混合现实（Mixed Reality，MR）、全息投影等热门技术已经被广泛地应用于数字人文项目。

7.3.2　可视化图

可视化图是将数据转换为图形或图像在屏幕上显示，并进行交互处理的理论技术和方法。① 借助图形化手段，对数据进行特征提取并直观地呈现出来，以便于观察数据的特征与趋势。常见的可视化图包括：

（1）关联分析图

在语言学研究中，有学者通过结合折线图和散点图，呈现出字词及语法现象的首次出现及之后的发展趋势，该研究对研究者在词义的演变、考释的研究中具有重大帮助。

（2）时间序列图

在历史学研究中，研究人员以条状图为基础，横坐标为朝代，纵坐标为频次，对武则天不同时期的称谓进行了可视化呈现。该研究从称谓的褒贬程度上发现一些有趣的历史现象。

上述可视化图通过 Excel 可以实现。Excel 是微软公司于 20 世纪 90 年代推出的一款文字处理和电子表格的应用软件，经过多来的发展，友好的界面、丰富的图形库和强大的第三方插件使得 Excel 成为越来越多学者的常用工具，这些特点也使其成为大多数初学者的首选。初学者可以使用 Excel 制作各种精美的图表，包括条形图、饼图、气泡图、折线图、散点图以及面积图等。

7.3.3　虚拟现实技术

随着 5G 技术的不断成熟，5G 网络得到了极大的普及，借着 5G 的东风，虚拟现实技术给数字人文研究带来了全新的体验。虚拟现实技术借助电脑模拟出虚拟的人工环境，用户通过一些可穿戴设备在视觉、听觉、触觉上获得尽可能真实的体验和反馈。虚拟现实技术主要包括：动态环境建模、实时三维图形生成、立

---

① Jänicke H, Wiebel A, Scheuermann G, et al. Multi-field visualization using local statistical complexity [J]. IEEE Transactions on Visualization and Computer Graphics, 2007, 13 (6): 1384-1391.

体显示和传感器、应用系统开发、系统集成等。虚拟现实技术为传统舞蹈、戏剧、电影等在虚拟现实场景中的实现提供了技术支持。

虚拟现实具有三大特性：交互性、沉浸性和想象性。传统的知识获取方式主要为印刷的书本、播放的影视等，这些方式时间长了容易使用户产生疲惫感，获取知识效果较差。而虚拟现实技术可以将三维空间的事物表达清楚，可以使得用户直接与虚拟环境的对象进行交互，这种虚拟环境可以使用户直观有效地获取知识。虚拟现实在图书馆、博物馆已经展现出了巨大优势。在图书馆，虚拟现实图书馆集成了虚拟阅读和图书查询等功能，用户足不出户就可以查看到自己需要的图书，这在降低图书馆人力的基础上也为用户节约了时间。在博物馆，虚拟博物馆可以把传统博物馆无法展示的文物背景，通过互联网清晰地展现在用户面前，通过与文物的互动了解它们的背景故事。此外，用户不会受到时空的限制，可以在任何时间、任何地点进入任何一家博物馆。

时至今日，虚拟现实技术还是没有得到大范围的普及，主要有以下几方面的原因：① 虚拟现实技术开发所需要的软硬件设备，如仿真、材料、人体工学等，尚处于开发阶段，没有进行商业化的批量生产，因此，造成成本高，而且一套设备在同一时间只能供一人使用，这一点极大地限制了虚拟现实的推广；② 用户在佩戴虚拟现实设备后，通过视觉听觉沉浸在虚拟世界中，人体器官的错觉会刺激一部分用户产生 3D 眩晕症，反而降低了用户的使用体验；③ 虚拟现实设备操作复杂，因此需要工作人员具有一定的专业素养以应对可能出现的突发状况，这也需要花费时间和精力对工作人员进行相应的培训，无形中提高了成本。

7.4　文本可视化

7.4.1　处理流程

在传统人文研究中，往往会与大段的文字打交道，而文本可视化能够以更加直观的方式将蕴藏在段落中的语义信息挖掘、整理、呈现出来，这也正是数字人文的优势所在。因此，针对一段文字，文本可视化能更快地提炼出中心思想；针对互联网信息，文本可视化可以对信息组织、分类；针对新闻事件，文本可视化可以帮读者了解新闻事件的发展情况；针对长篇小说，文本可视化能够帮读者理清人物之间的关系；针对一系列文本，读者可以通过文本可视化找到它们之间的联系。文本可视化已经在数字人文学科领域得到了广泛的运用。

由图 7.2 可以看出，文本可视化流程主要包含以下三方面。

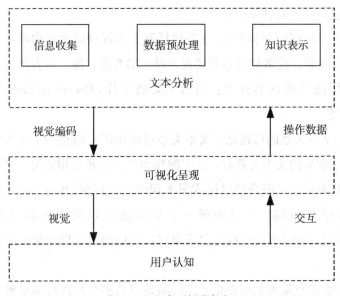

图 7.2　文本可视化框架

(1)文本分析：文本分析是文本可视化的先决条件，是指对文本内容及其特征的分析。常见的文本方法有：文本聚类、情感分析、文本摘要等。文本分析过程是：

① 数据采集，利用 python 爬虫对互联网数据进行爬取并形成文本数据集；

② 数据处理，将数据集中的数据去噪(如广告、URL 链接、注释等)、分词和去除停用词(不能反映文本意思的词)，对处理后的数据进行向量化表示；

③ 文本挖掘，利用机器学习算法对处理后的数据进行挖掘，得到最终结果。

(2)视觉呈现：视觉呈现是将文本分析后的结果用视觉编码的形式来处理，其中涉及诸如大小、颜色、形状、方向等指标，并使用各种图元，组成一个良好的图元布局。

（3）用户认知：为了使用户能够第一眼就能通过可视化发现文本的特征和规律，在可视化设计过程中根据不同的场景设置一定的交互功能。

7.4.2　可视化类型

文本可视化除了柱状图、饼图、折线图等基础表现形式外，还有进阶的表现形式，主要包括以下几种类型：

（1）基于文本内容的可视化，主要包括基于关键词的文本内容可视化和基于时序内容的可视化，前者通过布局体现关键词的重要程度，后者体现词频随时间的演变。常用的可视化形式有：词云、文档卡片（Document Cards）和文档散（DocuBurst）等。

（2）基于文本关系的可视化，文本关系可视化研究的是一个文本内或多个文本间的关系，常见的文本关系有：文本的相似性、互相引用情况、链接等。提到关系的可视化布局，一般是通过树或图实现的，单词树（Word Tree）把文本中的句子按树状结构布局，可以展现一个单词的出现频率和前后关系；树图（TreeMap）也是一种经典的可视化关系布局，可以通过不同的模块颜色区分新闻类型。

（3）基于多信息层面的可视化，多层面是指从多个角度提取多种特征对文本集合进行分析。常见的多层面表现形式有：地理热力图、主题河流图（ThemeRiver）、FaceAtlas、平行标签云（Parallel Tag Clouds）等。

7.4.3　实现方式

文本可视化是文本挖掘技术与可视化技术的结合，在数字人文领域有着广阔的应用前景，为数字人文研究带来了新方法。例如，在古籍的远距离阅读上，古籍资源涵盖面广，包括地理、文化、生活等方面，因此对古籍进行文本可视化可以将古籍中晦涩难懂的内容清晰地呈现出来，有利于传统文化的传播和弘扬。文本可视化技术不仅可以揭示海量文本背后的意识形态和人物思想，还可以将这些有价值的信息高效地提取出来。在古籍整理工作中应用该技术，可以保证在正确理解古籍的前提下，将古籍内容背后的信息以特定程序的算法，将古籍的潜在语义联系展示出来，从中发现新知识。图 7.3 是对文本可视化呈现形式及其所用技术的总结。

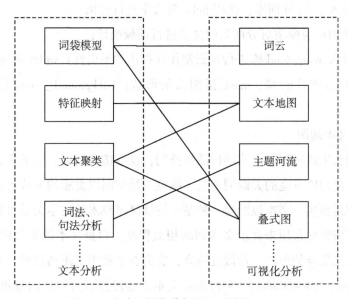

图 7.3 文本可视化分析的显示结果

（1）词云

词云也称为标签云或文字云，是目前最为流行的一项文本可视化技术。词云对文本中出现频率较高的"关键词"予以视觉上的突出，从而形成"关键词云层"或"关键词渲染"①。在词云中会过滤掉大量的文本信息，使网页浏览者只要一眼扫过文本就可以领略文本的主旨。在词云中一般用字号大小、字体颜色等图形属性对文本关键词进行可视化。其中字号大小常用于表示该关键词的重要性，字号越大表示该关键词越重要。

词云有两种主流的实现方式：一种是在线词云生成网站，如易词云、图悦、Wordart 等。通过输入文字，经分词、统计词频，该网站会自动生成相应的词云。同时，该网站还有多种功能，如多种配色方案、自定义背景颜色、词语数量和词云形状，同时还支持对核心词的重新编辑（增加、删除、修改）。另一种是使用

① 周善. 数据新闻：网站专业生产内容的可循之途——四大门户网站的数据新闻实践 [J]. 编辑之友，2014，8：70-73，86.

python 语言制作词云，相较于前一种方法，该方法需要使用者具备一定的 python 基础。步骤如下：

① 导入 jieba 分词库，使用 jieba 对文本进行分词；

② 使用词袋模型对分词后的文本进行词频统计；

③ 导入 Wordcloud 库进行词云制作并提供如下属性：width 指词云图片的宽；height 指词云图片的高；mask 指图云的形状；background_ color 用于设置背景颜色。

（2）文本地图

在词云生成过程中，关键词随机排列，没有按照语义、上下文相关的规律排列。为了使相同主题的关键词能在二维或三维空间以类簇的形式可视化呈现，文本地图应运而生。文本地图是一种基于特征降维技术的文本关系可视化技术，在数字人文研究中常用来展示文本间的相似程度。根据文本的相似度决定点与点、点集合与点集合的距离，相似度越高，它们在平面图上距离越近。采用向量空间模型（Vector Space Model，VSM）表示文本，通过投影对特征向量进行降维处理，常用的特征降维方法有：主成分分析（Principal Components Analysis，PCA）、线性判别分析（Linear Discriminant Analysis，LDA）、多维尺度分析（Multidimensional scaling，MDS）等，随后就可以呈现出文本地图。

（3）主题河流图

主题河流图集合了文本中丰富的信息资源，并以一种类似真实河流的形式来构建。通过这种形式，可以得到文本主题随时间推进而变化的趋势和波动强度。主题河流图中不同颜色的条带状河流分支编码了不同的事件或主题，河流分支的宽度编码了主题或事件。此外，原数据集中的时间属性，映射到单个时间轴上。主题河流图在处理数字人文多时间序列信息文本的可视化上有着天然优势，例如，对各个时间段研究热点变迁以及未来研究热点预测的展示。

主题河流图可以通过 Echarts 来实现。ECharts 是百度公司开发的一款基于 JavaScript 的开源可视化库，可以流畅地运行在计算机和移动设备上，并能够兼容当前绝大部分浏览器。ECharts 拥有高度可定制化的配置，包含多种图形展示方式，并具有交互性，功能十分强大。此外，官方还配置了非常详尽的开发文档。在 ECharts 中主题河流图的 type 属性值为 themeRiver，width 表示主题河流组件的宽度，height 表示主题河流组件的高度，lable 描述了主题河流中每个带状河流分支对应的文本标签的样式，coordinateSystem 表示坐标系统，主题河流用的是单个的时间轴，默认为 single。

文本可视化技术虽然已经成熟，但是在数字人文领域还面临着诸如数据格式差异、数据质量欠佳等问题；很少有像词云一样被广大研究人员所接受和使用的研究范式；由于文本的多样性和复杂性，没有一套行之有效的评价标准，这些都是亟需解决的问题。

7.5　社会网络可视化

7.5.1　基本概念

当传统的文本可视化无法满足社会关系网络分析需求时，网络可视化作为一项重要的信息可视化技术，将网络数据以图形化形式展示出来，可以快速直观地解释及概览网络结构数据。网络可视化通常展示数据在网络中的关联关系，一般用于描绘互相连接的实体，如社会网络。在数字人文中，网络可视化常被用来展示人物的社会关系，社会网络可视化一方面可以辅助用户认识网络的内部结构，另一方面有助于挖掘隐藏在网络内部的有价值信息。

社会网络可视化侧重于显示网络内部的实体关系，它将实体作为节点，一张社会网络图可以由多个节点组成，并由边连接所有的节点。社会网络用于描述诸节点对象及其相互间的关系。[①] 通过分析社会网络图，可以直观地看出每个人或每个组织的相互关系。社会网络是一种复杂的结构，单纯地研究社会网络中的节点或计算社会网络中的统计信息，并不能完全揭示社会网络中的潜在关系，因此，对于社会网络图而言，最直观的可视化方式是网络结构。

当前社会网络可视化的研究大部分集中于两个方面：一是制定美学标准，使绘制出的网络结构能够得到最佳感知，从而得到更好的理解。Sindre 提出了区域

---

① 孙扬，蒋远翔，赵翔，等. 网络可视化研究综述[J]. 计算机科学，2010，37(2)：12-18，30.

最小原则、高度节点居中原则、节点密度均匀原则等一系列美学标准①；二是根据任务主题，建立不同的可视化系统，辅助用户高效直观地挖掘分析网络结构数据。其中，设计尽量符合美学标准的网络节点布局方法是一个重要研究方向。在数字人文研究中，采用整体网络统计和分析，明确文学作品中核心人物定位与角色计算和时序关系的演化测度，避免出现只分析局部而导致分析结果不全面的问题。

7.5.2　技术分类

社会网络（Social Network）是一种由一组社会行为者（个人或组织）、二元关系以及行为者之间其他社会关系组成的社会结构。社会网络为分析整个社会实体的结构提供了一套方法，也为解释在这些结构中观察到的模式提供了理论依据。一般采用点和边来表示社会网络。社会网络中的点可以是任何一个社会单位或社会实体，例如，个人、党派、城市或国家；社会网络中的边则表示关系，例如，朋友关系、合作关系、距离关系、贸易关系。在数字人文领域的宋代政治网络可视化研究中，边也被用于表示政治对抗关系。②

社会网络规模分为个人网络规模和整体网络规模。个人网络规模指的是与核心个体直接相关的其他个体的数量，而整体网络规模指的是网络中包含的所有行动者的数量。中心度测量指的是个体在整个网络中的权力，中心势测量指的是一个网络是在多大程度上围绕某个或某些特殊点建构起来。网络密度指的是一个图中各个点之间联系的紧密程度。各点之间的连线越多，该网络图的密度就越大，对其中行动者的态度和行为等产生的影响就越大。

在社会网络可视化中，网络图是一种必不可少的展示方式，其中对于边和节点的展示布局方案结合美学效果有不同的算法实现，下面介绍几种常见的布局方案。

（1）树形布局（Tree）

这里的树形布局和平时的传统树形不同，该布局是根据节点深度将整棵树以

①　Sindre G, Gulla B, Jokstad H. Onion graphs: aesthetic and layout [C]. Proceedings of the IEEE Conference on Symposium on Visual Languages, Washington, USA, 1993: 287-291.

②　严承希，王军. 数字人文视角：基于符号分析法的宋代政治网络可视化研究[J]. 中国图书馆学报，2018，44(5)：87-103.

辐射状展示，根节点在最中心，叶子节点在外围。由于传统的树形布局遵循层级关系，越靠近根节点的层级节点越稀疏，导致大量留白，从而浪费屏幕空间，对屏幕的利用率不高。这种布局方式相比于传统的树图布局能够更好地利用空间，美中不足之处是可能不如传统树图布局符合人对树结构的感知，并且随着节点数量的增加，树的路径就越不清晰。

（2）圆形布局（Circular）

圆形布局进行一定的排序（可以是自定义排序），再按序将节点排列在一个圆环上。这样布局的优点是可以快速分析出想要的结果，例如，按照关联度数排序后的圆形布局，可以清晰地看出某部分的节点相较于其他节点的关联度数更多。但缺点也比较明显，即随着节点的增加，圆环会越来越大，甚至超出屏幕范围，因此不适用于大规模社会网络。

（3）同心圆布局（Concentric Circle Layout）

同心圆布局通常将节点先按照度数排序，度数最大的节点会排列在最中心的位置，越往外度数越小，整体成同心圆形式排列。之前提到的圆形布局，很难精确定位出度数最多的节点，但是同心圆布局可以做到。其主要原因是，最近接近圆心位置的节点是度数最多的节点，而且在相同面积条件下，同心圆布局比圆形布局能够容纳更多的节点。因此，在查找度数最多节点时，同心圆布局要比圆形布局更占优势。

（4）力引导布局（Force-Directed Algorithm，FDA）

力引导布局最早在 Peter Eades 的《启发式画图算法》一文中提出，常用来呈现较为复杂的网络结构，目的是减少布局中边的交叉，尽量保持边长一致。在力引导布局中，网络图中的每个节点都可以看作是一个电子，互相之间存在斥力。同时，它们之间的边又会带来引力，最终每个点会在引力和斥力的作用下趋于平衡，从而实现布局。力引导布局能够较好地完成聚类任务，方便观察点之间的亲疏关系。

7.5.3　可视化工具

（1）Gephi

Gephi 是一款免费开源跨平台的复杂网络分析软件，主要用于各种网络和复杂系统，动态和分层图的交互可视化与探测开源工具。Gephi 具有交互界面友好、导入数据简单、方便查看节点信息等优点。任何人均可以编写个性化插件，开发新功能。Gephi 支持 Windows、Mac OS 以及 Linux 等环境，泉州 Mac OS 的安装最简单，Windows 和 Linx 操作系统需要 Java 的支持。

Gephi 基于图论算法实现。图论将任何事物用图（网络）表示，节点表示事物，边表示事物间的关系。其布局方式主要有力导引布局和层次布局。Gephi 采用多任务架构框架，并装配有快速三维渲染引擎和自适应 OpenGL 引擎，因此它在网络探索方面具有较强的互动性和较高的效率。①

首次使用 Gephi 最好安装一些常用插件，如选择"工具插件"菜单命令，在"可用插件"选项卡中选择安装"Convert Excel and csv files to networks"插件，然后单击"安装"按钮，插件需要下载后安装。这个插件的功能是转换 Excel 和 CSV 文件，帮助用户将 XLS 和 CSV 文件导入 Gephi。单击"检查更新"按钮，可以更新可用插件。使用 Gephi 进行网络可视化的操作步骤如下：

第 1 步：导入文件并查看显示数据信息；

第 2 步：显示网络关系图，对图片进行布局设置；

第 3 步：对图片进行布局设置，对节点进行排序处理；

第 4 步：显示节点标签信息，进行统计工作；

第 5 步：过滤掉无用的节点和边，选出特定的节点和边。

（2）Ucinet

Ucinet（University of California at Irvine Network）是加州大学欧文分校研发的一款社会网络可视化分析软件。Ucinet 在处理关系数据前需要在 Excel 中先做成矩阵，随后将 Excel 数据转换成 Ucinet 识别的格式并导入。由于 Ucinet 本身不包含网络可视化的图形程序，所以 Ucinet 自身还捆绑了 Pajek、Mage 和 NetDraw 作为可视化工具，因此，Ucinet 在网络结构可视化、用户交互性探索等方面均有较好的效果。

---

① 梁辰，徐健. 社会网络可视化的技术方法与工具研究［J］. 现代图书情报技术，2012，5：7-15.

第 8 章 面向数字人文的社交网络

人与人之间的关系构成了一个社交网络。作为复杂网络的一种，社交网络一直受到各领域学者的关注。[①] 社交网络是一个涵盖社交和技术的网络，是具有社会结构的信息系统。数据资源包含了大量网络信息，这些网络信息都是结构化的，是由数字资源各类元素之间的关系构成，而人这个单元个体之间的关系构成了社交网络。[②] 近年来，在图书情报、信息科学等学科专家学者的共同努力下，社交网络相关研究取得了一系列突破，并朝着语义化、多元化方向发展。

8.1 基本概念

从社交网络维度出发，人在社会环境中的交互可视为一种基于关系的模式，这种模式存在一定规律，对其进行量化分析是社交网络分析的起点。社交网络分析既是工具，又是一种关系论的思维模式，它在海量社会关系资源中，采用别具一格的网络化视角，找出隐藏的社交特性与关联社区，对数字人文研究的普及与应用有着积极的作用。开展面向数字人文的社交网络研究，能够更为精准地量化分析人文学科蕴含的各种社交关系，进而为搭建理论模型及验证分析提供有价值

---

① 张力元，王军. 基于社会网络动力学的两宋学术和政治体系比较分析[J]. 情报工程，2020，6(1)：34-49.

② Carrington P J, Scott J, Wasserman S. Models and methods in social network analysis (structural analysis in the social sciences) [M]. Cambridge：Cambridge University Press，2005.

的社会化例证。① 下面着重介绍社交网络、社交网络分析方法及其常用工具。

8.1.1　社交网络

对于社交网络，其中的网络指的是各种关系，社交网络可由社会关系组成的结构来描述。因此，从这个角度看，社交网络代表着一种结构关系，它反映了行动者之间的社会关系。构成社交网络的主要元素如表 8.1 所示。

表 8.1　　　　　　　　　　　　**构成社交网络的主要元素**

元素	解　　释
行动者(Actor)	具体的个人、群体、公司或其他集体性的社会单位。一个行动者在网络中的位置被称作是"节点"。
关系纽带(Relational Tie)	行动者之间相互的联系即为关系纽带。人们之间的关系形式是多种多样的，如亲属关系、合作关系、对抗关系等。
二人组(Dyad)	由两个行动者构成的关系，它是社交网络最简单或最基本的形式，是分析各种关系纽带的基础。
三人组(Triad)	由三个行动者所构成的关系。
子群(Subgroup)	行动者间的任何形式关系的子集。
群体(Group)	其关系得到测量的所有行动者的集合。

8.1.2　社交网络分析

社交网络分析(Social Network Analysis，SNA)被认为是一种关系化的研究方法，主要研究社会行动者(即社会实体或网络节点)之间的联系。其来源并不单一，是不同学科相互融合的产物，受到人类学、社会学、地理学、计算机科学等

---

① 施晓华，王昕. 数字人文社会网络分析方法应用与研究[J]. 图书馆杂志，2020，39(5)：93-99.

多学科的影响。① 社交网络分析作为一种量化分析方法，最初是社会学领域的专家由数学方法和图论发展起来的。社交网络分析主要用来描述和测量行动者之间的关系以及通过这种关系流动的各种有形或无形的事物(例如信息、资源等)②，同时为信息和资源的管理提供决策服务。它是人与人之间为了特定目标而进行信息传递和资源共享的关系网络，是一个动态系统，由某些个人或集体之间的社会关系组成③。20 世纪 80 年代以来，社交网络分析的思想和方法被引入国内④，主要被应用在社会学领域。它是一种重要的应用方法，适用于分析社会的演化趋势、凝聚力以及社会群体内部或社会群体的社会地位的重要应用方法。随着该方法的不断成熟和演变，近年来越来越受到研究人员的关注并被广泛应用，发挥了重要作用。其相关概念如表 8.2 所示。

表 8.2 社交网络分析方法的相关概念

序号	名称	概　念
1	节点	表示分散的行动者，可以是个体、集体、地域、国家等。
2	关系	两个节点之间的特定联系，是有向或无向的。
3	社交网络	由节点和关系构成的集合，是行动者间互动组成的一种关系结构，强调行动者间的互相依赖以及关系的动态改变。
4	网络密度	节点间的关联程度和关系连线的交叉密度，数值越大的网络越集中。
5	节点中心度	网络中与该节点直接相连的其他节点的数量，度数越高，表示在网络中越处于中心位置，拥有的权力也越大。
6	子群凝聚度	将网络密切连接的重要节点的数量，用来衡量子群内部节点关系的密切程度，凝聚度越高的节点间的连接性越强。

① Tom B. The roots and shoots of archaeological network analysis: a citation analysis and review of the archaeological use of formal network methods [J]. Berliner Beiträge Zum Vorderen Orient, 2014, 29: 18-41.

② 林聚任. 社会网络分析: 理论、方法与应用[M]. 北京: 北京师范大学出版社, 2010.

③ 刘军. 社会网络分析导论[M]. 北京: 社会科学文献出版社, 2004.

④ 林顿·C·弗里曼. 社会网络分析发展史[M]. 张文宏, 刘军, 王卫东, 等译. 北京: 中国人民大学出版社, 2008.

对节点的获取和处理以及关系建模，是利用社交网络分析技术进行分析的重点。这种方式有别于传统意义上的统计分析方法和数据处理手段，是数据挖掘方面的一种新的研究范式。社交网络分析的问题最初来源于物理学中的适应性网络，研究这些网络关系，可以将个体间的关系、微观网络及大规模社会系统的宏观结构相结合。自 20 世纪 70 年代以来，在社会学和传播学等领域逐步发展成为一个研究分支。它是一套用来分析社交网络的关系结构及特性的技术和方法，主要分析由不同的社会组织组成的社会关系结构和特性。① 因此，社交网络分析不仅是一套分析关系结构的技术，也是一种结构分析的理论方法。在社交网络分析者看来，社会学的研究对象是社会结构，社会结构表现为行动者之间的关系模式。社交网络分析家 Barry Wellman 指出："网络分析探索深层结构——隐藏在复杂社会系统表面之下的某些网络模式。"例如，网络分析人员特别关注特定网络中的关联模式如何通过提供不同的机会或限制来影响人们的行为。

社交网络分析以行动者及其两者间存在的关系为研究方向。它描述了行动者之间的关系模型，分析的是这些模型中包含的结构及其对行动者和整个群体的影响。② 社交网络分析方法可以通过网络模型描述行动者之间的相互作用，并根据网络的动态变化反映行动者之间关系的变化。社交网络分析用来研究社会实体间的关系。社会实体可以是个体、组织、地区或国家，也能是某种活动或认知的产物，比如网站等。社会实体注重社会行为人间的相关性与其行为和态度。网络中的关系模式呈现的现象（网络数据）是网络分析的关键性内容。网络分析可以帮助人文学科的研究人员探索数据的维度和尺度，否则很难概念化。在计算机学科中，社交网络分析主要依靠复杂网络科学的分析和可视化技术，对社交网络节点之间的各种关系数据进行定量或定性的分析。其特点在于基于网络视角，形成了收集数据、定量分析和可视化展示的方法体系。当前社会科学的主要关注一元属性（如收入、年龄和学历等），但社交网络分析侧重于成对个体的属性，其中二元关系是主要类型，常见的一些二元属性有亲属关系、社会角色、情感等。将现

---

① 林聚任. 社会网络分析：理论、方法与应用［M］. 北京：北京师范大学出版社，2010.

② 宋歌，叶继元. 基于 SNA 的图书情报学期刊互引网络结构分析［J］. 中国图书馆学报，2009，35(3)：27-34.

象建模为网络变得越来越普遍，因为它是一种灵活的结构，可以连接具有不同属性的实体。不同的实体可以表示为网络中的节点，如行动者和事件，它们相互关联并嵌入在一个时空参考框架中。

社交网络分析方法以网络节点之间具有的特定联系构成的数据关系为研究重点，所采用的研究方法有别于传统的统计分析和数据处理方式，在识别对象的动态演化、组织和事件的潜在变化以及行为的预测等方面均具有独特优势。不少学科的专家学者在面临挑战时，往往会借鉴其他学科的研究方法，社交网络分析就是其中之一。因而，近年来越来越受到研究人员的关注，并被广泛应用于各领域研究。

在人类学、社会学、物理学、数学、统计学、计算机科学等学科的影响下，社交网络分析经历了几次跌宕起伏，最终融合为对社会主体的属性和关系数据进行结构分析的新范式。社交网络分析的实质是将繁杂的关系形式表示为特定的网络结构，并在这些结构及其变化的基础上来表达其对个体行为和社会结构的研究意义。在社交网络分析中，最重要的特征指标是网络密度、相关性和中心性，分别用来衡量关联网络的亲密度、相关性和效率，以及网络中个体的地位。自 20世纪 90 年代以来，社交网络分析基于网络密度等传统分析方法，出现了凝聚子群分析、中心性分析、核心-边缘结构分析等新方法。该方法的核心是从关系的角度，以流数据为基础，通过中心性和凝聚子群等方法，分析该区域节点之间的相对关系和网络结构特征。①② 社交网络分析方法可以从不同角度对社交网络进行分析。

（1）凝聚子群分析指对网络中因各行为主体的特征而形成关系更为密切的次级团体进行分析，也称为"小团体分析"。

（2）中心性分析是衡量网络节点在网络中位置的重要指标。它可以衡量节点具有多大的能力和影响，以及节点控制资源的能力。主要通过相关软件计算网络中节点的三个指标：点度中心性、中间中心性和接近中心性。

---

① 刘军. 整体网分析[M]. 北京：社会科学文献出版社，2014.

② Marshall J. The structure of urban systems [M]. Toronto：University of Toronto Press，1989.

(3)核心-边缘分析主要分析每个节点处于核心位置或者边缘位置。

近年来,社交网络分析逐渐成为数字人文研究的技术和方法之一。一般数字人文资源不包含社交网络信息。在进行社交网络分析前,需要专业技术人员对相关资源数字化过程中或数字化后的数据进行获取和处理。此外,还需要数字人文的研究框架与人文学科领域的研究目标,合理地运用不同社交网络分析方法,针对不同机构的社会网络数据(人物网络、交易网络等)进行定量与定性分析,获取隐含知识信息,支持可视化展示。

8.2 相关研究

在数字人文研究中,人作为社会历史研究的重要因素,是除时间和空间外的又一重要维度。人的生卒时间、地点以及在生命旅程当中的重要事件、社交活动等,构成了整个人类社会的人文和历史的基本单位。以人的个人信息为研究数据,以个人或群体为研究对象,是人文研究的常规范式,基于群体社会关系的社会网络分析是数字人文研究的基本技术和方法之一。斯坦福大学图书馆发布了一个 Kindred Britain 数字人文社交网络①,有近 3 万人参与,其中大多数人是英国文化的代表人物,通过血缘、婚姻或亲属关系联系在一起。该网络分析了英国社会中的家族交往、经济和政治情况以及它们之间的关系。目前,国内外一些人文学者已经开始运用社交网络分析方法进行了一些数字人文实践研究。

胡静以朝鲜时期科举考试名单的数字档案为研究资料,建立技术人员的社交网络,以探索朝鲜前期和中期技术人员的阶级发展过程。② 严承希等引入网络分析指标,分析宋代政治社会网络的整体网络结构,并运用 K-核技术进行宋代政治网络分解与可视化应用,试图进一步揭示和解释这一逐渐强化的阶段权力政治的网络特征和空间属性。③ 施晓华等借助 MATLAB 工具,对上海交通大学徽州古

---

① Kindred Britain[UB/OL]. [2019-OS-10]. http://kindred.stanford.edu/.

② 胡静. 数字人文在韩国史研究的应用探索——以杂科中人文社会网络分析为中心[J]. 韩国研究论丛,2018,2:214-233.

③ 严承希,王军. 数字人文视角:基于符号分析法的宋代政治网络可视化研究[J]. 中国图书馆学报,2018,44(5):87-103.

合同文献中的数据和信息进行一系列的社交网络分析。① 经过对数字化资源的进一步处理，构建了合同交易社会的关键性网络图，挖掘出面向数字人文的社交网络的重要属性和有价值的信息。苏芳丽等利用数字人文方法和相关数据技术，对盛宣怀家族 1850—1936 年期间记录的 17 万多份档案的目录数据进行了整理，并运用时空分析方法展示了大规模的档案资源，利用社交网络分析方法和可视化技术提供检索和多维资源探索功能。②

　　Newman 研究了科学合作网络的结构，并揭示了"小世界"效应。③ Jackson 以中世纪苏格兰人物数据库为基础，通过网络密度指标寻找探究身处那个年代有影响力的人，这是在数字人文背景下运用社交网络分析方法对历史的一次大胆探索，增加了对历史的了解程度，丰富了现有历史研究方法和研究结果。④ Quanhaase 等通过研究数字人文学者对社交网络工具的使用，并使用社交网络分析，揭示了学者在社交活动中的网络效应。⑤ Mark 运用网络分析方法对 1550—1900 年间的英国舞台喜剧进行定量模型分析，得出网络的不同分布特征，如特征值中心度和介度中心度。其中，演员作为网络节点，共同登台表演，形成戏剧社交网络。⑥ Graham 使用网络科学工具来分析和利用考古学或碑文数据集，并提出网络分析工具将成为考古学数据工具系列中的常规工具。⑦ 社交网络主要通过研究人物的相关特征来分析人物在特色资源体系中的关联性及其演化趋势。

　　① 施晓华，王昕. 数字人文社会网络分析方法应用与研究[J]. 图书馆杂志，2020，39 (5)：93-99.

　　② Su F, Zhang Y, Immel Z. Digital humanities research：interdisciplinary collaborations, themes and implications to library and information science [J]. Journal of Documentation, 2021, 77 (1)：143-161.

　　③ Newman M. The structure of scientific collaboration networks [J]. Proceedings of the National Academy of Sciences, 2000, 98(2)：404-409.

　　④ Jackson C. Using social network analysis to reveal unseen relationships in Medieval Scotland [J]. Digital Scholarship in the Humanities, 2017, 32(2)：336-343.

　　⑤ Quanhaase A, Martin K, Mccaypeet L. Networks of digital humanities scholars：the informational and social uses and gratifications of Twitter [J]. University of Cambridge, 2015, 2(1)：1-12.

　　⑥ Mark A H. Distributed character：quantitative models of the English stage, 1550-1900 [J]. New Literary History, 2017, 48(4)：751-782.

　　⑦ Graham S. On connecting stamps-network analysis and epigraphy [J]. Les Nouvelles de l'Archeologie, 2014, 135：39-44.

Morrissey 采用社交网络分析密西西比河谷殖民地的法裔印第安人社区。① Ruegg 对《失乐园》及其人物肖像等进行多角度分析，并对社交网络分析指标的定量分析，深入了解网络结构如何影响情节和人物之间的关系效应，并总结出性别角色在文本中的重要性。②

8.3　凝聚子群分析

凝聚子群分析的重点是发现社交网络中的集群现象，即在一个社交网络中由一些关系密切或具有相似属性的网络节点构成的集合。作为社交网络分析的一种聚类方法，凝聚子群分析可以被用来表示社交网络的整体结构。③④ 凝聚子群是指在社交网络中的若干行动者之间的关系达到比较密切的程度时形成的一个次级团体，这个次级团体在社交网络分析中被称作凝聚子群。对于一个社交网络，如果其中包含凝聚子群，且凝聚子群密度较高时，则表明处在该凝聚子群内部的这些行动者之间存在密切的联系，资源交互与合作往来较为频繁。凝聚子群分析是要分析一个社交网络中包含多少这样的子群，还要分析子群与子群之间、子群的成员之间、子群的成员与其他子群的成员之间存在怎样的关系。数字人文研究常常用到凝聚子群分析，这离不开凝聚子群和凝聚子群密度。此外，需要注意的是，凝聚子群的成员间的关系较为密切，研究人员有时也将凝聚子群分析称为"小团体分析"。

8.3.1　凝聚子群

根据设计思路，将凝聚子群划分为四大类，分别是关系的互惠性、子群成员

①　Morrissey R M. Archives of connection [J]. Historical Methods：A Journal of Quantitative and Interdisciplinary History，2015，48(2)：67-79.

②　Ruegg C，Lee J J. Epic social networks and Eve's centrality in Milton's Paradise Lost [J]. Digital Scholarship in the Humanities，2020，35(1)：146-159.

③　刘军. 社会网络分析导论[M]. 北京：社会科学文献出版社，2004.

④　Wasserman S，Faust K. Social network analysis：methods and applications [J]. Contemporary Sociology，1994，91(435)：219-220.

间的接近性或可达性、子群内部成员间关系的频次以及子群内部成员间的关系密度相对于内、外部成员间的关系密度。

（1）基于互惠性的凝聚子群

互惠性基础上的凝聚子群是派系。派系的成员间存在互惠关系，不允许向其中添加其他的成员，否则会破坏它的性质。

在无向网络图中，派系指的是包含三个及以上节点的最大完备子图。这个定义包括三个要点：

① 一个派系的成员至少有三个节点；

② 一个派系必须是最大的，不允许再添加任何新的节点，如果在这个子图中加入其他任何一个节点，均会改变它的性质；

③ 一个派系必须是完备的，根据完备图的定义，派系中的任意两个节点之间均存在直接的关系。

在一个有向网络图中，行动者间的关系一定是互惠的。

通常使用 CONCOR 迭代相关收敛算法来分析凝聚子群的派系，同时利用聚类图来表示出现的全部集群现象。通过探索派系分布，可以揭示网络凝聚力的总体表现。

（2）基于可达性的凝聚子群

基于可达性的凝聚子群关注的是节点和节点之间的距离，这就要求子群成员之间的距离不能太大。预设一个边缘值 n，用其表示凝聚子群成员之间的最大距离，这就是 n-派系。基于可达性的凝聚子群包括 n-派系和 n-宗派两种方法。

① n-派系

在一个网络图中，如果它的一个子图满足以下条件，则称之为 n-派系，即：在一个子图中，任意两个节点之间的距离（捷径的长度）最大时不能超过 n。从表达形式看，用 $d(i, j)$ 表示网络图中两个节点 n_i 和 n_j 之间的距离，则 n-派系即代表包含点集 N_S 且满足以下条件的子图，即 $d(i, j) \leqslant n$。特别注意的是，对于所有 n_i，$n_j \in N_S$，网络图中没有一个节点到子图中任何一个节点的距离不大于 n。

② n-宗派

n-宗派指的是满足以下条件的 n-派系，即：任意两个节点之间的距离都不超过 n。因此，所有 n-宗派均属于 n-派系。

（3）基于度数的凝聚子群

基于度数的凝聚子群可以通过限制该子群中每个成员的邻居节点数量来获得。基于度数的凝聚子群包括 k-丛和 k-核两种方法。

① k-丛

一个 k-丛是满足下列条件的一个凝聚子群，即：每个节点至少和 k 个其余节点直接相连的。换句话说，如果一个凝聚子群的大小为 n，那么只有当其中的每一个节点与凝聚子群中的至少 $n-k$ 个节点直接相关联时，才能称它为 k-丛，即每个节点的度数至少是 $n-k$。

② k-核

k-核是一个与 k-丛概念相对立的另一个基于节点度数的凝聚子群。如果一个子网络图的所有节点与该子网络图其余至少 k 个节点相邻，则该子网络图称为 k-核。在进行凝聚子群分析时，常采用 k-核方法。该方法具有识别精准、操作方便、能掌握网络图整体特性等优点。

在数字人文研究中，可以采用凝聚子群方法，将两宋时期的学术和政治关系的网络形式直观地呈现出来。凝聚子群的划分可分为三个步骤：首先用 k-核对凝聚子群进行初步筛选；然后用模块化和色差法对凝聚子群进行二次筛选；最后人工划分南宋和北宋界限。将 k-核作为第一步的目的是让研究者将注意力放在重要节点上，消除那些独立或相对不太重要的节点对网络形态的干扰。采用1-核和2-核分别分析整个网络构造和观察核心网络特性。将模块化处理作为第二步是基于一项启发式快速社区发现算法。该算法的大致思想是：首先，将网络中的每 n 个节点划分为一个社区，然后将该节点移动到邻近的社区，使其模块度正增长最大。重复该操作，直至没有变量；然后，将每个社区视为一个节点，新节点之间的链接权值为内部链接权值之和。在连续迭代的过程中，元社区的个数不断减少，直至不能更改时得到最后的结果。① 第三步是手动将凝聚子群的结果划分为社区。根据节点所对应的人物所处的时代，主要分为北宋和南宋两代。

① Blondel V D, Guillaume J L, Lambiotte R, et al. Fast unfolding of communities in large networks [J]. Journal of Statistical Mechanics, 2008, 10: 155-168.

（4）基于"子群内外关系"的凝聚子群

① 成分

如果一个网络图可以被划分为多个部分，每个部分的内部成员之间存在相互联系，但各部分之间没有任何关系，就可称这些部分为"成分"。

② 块

如果一个网络图被划分成几个单独的子图，这些子图被称为"块"。用于创建块的模型称为"块模型"。

8.3.2　凝聚子群密度

凝聚子群的密度可以被用于度量大群体中"小团体现象"的严重程度，是一种分析组织管理问题的方法。最难以接受的一种情形是，大群体松垮随意，而核心小团体却紧密团结。还有一种情形是，在一个大群体中有很多团结紧密的小团体，这些小团体很大程度上会发生相互竞争。凝聚子群密度的取值范围为[-1, +1]。数值越靠近1，派系独立性越强；数值越靠近-1，派系依赖性越强。该值越靠近于0，关系越趋向于随机分布，看不到派系独立的情况。①

凝聚子群密度可作为商业管理的一个重要指标。一个企业的凝聚子群密度越高，就意味着该企业中的小团体之间联系密切，开始追求小团体的个人利益，从而损害整个企业的利益。事实上，凝聚子群密度不仅可以应用于商业管理领域，还可以应用于其他领域，如数字人文学者之间关系的研究。如果网络中存在凝聚子群，且凝聚子群密度高，说明凝聚子群内的学者相互联系紧密，在信息共享和科研合作中交流频繁，而凝聚子群之外的成员无法获得足够的信息和科研合作机会，这种情况在一定程度上不利于学科的发展。

8.4　中心性分析

社交网络分析的一个关键特征是寻找社交网络中突出的和有影响力的节点。

---

① 刘军. 整体网分析讲义——UCNET 软件应用[C]. 第二届社会网与关系管理研讨会，中国，哈尔滨，2007：111.

中心性分析是常用的基于网络数据的指标之一，也是社交网络分析的重点。它反映了社交网络中一个节点的能力，通常代表了一个节点的重要性，例如，该节点的地位、知名度、权力或威望。个人或组织在其社交网络中拥有何种权力，或他们占据何种中心地位，是社交网络分析者最早讨论的话题之一。①　在《哈姆雷特》人物关系研究中，莫雷蒂采用中心性分析方法，重申了人物系统中等级秩序的存在。按照传统的人物观，人们习惯于关注所谓的"主角"或"主人公"。然而，从社交网络的角度看，真正的关键人物是必不可少的，不是因为他有任何本质属性或角色定位，而是由于通过精确的观测和计算，就会发现他的位置对整个网络结构的稳定性起至关重要的作用。网络中心性可分为点度中心性、中间中心性和接近中心性三方面，如表 8.3 所示。

表 8.3　　　　　　　　　　　　　网络中心性的分类

类别	描　述
点度中心性	描述行动者的局部中心指数，测量网络中行动者自身的交易能力，没有考虑到能否控制他人。
中间中心性	研究一个行动者在多大程度上居于其他两个行动者之间，测量一个行动者控制他人行动的能力。
接近中心性	刻画行动者在多大程度上不受其他行动者的控制。

　　表 8.4 给出中心性的指标，主要包括中心度和中心势。个体的中心度表示个体处于网络中心的程度，反映了该节点在网络中的关键性。一个网络中行动者或节点的数目，可以代表个体的中心度数。不仅可以计算社交网络中个体的中心度，还可以计算整个网络的集中趋势（即中心势）。与描述个体特征的个体中心性不同，中心势描述整个社交网络中各点之间的差异程度，因此，一个网络只有一个中心势。②　根据计算方法的不同，中心性分析可分为点度中心度/点度中心

①　刘军. 社会网络分析导论[M]. 北京：社会科学文献出版社，2004.
②　刘军. 法村社会支持网络——一个整体研究的视角[M]. 北京：社会科学文献出版社，2006.

势、中间中心度/中间中心势、接近中心度/接近中心势三种类型。

表 8.4　　　　　　　　　　　　**中心性的指标**

指标	描　　述
中心度	表示个体在整个网络中的权力，体现了节点在网络中所处的地位。
中心势	表示一个网络在多大程度上围绕某个或某些特殊的节点构建起来，是在中心度基础上的网络整体性分析，说明网络的总体整合度。

8.4.1　点度中心性

点度中心性是指节点的出度和入度，反映节点之间的连接程度。根据出度和入度的相对大小，可以将用户划分为不同的社交类型。出度表明一个人有多关心别人的程度，出点度中心度高的人(A)是在这个网络中积极与他人联系的人。可以理解为 A 在这个网络中有很强的沟通能力，这反映了 A 的主动性。出度高的人可以从网络中的许多其他成员那里获取丰富的信息，这些信息可能是学习网络中的知识和方法。入度则表示一个人受到了多少关注。在这个网络中，很多人认为有必要把入点度中心度高的人(B)和他们联系起来。换句话说，可以理解为 B 在这个网络中拥有很高的声誉，这反映了一个人的吸引力。入度高的人可能会引导网络的内容、视角、深度和广度。

点度中心性是社交网络分析中描述节点中心性最直接的度量指标。节点的度越大，节点的中心性越高，节点在网络中越重要。点度中心性根据给定节点的邻居数量来度量网络中节点的重要性。邻居越多，节点在网络中就越重要。节点的点度中心性计算公式如式(8.1)所示：

$$DC_i = \frac{k_i}{N-1} \tag{8.1}$$

其中，k_i 表示与节点 i 相连的边的数量，$N-1$ 表示节点 i 与其他节点均相连的边的数量。

(1)点度中心度

在社交网络中，如果一个行动者与其他行动者之间均存在直接关系，那么该行动者就处于网络的中心位置，在网络中拥有较大的权力。在上述思想指导下，社交网络中一个节点的点度中心度可以用该网络中与该节点直接相连的节点数来表示，这就是点度中心度。点度中心度分为绝对点度中心度和相对点度中心度。

① 绝对点度中心度

绝对点度中心度是指直接连接到某个节点的邻居节点数①，即在网络图中直接与某个节点相连的其他邻居节点数。数量越多，绝对点度中心度越高，在网络中就越重要②。绝对点度的中心度反映了网络中节点的权力大小和影响力。中心度越高的节点处于核心位置，能够有效地控制和影响网络中其他行动者的活动。相反，中心度越低的节点越边缘化，很少参与交流和互动，对其他节点的影响也很小。在对宋代学术制度和政治体系的比较分析中，选择绝对点度中心度作为度量社交网络中节点的直接影响力指标。在宋代人物的学术政治关系网络中，一个人物的直接联系人数越多，那么他的绝对点度中心度就越大，反映出他在网络中的重要性及直接影响力越强。

② 相对点度中心度

在不同大小的网络中，不能仅根据绝对点度中心度去分析，因为不同规模所反映出的节点的核心地位也不同。Freeman 提出了相对点度中心度的测量方法，即相对点度中心度是绝对点度中心度与网络中可能存在的最大绝对点度中心度的比值。例如，在一个有 n 个节点的网络中，如果一个节点的绝对中心度是 K，那么它的相对中心度是 $K/(n-1)$。对于有向网络，节点 X 的相对中心度记为 C，$C=(X$ 的点出度$+X$ 的点入度$)/2(n-1)$，其中 n 为网络的规模。

(2) 点度中心势

点度中心势指的是网络中节点的集中趋势，它是按照以下思想步骤来进行计算的。

① 找出图中的最大中心度数值；

---

① 曹霞，崔雷. 基于 SNA 的国外医学信息学领域合著网络研究[J]. 现代情报，2016，36(3)：129-134.

② Newman M. Networks：an introduction [J]. Astronomische Nachrichten，2010，327(8)：741-743.

② 计算该值与任何其他节点的中心度的差值；

③ 计算这些差值之和；

④ 用这个总和除以各个差值之和的最大可能值。

8.4.2　中间中心性

中间中心性，也称为中介中心性，用节点的最短路径数量来衡量节点重要性。中间中心性表示该节点在其他节点对的最短路径上的程度。中间节点是连接子群中各级子模块的关键节点。根据节点中间中心性的相对大小，可以将用户划分为不同的社交类型。中间中心性可以用来衡量一个人物同时出现在另外两个人物对话场景中的能力，反映人物在叙事空间和时间中的流动性和活跃性。某个节点的中间中心性的计算公式如式(8.2)所示：

$$BC_i = \sum_{s \neq i \neq t} \frac{n_{st}^i}{g_{st}} \tag{8.2}$$

其中，n_{st}^i 表示经过节点 i，且为最短路径的路径数。g_{st} 表示连接 s 和 t 的最短路径数。归一化(令结果<1)后，有：

$$BC_i = \frac{1}{(N-1)(N-2)/2} \sum_{s \neq i \neq t} \frac{n_{st}^i}{g_{st}} \tag{8.3}$$

(1)中间中心度

中间中心度是指通过网络中由两个节点组成的最短路径的节点数①，它是连接两个节点的桥梁。在网络中，如果一个参与者在许多其他点之间的路径上，那么该参与者被认为是重要的，因为它可以控制其他两个参与者之间的交往能力。根据这一思想，描述行动者中心度的指标是中间中心度，它衡量行动者对资源的控制程度，即某一点位于网络中其他点对中间的程度。如果一个点位于通往许多其他点对的捷径(最短路径)上，则称它具有较高的中间中心度。中间中心度值越大，节点在网络上拥有的资源就越多。一个行动者在网络中占据的位置越多，就越能体现其很高的中间中心性，更多的行动者需要通过它才能进行

① 曹霞，崔雷. 基于 SNA 的国外医学信息学领域合著网络研究[J]. 现代情报，2016，36(3)：129-134.

联系。①

（2）中间中心势

中间中心势也是分析网络整体结构的指标。其含义是中间中心性最高节点的中间中心性与网络中其他节点中间中心性之间的差距。该节点与其他节点之间的差距越大，则网络的中间中心势越高，这意味着网络中的节点可能分成多个小团体，且过度依赖某一个节点传递关系，该节点在网络中发挥着极其重要的作用。

8.4.3　接近中心性

接近中心性是指从一个节点到另一个节点的最短距离之和。接近中心性越小，节点在网络中的核心地位越高，节点不受其他节点控制的能力越强。接近中心性反映了网络中一个节点与其他节点的接近程度。近似中心性表示为从一个节点到所有其他节点的最短路径距离和的倒数。也就是说，对于一个节点而言，它与其他节点越接近，它的接近中心性就越大。在实际分析过程中，网络必须是完全连通的，如果一个节点与其他节点不连通，则该节点的接近中心性最小。因此，有必要将网络转换为一个完整的连接图。节点的接近中心性 CC_i 为：

$$d_i = \frac{1}{N-1}\sum_{j-1}^{N} d_{ij} \tag{8.4}$$

$$CC_i = \frac{1}{d_i} \tag{8.5}$$

其中 d_i 表示节点 i 到其余各节点的平均距离，平均距离的倒数即为接近中心度。

点度中心度描述了局部中心指数，衡量了网络中的行动者与他人的联系程度，而不考虑行动者是否能够控制他人。中间中心度衡量行动者"控制"他人行为的能力。但有时有必要研究网络中的行动者不被他人"控制"的能力，这是通过接近中心度来描述。在计算接近中心度时，需要关注的是捷径而不是直接关系。一个点的接近中心度是该点与网络中所有其他点的捷径距离之和。如果一个点与网络中所有其他点的距离均很短，则称该点具有较高的接近中心度。对于一个社交网络来说，接近中心势越高，表明网络中节点间的差异性越大，反之，表

---

① 罗家德．社会网分析讲义[M]．北京：社会科学文献出版社，2005.

明网络中节点间的差异性越小。

8.5 核心-边缘结构分析

核心-边缘结构是由若干元素相互联系构成的一种中心紧密相连，而外围节点彼此间联系稀疏并呈现散射状边缘分布的结构，处于边缘位置的节点仅与处于核心位置的某些节点保持紧密关系。处于核心位置的节点不能再继续划分为核心和非核心结构。作为一种应用范围较广的社交网络分析方法，核心-边缘结构分析按照社交网络结构中各节点之间关系的密切程度，表示出节点所处的位置。采用直接分析节点核心度[1][2]或综合分析节点核心度和集中度[3]两种方式，将网络中节点所处的位置划分为核心位置和边缘位置。其中核心度用于评价核心向量组成的矩阵与原始矩阵结构的相似程度，相关度的值越高，说明结构矩阵越能很好地保持原始矩阵信息。集中度用于评价结构矩阵与理想核心-边缘结构矩阵的相似程度，集中度的值越高，说明结构矩阵的核心-边缘结构特点越突出[4]。处于核心位置的节点密度较高，在社交网络中占据重要的地位；处于边缘位置的节点密度较低，重要性程度也较低。运用该方法可以定量地分析社交网络中的位置结构，区分网络的核心和边缘。

核心-边缘结构分析常常用于数字人文研究。利用该方法，可以找到在小说中占据绝对中心位置的核心人物和外围人物，得到人物的核心-边缘结构，生成主要人物的社交关系网络。核心-边缘结构分析的目的是研究社交网络中哪些节点处于核心位置，哪些节点处于边缘位置，核心节点在网络中占有至关重要的地位。采用核心-边缘结构分析，建立古代官场中处于核心地位的政治人物社交网

---

[1]　宋歌. 经济学期刊互引网络的核心——边缘结构分析[J]. 情报学报，2011，30(1)：93-101.

[2]　张昱，王亚楠，何轩. 基于整体网分析法的中国服务贸易国际竞争力分析[J]. 国际经贸探索，2020，36(1)：19-32.

[3]　魏晓俊，谭宗颖. 基于核心-边缘结构的国际科技合作网络分析——以纳米科技(1996—2004年)为例[J]. 图书情报工作，2006，12：35-38+70.

[4]　魏晓俊，谭宗颖. 基于核心-边缘结构的国际科技合作网络分析——以纳米科技(1996—2004年)为例[J]. 图书情报工作，2006，12：35-38+70.

络，可以为研究古代官员间的党派斗争形势提供一种新的研究思路。

社交网络分析者从模型角度来研究核心-边缘结构，旨在对位置结构进行量化分析，对研究社交网络中哪些节点处于核心位置，哪些节点处于边缘位置提供操作性标准。不同的关系数据类型下，核心-边缘结构也可以表现为不同的形式。定类数据通常用数字表示类别，但其中的数值不能进行数学计算；定比数据用数值表示，其中的数值可以进行数学计算。因此，如果是定类数据，可以构建离散的核心-边缘结构模型；如果是定比数据，可以构建连续的核心-边缘结构模型。

(1)离散的核心-边缘结构模型

根据核心成员与边缘成员之间关系的存在性和亲密性，离散的核心-边缘结构模型可分为三类：核心-边缘全关联结构模型、核心-边缘局部关联结构模型和核心-边缘无关结构模型。若将核心-边缘关系视为缺失值，则形成核心-边缘关系缺失结构模型。以下描述了定类数据的四种离散核心-边缘结构模型。

① 核心-边缘全关联结构模型

核心-边缘全关联结构模型是一种理想化的模型。在该模型中，任何核心成员都与边缘成员存在关系。该模型将网络中的所有节点划分成两组，其中一组中的成员之间密切关联，可以视为一个凝聚子群或核心组；另外一组的成员之间不存在任何关联，但该组的成员同核心组的所有成员之间均存在关联。

② 核心-边缘无关结构模型

该模型将网络中的所有节点划分成两组，其中一组中的成员之间密切关联，可以视为一个凝聚子群或核心组；另外一组的成员之间不存在任何关联，并且与核心组的成员之间也不存在关联。

③ 核心-边缘局部关联结构模型

该模型是将网络中的所有节点划分成两组，其中一组中的成员之间密切关联，可以视为一个凝聚子群或核心组；另外一组的成员之间不存在任何关联，但它们与核心组的部分成员之间存在关联。

④ 核心-边缘关系缺失结构模型

该模型由 Borgatti 和 Everett 提出，将网络中的所有节点划分成两组，其中一组的成员之间的密度达到最大值，可以视为一个凝聚子群或核心组；另外一组成员之间的密度达到最小值，但并不考虑两组成员之间关系的密度，而把它视为缺失值。

（2）连续的核心-边缘结构模型

离散的核心-边缘结构模型仅把节点分为核心和边缘两类。连续的核心-边缘结构模型包括核心、半边缘、边缘三类分区。① 在该模型中，需要赋予每个节点一定的非负向量"核心度"测度，两个行动者之间的关系强度是关于两者与核心的接近性程度，或者每个行动者合群程度的一个函数。

① Borgatti S P, Everett M G. Model of core/periphery structures [J]. Social Networks, 1999, 21: 375-395.

第四篇　数字人文应用篇

第 9 章　数字人文在历史学中的应用

近年来,数字人文在历史学中的应用日益深入,在史料结构、研究方法和研究效率等方面与传统的史学研究相比都发生了天翻地覆的变化。主要表现在信息处理、统计学、存储技术、可视化技术等大数据技术在历史学研究中的应用,包括数字化历史档案、网络共享、空间分析和3D建模等。数字人文技术与方法致力于推动历史学研究向现代化、专业化、多元化、精细化方向发展。

9.1　中国历代人物传记数据库

中国历代人物传记数据库(China Biographical Database,CBDB)是历史学经典的学术数据库,由北京大学中国古代史研究中心、"台湾中央研究院"历史语言研究所、哈佛大学费正清中国研究中心等研究机构共同主持研发。该数据库以完整收录中国历史上所有重要人物传记资料为目标,通过计算机整理,公开提供给研究人员用于学术研究。到目前为止,该数据库共收录了从先秦到晚清约49万历史人物的传记资料。为了方便用户使用,该数据库的资料不但可以在线查询,还可以全部下载下来离线使用。该数据库是利用计算机进行历史研究的典型案例。

9.1.1　研究背景

中国历代人物传记数据库最初来自社会史专家郝若贝教授的个人收集,后赠予哈佛燕京学社,目前由哈佛大学费正清中国研究中心、"台湾中央研究院"历史研究所与北京大学中国古代研究中心负责建设。

郝若贝教授首先在芝加哥大学任教，然后在宾夕法尼亚大学任教。他一生致力于研究中国历史的社会和经济变化。他亲自收集和建立研究数据库。在 70 年代中期，他开发了中国历史领域最广泛收集传记资料的程序。20 世纪 90 年代初，除了收集资料外，郝若贝教授开始开发数据库供学术界使用。他还在哈佛大学成立了一个咨询委员会用以分享他的数据库和应用程序。

郝若贝教授建立的数据库包含 25000 多个多变量的传记和家谱数据，4500 多个书目数据，以及各种基于地理信息的对象和功能。郝若贝教授致力于利用中国历史记录中丰富的数据，如官方历史记录和私人领域数据，来重建多个背景下的单个个体。例如，个人是某一中心地方或行政区划的本地人或居民，具有一定的官方身份和职位，并且是家庭网络的一部分。研究人员可以利用该数据库来探讨某个地区在行政效能方面的表现。

在技术方面，2004 年至 2005 年间，傅君劢建立了 Microsoft FoxPro 程序 CBD-Bwin 和 Microsoft Access 数据库 CBDB. mdb。2005 年，北京大学中国古代史研究中心加入数据库的建设。2006 年，"台湾中央研究院"历史语言研究所开始资助数据库系统的开发。2007 年，该数据库开始投入使用。

9.1.2 数据来源

CBDB 中 90%以上的数据来自唐朝（618—907）到 20 世纪初。截至 2021 年 3 月，CBDB 共包含约 470000 个人物，其中的历史人物数据仍在持续增加和更新。官名表和地址表的建设工作正在进行中。CBDB 广泛使用传记资料文本来获取人物信息，这些信息包括学者们整理的传记索引、正史的传记部分、祭文和墓志、地方志、个人文集中的部分资料，以及大量官方记录。CBDB 是一个长期开放的项目，它已经在以下材料搜集传记数据：《宋人传记资料索引》《元人传记资料索引》《明人传记资料索引》《清代人物生卒年表》《宋代郡守年表》、宋（1148、1256 两年）明清三代的进士记录、明代进士考生的亲属资料等。2018 年，项目成员从唐代主要史料和索引中搜集人物资料。CBDB 也和其他数据库合作、相互交换数据。CBDB 的合作者包括明清妇女著作项目、人名权威资料查询以及京都大学唐代人物知识库项目（Pers-DB Knowledge Base of Tang Persons）等。目前，CBDB 项目正在系统地从地方志和缙绅录中搜集职官数据。

9.1.3　研究特色

CBDB 是一种对生命历程进行建模和组织信息的方式。该数据库的主体是社会中的人，将其视为数据库中的实体，这些实体与他们的亲属和社会团体、工作和生活的地址、生存和活动的时间段、被赋予和使用的名字、撰写的文章、进入政府和其他机构的方式以及社会区分等相关。与传记不同，CBDB 将"人"视为由可以量化和分析的关系网络所定义的实体。

该数据库以人物为中心，详细地记录了每个历史人物的人名、官职、认识途径、社会关系、著作、亲属关系、社会区分等多种数据，并以互相关联的数据表形式进行保存。徐力恒表示，该数据库最大的特点是不仅可以为历史人物资料提供参考，还可以提供一套可以批量分析的数据进行研究使用。① 也就是说，一方面研究人员可以把 CBDB 当作一部电子版的历史人物辞典来使用；另一方面，和一般数据库不同的是，该数据库提供的是存放了历史人物信息的多个互相关联的表格，而不是一篇篇人物传记文章。尤其特殊的是，除了利用人名进行查询外，还可以通过地名、官职、社会关系等查询一批有关联的历史人物信息，供用户参考和分析，而且还可以进行复杂的多条件检索。

CBDB 的目标不仅是将史料转化为电子文本存储起来，更重要的是要实现史料的数据化。史料的数据化是指将史料整理成可以被计算机应用程序使用和分析的数据格式。数据化是数字化的进一步拓展。数据化资料不但可以进行复杂的查询和分析，还可以灵活地上传到其他应用程序上进行批量处理或以不同的形式呈现出来，如电子表格、电子地图等。数据化的数据可以用于量化分析，帮助人文学者更高效、更系统地开展学术研究，解决现有的学术问题和发现新的问题。

9.1.4　设计思路

利用文本挖掘技术，从"台湾中央研究院"提供的电子文本中抽取人物信息是目前利用 CBDB 最有效的手段。在美国国家人文基金的资助下，计算机学者参

---

① 徐力恒 . 唐代人物资料的数据化：中国历代人物传记资料库（CBDB）近年工作管窥[J] . 唐宋历史评论，2017，1：20-32，381.

与到该项工作中来。哈佛大学编辑团队与计算机学者一起设计了正则表达式，北京大学编辑团队负责检查正则表达式，管理人员负责加载 CBDB 的数据编码。上述工作流程无法保证 CBDB 中的所有信息均被发现，但加载数据库的信息能够准确反映所挖掘的文献资料。

　　数据库中的信息可能存在错误，史料本身可能存在不正确的记载，编辑人员在标记过程中可能会漏掉这些错误。与人工相比，机器在分析海量数据时具有一定优势，但其无法给出学术判断和解释。此外，必须确保一定规模的数据库查询结果，误差范围才不会降低结果的可信度。文献资料记载与 CBDB 数据之间的差异是明显的，CBDB 中的数据经过了相当长时间的修订，在应用计算器技术除错后，这些差异尽量被控制在 1% 以内。

　　CBDB 数据可供学者进行群体传记学研究。通过查询和导入，可以利用统计分析工具和可视化工具对 CBDB 数据进行数据分析和可视化。群体传记学是指通过对一群历史人物做集体性的研究，分析其共同的特征和内在的相关性。具体方法是：首先设定一个研究范围，然后提出一组问题，最后通过对所有人物的各种信息进行罗列、组合，从中找出具有显著意义的变量。研究人员还可以分析这些信息的内在联系，以及与其他变量的相关性。① 例如，CBDB 中男性和女性寿命中位数的对比如图 9.1 和图 9.2 所示。当不区分性别时，数据的差异性被掩盖，没有显现出来。寿命上差异是由育龄女性死亡率较高导致的。

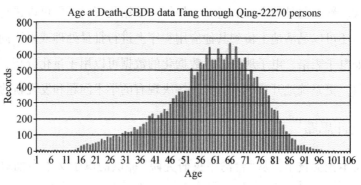

图 9.1　男性寿命分布图

---

　　① 谢远学. 党建网党史人物数据库建设研究与实现［D］. 复旦大学，2011.

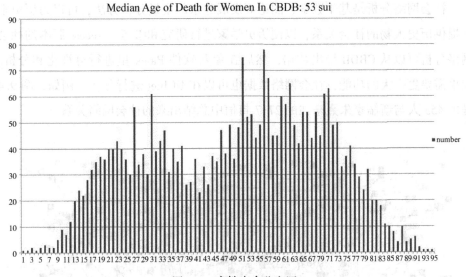

图 9.2 女性寿命分布图

CBDB 利用 GIS 整合了中国历史地理信息系统，用户可以利用该地理信息系统在大量传记资料中总结出一定的模式。对 CBDB 进行地理信息查询时，得到的结果包含与传记资料相关的地址信息以及按地址统计的信息。如图 9.3 所示，用户查询 CBDB 得到所有在 1127 年到 1199 年之间登第的进士，并将此结果融入GIS 进行展示。

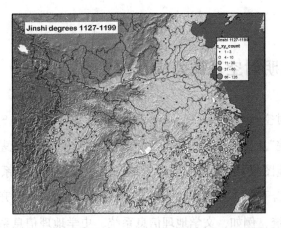

图 9.3 1127 年到 1199 年之间登第的进士分布图

社会网络分析是基于数学、图论等发展起来的定量分析方法，可以为历史学家提供历史人物的社会关系，以便历史学家进行研究和参考。Access 版本的社会网络分析可以从 CBDB 导出数据，然后在免费软件 Pajek 里进行可视化和分析。如果需要更强大的功能，社会网络数据也可以在 UCInet 进行分析。例如，图 9.4 是由 453 人与新儒家朱熹来往的 2717 封信中总结出来的社会网络关系。

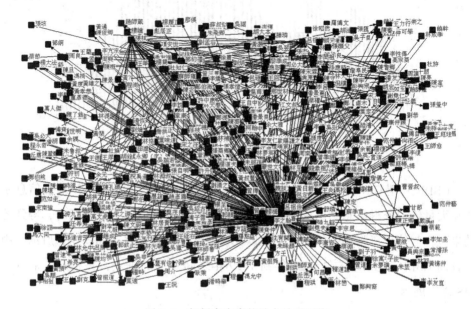

图 9.4　新儒家朱熹的社会关系网络

9.2　中华文明时空基础架构

"中华文明时空基础架构（Chinese Civilization in Time and Space，CCTS）"是"台湾中央研究院"主持研发的中国历史地理信息系统。该系统基于 GIS 技术，融合了《中国历史地图集》和现代中国电子地图的数据信息。该系统最大的特点是可以作为信息整合平台，不同学科的研究人员可以通过该平台开发面向各学科的专题地理信息系统，例如，文学地理信息系统、史学地理信息系统、考古学地理信息系统等。该系统已经在中国历史的教学与研究中得到了广泛应用。

9.2.1　研究背景

"中华文明时空基础架构"是为了满足跨领域的学术研究需求而研发的，目标是构建一个可以整合历代中国的空间信息、从古至今的中国历史信息和中国文明的文化内容的应用平台。该平台除了用于学术研究和教学外，还可以作为基于时间和空间的信息管理、整合、分析和可视化平台。CCTS 的最终目标是基于"时间-空间"基础信息架构，与各学科研究成果相结合，生成面向各学科的专题地理信息系统，促进多学科的交叉融合，推动人文地理信息系统的发展。[①]

9.2.2　设计思路

CCTS 上线以来，在文学、地理、考古、历史等领域涌现出不少研究成果。如图 9.5 所示，在该系统架构下，整合了各种形式的历史资料，如文本、影像、地图、数值等，用户可以通过该平台使用 GIS 技术制作或者修改主题地图。[②] 与传统的历史学研究方法相比，如今学者可以通过查看地图底图与时空坐标是否匹配来对史料进行检测，通过主题地图信息还可以发现在过去史料中难以察觉的空间关系，进而提出新的观点并进行研究，甚至还可以对大量的史料进行量化研究，然后进行空间统计分析。

9.2.3　应用研究

多家国际研究机构将 CCTS 应用于中国历史的教学和研究。此外，该平台除了生成各种专题性的地理信息系统，如青铜器典藏、宋代诗词、古代道路复原等，还作为时空检索模块加入数字典藏联合目录。该平台的地理信息系统的检索方式也很有特点，如果要检索的数据与时间空间有关联，用户可以以地理位置方式进行检索，检索结果可以运用地图方式呈现出其空间联系。

---

① 廖泫铭，范毅军. 中华文明时空基础架构：历史学与信息化结合的设计理念及技术应用[J]. 科研信息化技术与应用，2012，3(4)：17-27.

② 范毅军，廖泫铭. 历史地理信息系统建立与发展[J]. 地理信息系统季刊，2008，2(1)：23-30.

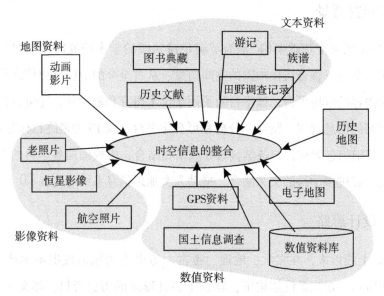

图9.5 时空信息整合数据范畴示意图

(1)宋人与宋诗地理信息系统

"宋人与宋诗地理信息系统"是由台湾元智大学中文系罗凤珠教授基于 CCTS 平台建立的。该系统使用 CCTS 平台的宋代历史地名，结合《中国古典诗词地名辞典》，并在《新校本宋人传记数据索引》、"宋代名家诗全文检索系统""苏轼诗标志系统研究"的基础上分别建立了人名、地名、语言数据库，并将宋人地理信息、宋诗地理信息、宋诗语料地理信息进行了整合。① 该系统包含了宋人分布地图、宋诗分布地图、宋诗语言分布地图等。利用该系统可以研究宋代文人的分布、宋诗的分布以及宋诗语言的地理分布与影响，进而研究宋代历史文化的变迁。宋人与宋诗地理信息系统如图9.6所示。

(2)汉唐长安之城内郊外规划研究

汉唐长安城内外郊的布局复原是由台湾东华大学的贝克定教授使用 CCTS 的汉代和唐代的历史地名和行政疆界及唐代的交通图，并结合最新的考古数据、遥

---

① 罗凤珠，范毅军，郑锦全. 宋人与宋诗地理信息系统之设计与应用[C]. 第五届数字地球国际研讨会，中国台北，2007.

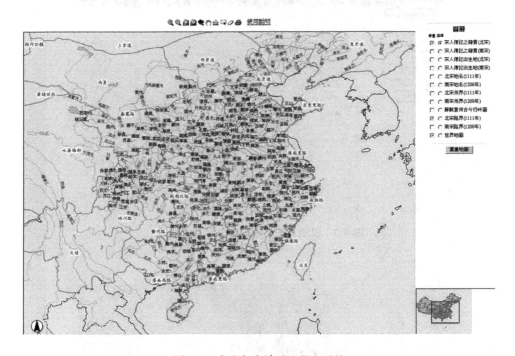

图 9.6　宋人与宋诗地理信息系统

感探测影像及民国时的大比例实测地形图等数据研发制作的。① 最终成果集成了
一个汉唐长安城历史电子地图，地图包含了道路系统、城墙、长安城分区及特色
建筑等信息，如图 9.7 所示。

（3）殷周青铜器地理信息系统

"殷周青铜器地理信息系统"由"台湾中央研究院"历史语言研究所主持研发，
该系统将"殷周金文暨青铜器数据库"中收集的铭铜器的图像数据与 CCTS 平台中
的先秦历史地图相结合。学者可以利用该系统进行分类查询、统计分析等，进而
进行深入的学术研究，如族群的迁移、文字的区域风格、婚姻往来、器形与纹饰
的地理分布等研究。商代青铜器地理信息图的查询如图 9.8 所示。

---

① 　罗凤珠，范毅军，郑锦全 . 宋人与宋诗地理信息系统之设计与应用［C］. 第五届数字
地球国际研讨会，中国台北，2007.

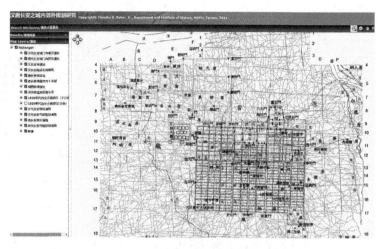

图 9.7 汉唐长安之城内郊外复原 GIS 图

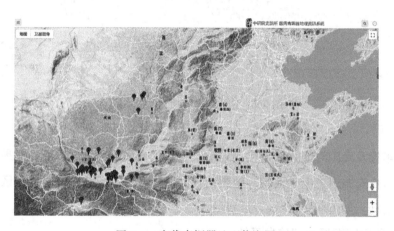

图 9.8 商代青铜器地理信息图

9.3 古籍文本半自动标记平台

9.3.1 研究背景

长期以来，人文学者一直希望能逐字逐句地研究历史文本。目前，许多历史文本已经被全文数字化，一些付费数据库已经包含了大量的文本，并提供全文检索功能，这在一定程度上满足了学者们研究大量历史文本的需要。但为了更全面地满足其实际需求，许多人文学者追求更大规模和更多样化的数字研究方法，如地理、时间、社会网络、统计、主题模型等方法分析大量文本。要用数据来补充和支持人文研究的话语权，就必须把文本中的文字变成可以被计算机分析的数据，以便利用数字工具来分析文本的诸多方面(地理、时间、社会网络等)。

9.3.2　设计思路

针对中国古籍文本所开发的半自动标记平台 MARKUS，旨在帮助人文学者有效地标记文本中感兴趣的词句，从而将文本内容转化为可以用计算机分析的数据。① 这样一来，即使有大量的古籍文本，人文学者仍然可以利用各种数字分析方法来观察大量文本中的字词数量的变化、地理分布的情况以及文本中出现的人物形成的社会网络等，以不同视角对大量的古籍文本进行研究。文本标记一直是数字人文研究采用的主要方法之一，例如，TEI 为人文科学研究提供通用的标记词汇。但在文本的标记中，缺乏研究导向的自动化标记辅助工具，而人工标记费时费力，这是人文学学者使用数字分析工具的一大障碍。

为了解决上述问题，MARKUS 为中国古代文本提供了三种标记辅助工具：(1)利用系统内置的中国古代人名、地名、官名等核心词集对文本进行自动标注；(2)利用加载关键字和正则表达式对特定词和特定规律的字串进行自动标注；(3)在阅读时选择词进行人工标记。还提供批量标记删除、直接文中更正和实时网络参考等功能，使用户能够快速修改文本标记。此外，已标记的文本可以直接从系统中导出，用于进一步分析和研究。

9.3.3　关键技术

MARKUS 利用数字人文项目产生的开放数据，自动扫描文本中的相同词汇，并自动进行标记。在这个过程中，MARKUS 加入了一些中文背景知识，以减少错误标签的发生。例如，同一个词用作年号或地名时，可能被链接到不同的字词。

---

① Ho H. MARKUS: a semi-automatic markup platform for classical Chinese [C]. Proceedings of the 5th International Conference of Digital Archives and Digital Humanities, China, Taipei, 2014.

目前，MARKUS 的自动标记词汇表包含 CBDB 收集的中国人名、别名、官名和年号，以及 CHGIS 收集的中国历史地名。利用 MARKUS，不仅可以标记文本中出现的人，还可以利用 CBDB 提供的唯一标识符（CBDB Person）来识别该人的出生和死亡日期、出身、职业、官职、亲属关系、社会关系等。此外，文本中出现的人物关系还可以放在 CBDB 社会网络中进行研究。

手动标注主要针对那些习惯于详细阅读材料并认真选择与研究有关内容的研究人员。通过手动标注功能，研究者可以利用手动标注功能查看自动标注结果，手动纠正自动标注的错标和漏标。除了标记单个单词，手动标记还可以分批标记选定的单词，以加快手动标记进程。MARKUS 还提供了基于网络的字典查询功能，可以利用数字人文项目提供的 API（应用程序接口）访问基于网络的服务。例如，CBDB API 用于了解人物的详细信息，CHGIS API 用于了解地名变化的时间和原因，Zdict. com 网络参考工具帮助用户（特别是学生）阅读文本。

关键词标签适用于已有单词列表的用户，或者能用正则表描述字符串模式的用户。系统根据用户提供的关键词（单个单词或列表）或正则表达式自动扫描文本，寻找所有匹配的内容。根据用户提供的关键词（单字或列表）或正则表达式，自动扫描所有匹配的内容并进行标记。用户利用手动标记界面逐一查看标记结果，或者进行批量确认或删除。

9.4　清代军机处上谕档数字化项目

"上谕档"汇集了清帝日常发布和密寄的重要政令并附抄有与之直接相关的敕谕和折、片、咨、单等公文书。就其内容而言，"上谕档"涉及的内容不仅十分广泛而且特别重要。凡清朝对国家政治、军事、外交、民族、经济、文化等各项重要事务的最高决策绝大部分在"上谕档"中均有记载。它与军机处各项分类记载谕旨的档册和其他机构所形成的谕旨类档册以及朱谕、朱批奏折、题本等互补构成了清代最高政务活动的核心档案。① 长期以来一直深为中外清史学者和社

---

① 王光越，栗维健. 中国第一历史档案馆馆藏清代军机处上谕档全文数字化概述［J］. 历史档案，2010，1：130-135.

会史学者所重视。

9.4.1　研究背景

"上谕档""大清历朝实录"和"大清五部会典"三个全文数字化项目作为中国第一历史档案馆"清代档案文献全文数据库"的首期工程一并立项。与"大清历朝实录"和"大清五部会典"相比，"上谕档"具有多眉批、夹条、夹批、夹注、删改的特点，因此"上谕档"全文数字化项目面临更大的困难和挑战。此外，1986 年至 1999 年，中国第一历史档案馆分别与中国档案出版社、广西师范大学出版社合作，陆续影印出版了馆藏乾隆朝至宣统朝等七朝上谕档。由于受当时出版经费、人力等条件所限，未能对馆藏上谕档进行必要的文本分析。不仅遗漏了一定规模的文本内容，而且占"上谕档"近 34% 的文本被视作无用部分而未能入选，在应用时缺少了判定其史料价值的参考依据，难以了解和把握"上谕档"的全貌。随着古籍数字化技术的成熟以及数字人文的发展，弥补因以往客观出版条件所限而造成的缺憾成为可能。历史学者对档案史料出版物，特别是大型档案史料出版物的内容查询功能和辅助阅读功能提出更高要求，力图以不断完善的最新技术手段和方法，实现更加方便、快捷的查阅功能。

9.4.2　系统流程

系统主要流程包括以下六个步骤：

第 1 步是文本分析。根据封面字样、幅面尺寸、书写内容、书写格式、文字修改特点等，综合分析并区分文本，共分出 8 种文本，依照时间顺序排列，形成文本列表。在此基础上按原馆藏序列，全部扫描形成电子文档。

第 2 步是确定文字识别范围。首先，确定一套文本作为文字识别的基础文本，将此文本全部纳入文字识别范围；其次，按照一定规则挑选形成时间不重复的其他文本纳入识别范围；而后，逐页比对相同年月的不同文本中不重复的内容加以标记，将所有文本的不重复内容纳入识别范围。

第 3 步是文字识别。通过 OCR 汉字识别技术和计算机辅助校对系统，对所有纳入识别范围的文字加以识别，并进行多次人机对校，保证文字识别的误识率在万分之三以内。

第 4 步是编辑。将所有原档数字图像按馆藏序列排序，并确定编目方法，编制按时间浏览查阅与按馆藏序列浏览查阅两种目录。

第 5 步是开发检索浏览软件。实现全文检索，做到字字可检，句句可查。设计原文图像页面与数字化文本页面的同幅比对，以方便读者查阅，并可以使读者即时将查索结果与原文图像进行核对；建立汉字关联功能，将简繁字、异体字、通假字、正讹字、中日字、新旧字形、古今字形进行关联，提高检索关键词的命中率；设置笔记管理功能，可以对使用者记录的笔记、书签进行分类管理，可以快速浏览历史笔记和摘要；设置检索词记录功能，便于管理者对读者检索过的关键词进行管理，逐步了解和把握读者检索的关注点和检索习惯，为软件功能升级积累经验；设置历史记录功能，记录读者历史浏览页面，以日为单位进行记录，为读者查找历史浏览页面提供帮助；集成中西历换算、干支换算和《康熙字典》，便于读者在阅读中即时进行日历转换和查生字。

第 6 步是运行检测。产品制作完成后经过试运行，对其间发现的错误和软件设计缺陷进行修改、调优。

9.4.3　关键技术

为了最大限度地维护档案原貌并兼顾读者查阅的便利，针对"上谕档"存在的一些特殊问题采取了特别处置办法。

（1）上谕条目编目

在制作"朝-年-月-日-条"目录时，以每条上谕为基本编目单位，保证上谕条目的完整性。由于同一天的上谕条目可能来自不同的盒册版本，需要仔细翻阅每条上谕所在的"朝-年-月-日"。具体编目处理方法为：① 同页同日多条上谕，依多条处理；② 同页多条不同日上谕，各条分别出现在目录不同的"日"中。

（2）版面还原

由于上谕档部分原档册页书写不够工整规范，故作如下数字化处理规定：① 删除、涂改过的文字，保留了其局部小图，这些文字不参与检索；② 原档页中字迹已经模糊不清或残损局部，保留了其局部小图；③ 批注、插入文字，在原文处，依据上下文语义顺序做正确连接，版面展现上依照原样，技术上采用"逻辑块-Block"，不仅保证显现贴近原版面，而且语义逻辑上也是正确的；④ 满文、蒙文或签名文字部分，不做文字识别处理，仅以图表示；⑤ 个别页中存在的故宫档案整理人员在整理时的说明文字或夹条，不做文字识别处理，只作为图像页予以保留；⑥ 个别省略写文字，数字化时采用原字予以还原；⑦ 遇到文字书写换位修改标注时，数字化按照文字正确顺序予以处理。

（3）常见草书和异体字的处理

原档中个别抄缮潦草的版本，存在大量难辨的行草字体，且又为不同年代不同人所书写，须经反复阅读上下文，查阅《草书大字典》（1924 年扫叶山房编修）后，再经领域专家予以校对方予确认。

9.4.4　系统功能

为了使中外读者能够更方便地应用"上谕档"，该项目利用目前最先进的古籍数字化技术，实现了如下功能：

（1）全文检索。在具有原文版面和繁体字原形，保证档案凭证作用的基础上，全部数字化内容实现"字字可查、句句可检"，误识率达到万分之三以下。

（2）汉字数字化标准。采用 ISO/IEC-10646：2003 国际标准，可以运行于全球各语言版本的 Windows 系统。

（3）汉字关联检索。针对国内外不同的读者群（大陆、港澳台、日、韩），不同的语言电脑系统汉字存在同字不同形，以及各种简体、繁体字、通假字、异体字等复杂关系，采用全文检索内置汉字关联，建立简繁、正异、通假、正讹、避讳、新旧字形、古今字形等各种汉字之间的关联，支持在任何电脑系统下输入的汉字均可准确检索到相关内容。

（4）辅助输入。提供内置"巧笔"手写输入，可直接用鼠标写汉字，为不会应用键盘输入法的读者提供方便。

（5）多目录浏览方式。可按馆藏顺序和时序查找、浏览，前后翻页、翻卷。

（6）辅助阅读工具。软件内置联机《康熙字典》《中西历对照表》，可随时查生字和进行中西历日期转换。历史记录功能，则能记录读者曾经浏览过的页面。同时，用户还可在阅读结果的任意处直接加注笔记、标注书签、标点和勘误等。

第 10 章　数字人文在文学中的应用

数字人文在文学中的应用方式是利用计算工具对文学文本进行电子化或数字化分析，即运用计算方式进行文学分析或文学批评，同时，也利用批评方法或者理论方法对网络文学、数字媒体与文本资源进行分析和批评①。数字人文不仅为文学研究带来了便利和高效，也带来了科学研究的思维与方法，拉近了文学研究与科学研究的距离；在技术层面，推动文学研究的发展，使研究范围更广，学者参与度更高；在实践中，学者们既可以自行开发数字系统，也可以定制各种工具包，以解决文学研究中的相关问题。在网络文学时代背景下，数字化文学生产与传播、发行，引发了新的文学研究模式的出现。作为文学研究的一种新型的方式，数字人文在文学方面的应用在未来会有更大的发展空间。

10.1　宋词情感的时空特征分析

人们对于文学作品中情感与环境的分析推动了文学地理学的产生。文学地理作为一个刚兴起的研究方向，它主要研究空间环境与文学作品间的关系。文学地理学的重心为文学空间的研究，是以文学为基本逐步发展的。随着信息技术的发展，文学地理学的研究方法和手段都得到了极大的扩展。随着地理信息技术的提升，对于地理空间数据的空间分析能力和处理水平都得到了很大的提升。目前，人们对 GIS 的使用越来越广，以空间分析为基础，在不同视角下对文学的研究也

---

① 郭英剑. 数字人文：概念、历史、现状及其在文学研究中的应用[J]. 江海学刊，2018，3：190-197.

逐渐受到学者们的重视。

10.1.1　研究背景

古诗词是中国古典文学不可缺少的一部分，作者对诗词中自然之物的细微描写以及思想和情感的流露都能体现出其所在地方的景象，诗词中再现的地方感就是这种地方情结的体现。诗词的意境是地方情结和历史时期社会背景的反映。"意"是指诗词中的情感，而"境"是诗词中的环境或场所。① 意境是诗词中呈现的情景交融、虚实相生的形象系统，也是研究者需要重点解读的对象。诗词中的意境一方面反映了作者的情感，另一方面也常常带有对环境的描述，所以意境实质上是诗人对某个地方情感的描述。传统的研究方法大多从文学鉴赏的角度进行定性分析，缺乏对宋词意境整体的定量研究。鉴于此，该研究通过提取宋词的创作时间、创作地或描述地及词人情感等时空数据，建立地理时空数据库，利用制图和空间分析方法，研究宋代词人的情感特征以及在时间和空间上的动态变化，同时挖掘变化的成因。

10.1.2　宋词信息提取方法

（1）诗词时空信息提取与处理

诗词文本数据主要来源于《全宋词》②，并结合"古诗文网"对宋代诗词的分类，共挑选了宋代写景类诗词 340 篇。经统计，所选诗词中具有时间属性的词共计 285 篇；在可定位诗词中，具有地点属性的词共计 263 篇，能精确到市级的共计 198 篇，涉及的城市共 59 个；能精确到古迹景点的共计 117 篇，涉及的古迹景点共计 133 个；同时具有时间、地点属性的词共计 192 篇。依据"发现中国"网站的中国南、北宋疆域图，利用程序进行了南北宋疆域范围和古代地名信息的坐标提取和整理，在 ARCGIS 中生成相应的矢量文件。

诸多的地理信息及时间信息都体现在古诗词文本中。通过对古诗词文本的挖

---

① 陈曦东，毛凌潇，陈丙寅，等．宋词中情感的时空特征分析[J]．地理科学进展，2017，36(9)：1140-1148.

② 唐圭璋．全宋词[M]．上海：中华书局出版社，1999.

掘，可将其中体现出的空间信息分为三类：① 记录籍贯、游历地及居住地等作者个人相关空间信息；② 作者创作时的位置及所处环境等与诗词创作地点相关的空间信息；③ 诗词内容里出现的景观、地点等空间信息，它不仅包含作者创作时能够直接看到的景观信息，还包括所联想到地方的空间信息，此类信息多以地名形式出现。① 该研究主要包括：诗词创作地和诗词提及地。前者指诗词创作时词人的具体位置及环境；后者指诗词中所描绘的创作地以外的其他具体位置。将诗词创作地和诗词提及地统称为"涉及地点"。地点精度为市级。依据古今地名的对应关系，对南北宋所设置的州、府等地理单元进行对照，确定地名的古今名称和位置信息，并直接在地图上定位。

宋词文本中时间信息主要指的是诗词的创作年份。大部分诗词可查找到明确的年份；其余30%只能找到大致时间段，根据诗词作者创作的背景，将误差范围在20年以内的诗词以中间的年份代表其创作时间，例如，柳永写的《满江红·点火樱桃》，是柳永成年后离开家乡远游之后返程途中所作，推测这首词的创作时间应该是1004—1020年，前后相差20年以内，取1012年作为其创作年份。经测算，采用此法确定创作年份，其中由于横跨不同时段从而可能导致被划分到相邻时段的诗词在10%左右。

(2)词人情感信息提取与处理

宋词中情感的提取是该研究的关键。Wundt 等将情绪分为愉快-不愉快、紧张-松弛、兴奋-沉静三个维量；Izard② 等提出人类的基本情绪有11种，如惊奇、兴趣、厌恶、痛苦等；复合情绪由不同组合派生出来，如羡慕、羞愧、自卑等；Shaver 等认为情绪分类体系是在一个抽象具体的层次上进行的，位于基线水平的情绪有6种：爱、快乐、悲伤、愤怒、惊奇和恐惧。

宋词是宋代词人情感的集中表达，每篇宋词都表达了词人的一种或多种情感。根据词人的写作背景和对诗词的分析，归纳出当时作者最主要的情感。在分类时将带有不开心情感的词都归为消极一类，其他的定义为积极的一类。通过对

---

① 张建立，李仁杰，傅学庆，等. 古诗词文本的空间信息解析与可视化分析[J]. 地球信息科学学报，2014，16(6)：890-897.

② Izard C E. Human emotions [M]. New York：Springer，1977.

提取的宋词研究发现，所有的愤懑、思念的词，作者提到的地方都带有一定的忧郁，不开心的情感，所以文中的思念和愤懑都被归为了消极的一类。将词人的情感信息分为消极和积极两大类，具体细分为以下 7 小类：①积极情感包括：快乐、旷达、平静；②消极情感包括：愤懑、悲伤、忧虑、思念。

为了更好地研究某一年段或者某个区域内词人的整体情感，需要对这一年段或者这个区域中所有创作诗词的词人的情感进行统计分析。但人类的情感本就复杂，不能将积极和消极情感诗词的数目通过简单地加减来代表该年段或者区域词人的整体情感。不同的情感有不同的强度，例如，快乐要比平静的积极强度高，愤懑比思念的消极强度高。为了表现不同词人创作时积极和消极情感的强度，让不同词人的情感可更好地叠加，以此反映出词人情感的时空特征，对词人的情感依据强度的不同进行了定量化处理。情感信息的定量化描述，便于对情感信息的可视化表达。

国内外很多心理学家对情感信息的表达提出了一系列模型。使用向量来表达词的含义，可以在一定程度上衡量词的相似性。依据词向量的思想，参考 Russell 等提出的情绪环形结构，将所提出的 7 小类情感在情感分布图中进行表示，如图 10.1 所示。依照情感强度对这 7 种情感词进行赋值，其中积极情感为正值，消极为负值：快乐(1.0)、旷达(0.6)、平静(0.4)、思念(−0.5)、忧虑(−0.6)、悲伤(−0.8)、愤懑(−1.0)。

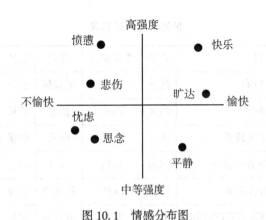

图 10.1　情感分布图

（3）地理时空数据库建立

宋词地理时空数据库包括 2 个属性表：情感—时间信息表（表 10.1）和情感—空间信息表（10.2）。情感—时间信息表主要记录诗词名称、作者姓名、创作年份、词作情感；每首诗对应一个情感，情感主要按上述两大类（消极与积极）和 7 小类加以划分。情感—空间信息表在情感—时间信息表的基础上将诗词中提到的所有地点及其所属省市进行统计，每个地名对应一首诗词，构成一条记录，由于一首诗可能提到多个地名，所以表中诗名会有重复。

表 10.1 情感—时间信息表

题　　目	作者	年份	情感	具体情感	情感值
点绛唇·感心	王禹偁	984	消极	愤懑	-1.0
望海潮·东南形胜	柳永	1002	积极	快乐	1.0
酒泉子·长忆孤山	潘阆	1002	积极	快乐	1.0
双声子·晚天萧索	柳永	1005	消极	悲伤	-0.8
木兰花慢·拆桐花烂漫	柳永	1008	积极	快乐	1.0
倾杯·鹜落霜洲	柳永	1012	消极	悲伤	-0.8
破阵乐·露花倒影	柳永	1018	积极	快乐	1.0

表 10.2 情感—空间信息表

题　　目	省份	涉及地点	作者	情感	具体情感	情感值
点绛唇·感兴	江苏	苏州	王禹偁	消极	愤懑	-1.0
戚氏·晚秋天	湖北	荆州	柳永	消极	悲伤	-0.8
安公子·远岸收残雨	浙江	杭州	柳永	消极	愤懑	-1.0
诉衷情·芙蓉金菊斗馨香	河南	开封	晏殊	消极	思念	-0.5
瑞鹤仙·环滁皆山也	安徽	滁州	黄庭坚	积极	快乐	1.0
定风波·自前二府镇穰下营百花洲亲制	河南	邓州	范仲淹	积极	旷达	0.6
渔家傲·和程公辟赠	重庆	重庆	张先	消极	思念	-0.5

10.1.3　宋词情感变化

（1）诗词情感的时间变化

研究数据最早开始于公元 984 年，1093 年高太后去世之前北宋处于发展相对较好的时期，高太后在位期间是北宋最后一个盛世，所以 980—1093 年基本代表了北宋发展较好的一个阶段。1127 年为北宋灭亡年份，因而 1094—1127 年间北宋处于渐渐衰落的阶段。1128—1189 年宋孝宗退位前，南宋经历了一段发展的盛世，也是宋朝最后一个盛世。1190—1235 年间南宋不断衰落并与金朝战乱不断，1235 年宋元战争爆发，之后南宋与蒙古开始了长达 40 多年的战争。1278 年崖山海战基本上宣告了宋朝的灭亡。所以，将宋代历史按照重大事件划分为这样 6 个时间段：980—1093 年、1094—1127 年、1128—1189 年、1190—1235 年、1236—1278 年、1278 年以后。这样划分，能够更好地反映词人情感的时间变化特征，并据此分析宋朝词人情感的时间变化与宋代国势发展的关系。在 6 个时间段内，利用情感—时间信息表统计出消极和积极情感各自的诗词数量（表 10.3）。

表 10.3　　　　　　　　　　　各时间段不同情感数量

时段	愤懑	悲伤	忧虑	思念	平静	旷达	快乐	总计
980—1093	14	11	2	11	6	4	16	64
1094—1127	7	10	2	4	0	4	2	29
1128—1189	10	5	2	3	1	7	4	32
1190—1235	7	5	6	6	1	1	3	29
1236—1278	4	9	1	7	3	0	5	29
1278 年以后	4	3	0	2	0	0	0	9

利用情感—时间信息表中每首诗的情感值，在每个时间段内加权求和得到词人整体的情感值，绘制了各时段内词人情感的时间变化图（图 10.2），以及词人情感值随具体年份分布的散点图（图 10.3），以此研究词人情感变化与时间的关系。

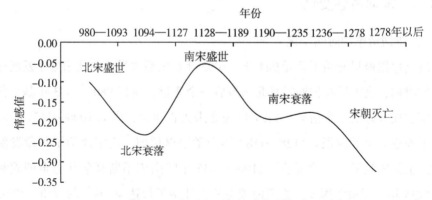

图 10.2　各时段词人情感值变化图

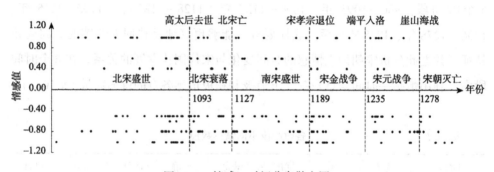

图 10.3　情感—时间分布散点图

由图 10.2 可以看出，词人整体情感的时间变化与宋代国势发展基本吻合，随着国家的兴衰而变化。宋朝词人的情感整体上以消极情感为主，每个时间段都低于 0，这既与当时宋代的历史背景有关，同时可能与为情感定量化给的值有关，也可能是因为样本数量的限制。但从曲线图总体趋势上来看，是符合宋朝发展规律的，所以对情感定量化的描述证明是可行的。

公元 980—1093 年间，北宋经历了一段相对繁荣的时期，其间包括著名的仁宗盛治，其后的宋哲宗时期是北宋最后一个经济繁荣、天下小康、政治清明、国势较强的时期，这时诗词中积极的情感所占比例还比较多。但在 1093 年之后，消极的情感明显增多，而这段时期正是北宋走向衰落，与金国战火不断以至最终导致亡国的时期。朝廷喜欢用钱来换取和平的保守立场，使得很多爱国志士无法得到重用，郁郁不得志，导致宋词整体的情感值降低，如苏轼、秦观等作者的词作。1127 年靖康之难之后，宋王室南渡至临安（今杭州）。1131 年左右岳飞等爱国将领开始抗金，并取得了一定胜利，之后还经过了乾淳之治，使得南宋在这一时期达到盛世。1190 年以后南宋先后与西夏、金和元发生战争，战乱不断，且朝廷保守派占据主导，不断屈辱求和，签订不平等条约，国力日渐衰落，以上曲线图的变化与历史发展趋势基本吻合。

需要说明的是，图 10.3 中 1278 年以后曲线下降很快，一方面与当时的历史时期有关，另一方面可能也是因为这一时间段内所选取诗词的样本数量较少，造成误差相对较大。

图 10.3 是用所有可以查到年份的数据绘制的情感—时间分布散点图，图中的点代表搜集到的每首词。每个点都对应了一个年份和一首诗的情感值。从图中可以看出，常年战乱的宋朝，词人的情感复杂多样，宋朝整体上消极的诗词占多数，且在 1093 年、1127 年、1189 年、1236 年这几年间创作词的数量较多，而这几年大多也是宋朝发生战乱的年份。所以词人创作诗词的数量与重大历史事件的发生也可能有一定的联系。从图 10.3 可知，1278 年以后和 1022 年以前的样本数量相对较少，可能并不能完全反映这 2 个时期词人整体的情感到底如何，并可能对结果造成一定的误差。

（2）诗词情感的空间变化

依据"发现中国"网站的中国南、北宋疆域图，利用程序进行了南北宋疆域范围和古代府（市）、路（省）地名信息的坐标提取和整理，在 ArcGIS 中生成相应的矢量文件并绘制了南北宋疆域图和府、路坐标点。因为南北宋战乱不断，版图处于变化之中，所以南北宋疆域图无法与各年份中的真实版图完全一致，但整体上并不妨碍分析。在南北宋疆域图中，依据情感—空间信息表中的地点（市）信息和每个地点的情感值，对各个年段中每个地点的情感值进行加权求和，得到以府（市）为单位绘制的诗词地点情感时空分布变化图，如图 10.4 所示，图中每个点代表一个府，点的颜色代表这个府在这个年段中的情感值的大小：越红代表这个地方词人创作时越积极，而蓝色则代表消极。

因为对情感信息进行了定量化的处理，所以可很方便地看出宋代词人对不同地方的情感特征。从图中可以看出，词人情感在不同时段的空间分布有所不同，

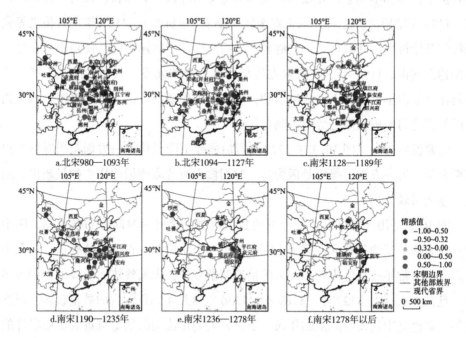

图 10.4　情感—时空分布变化图

且词人对不同地方有不同的情感。由于宋朝边塞常年都在打仗，直至最后灭亡，这些屈辱的历史使宋朝词人在不同的时段对于同一区域具有不同的地方感。宋朝的边塞地区都以消极情感为主。随着时间的发展，北宋诗词中涉及的地点分布越来越集中，消极情感从河南周围不断向南方过渡，最后集中于长江中下游地区；消极情感在词人情感中所占比例也越来越大。南宋情感的分布也由广而变得越来越聚集，最后主要集中于苏杭一带，且消极占的比例越来越高。从图中可以看出，宋朝词人的地方感随着时间的发展在不断变化，在北宋本来积极的区域，随着时间的发展在南宋也转变为了消极。这种地方感的转变与国家的兴衰基本吻合。同时从图中可以看出，宋代苏杭一带本是北宋疆域内中部的区域，且经济一直比较发达，但是在北宋却一直是以消极情感为主。经过分析发现，北宋时很多词人在仕途失意、得不到重用时喜欢到苏杭一带游历，在那里抒发自己的感慨，所以造成苏杭一带整体情感较为消极。例如柳永的《双声子·晚天萧索》，词人在到达苏州游姑苏台时，因羁旅生涯而引发的伤感情绪越来越浓，于是就写下了这首《双声子》。说明古代文人对某个地方的地方感，既与这个地方的历史史实有关，也与景观环境有很大关联，而且美丽的地方也并非如预计般总是给诗人积极的情感。

（3）空间点模式的核密度估计法

从图 10.4 可以看出，不同的词人对于各个城市有不同的地方感，而这些个体的不同恰恰又共同构成了词人整体对家国的地方感，为更好地研究词人整体情感的分布特征，更好地呈现出文人群体对家国的地方感，根据诗词所提取的地点信息和情感信息，将其抽象为空间点模式①，并利用核密度聚类方法绘制了宋朝的情感聚类分布（图 10.5）。

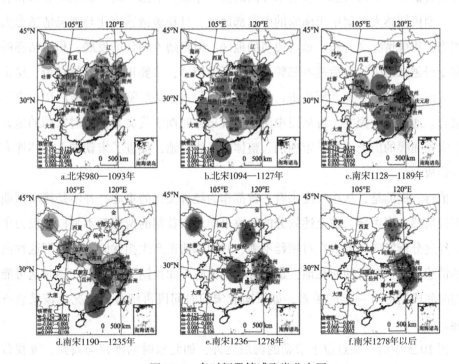

图 10.5　各时间段情感聚类分布图

从密度聚类分布能更清晰地看出，宋代词人群体对家国情感分布特征的变

---

① 王远飞，何洪林. 空间数据分析方法[M]. 北京：科学出版社，2007.

化。图 10.5 中蓝色代表消极，红色代表积极，颜色越深代表情感的强度越高。从小区域上来看，2 个朝代在边塞一带情感都以消极为主，这应该是与宋朝边塞战乱不断分不开的。从整体上看，在北宋的图中，一开始北宋的消极情感与积极情感占据的地区面积大小基本相当，消极情感大都分布于北部边疆、积极情感集中于淮河流域。随着北宋的发展，苏杭一带周围区域的情感值也变得越来越低（消极），且北宋大部分情感的分布从长江以北渐渐转移到长江以南，消极情感所占区域越来越多，最后大多分布在长江以南。查阅资料发现，这应该与北宋后期被金攻打到临安导致亡国有一定的关系。在北宋末期这些区域随即都变成了南宋的边境，战乱越来越多，长江以北到淮河的广阔地域都变成了战略缓冲地带，不再具有都市生活的气息。在南宋开国的盛世年段，情感在南宋区域的分布相对较广，消极情感大多集中于南宋的中东部地区，且积极情感占比与消极情感也大致相当，积极情感多分布于远离边境的地区。但是随着朝代的发展，积极情感的分布变得越来越少，最后基本都转变成消极的情感，主要集中于苏杭一带。这也与当时南宋不断被金和元所攻击，领土不断被侵占，最后临安被攻破的历史事实相吻合。通过密度聚类，可从图中清楚地看出各时期宋代文人群体对家国的地方感，宋朝屈辱的历史引发了宋朝词人整体的民族情感，促进了宋朝词人整体地方感的形成。

值得一提的是，从小尺度来看，首都作为经济文化的重心，并不是像所预期的积极情感占据主导，在上述划分的时段里南北宋首都的情感都不是以积极为主的。经过分析发现，词人在对朝廷不满、对国家前途产生担忧时，都会把这种消极的情感指向当权者的所在地，造成首都的情感不如预期一样积极。同时这可能也与时间段划分有一定的关系，如果南北宋的时间段再细分，情况应该又会不一样。

图 10.5 中的一些点位于宋朝的疆域之外，如北宋时的沙州与肃州，查找数据库中的诗词发现，相关的词作于宋仁宗康定元年（1040 年）至庆历三年（1043年）间，当时范仲淹正在西北边塞的军中任以今宁夏南部为主的北宋陕西四路宣抚使，主持防御西夏的军务，所以那里当时应该是属于北宋的边塞地区，是防御西夏的地方。而在南宋，这些类似地分布在疆域外的点，一些是因为战败被俘虏到边远地区，还有一些是怀古伤今，通过怀念以前北宋时的疆域来哀叹现状不再

赘述。

总体来看，北宋时词人情感的分布范围变化更大，且渐渐南移；而南宋时词人情感的分布则越来越向东部苏杭一带聚集。两个朝代随着时间的发展，消极情绪所占比例都越来越大，这与宋朝重大历史事件发生的地理位置基本吻合，同时也说明古代文人群体对于家国的地方感的形成与历史事件有很大关联。

10.2　汉籍数字图书馆

10.2.1　研究背景

汉字古籍是中华文化的重要载体，国家古籍保护中心普查数据显示，传世的汉字古籍大约有三十多万种。这些古籍分散在各级图书馆、研究收藏机构及民间各处，存在收藏保护难、研究应用难等问题。许多古籍状况堪忧，保护迫在眉睫。而馆藏古籍作为镇馆之宝，在使用上亦存在诸多限制，既不便利，成本也高。数字化可以很好地解决古籍文献收藏、复制、传播的问题，调和古籍保护与利用之间的矛盾。

古籍文献保护包括原生性保护和再生性保护两个方面。古籍文献原生性保护主要是指古籍修复与保存；古籍文献再生性保护主要是指古籍整理出版（印制）和数字化。保护是为了研究，研究是为了传承和利用。从传播应用的角度看，古籍数字化是古籍文献再生保护与传承的重要方式之一，能够有效解决古籍保护与利用的矛盾，促进典籍研究与文化传承，比其他方式更灵活、更具优势。①

古籍数字化不仅包括古籍原版图像扫描数字化、古籍文献全文数字化，也包括古籍文献整理、文献编目、文献管理、研究应用的数字化。全国古籍普查登记是全国范围内古籍保护的基础性工作，已初步建立起统一的数字化馆藏信息与普查编目。国家图书馆在"中华古籍保护计划"的框架内，已完成三万多种古籍的数字影像资源建设。但要全面整合全国三十多万种以及大量散落海外的汉字古

---

① 屈瑞新．古籍数据库出版探析——以陕西师范大学出版总社《汉籍数字图书馆》为例 [J]．出版发行研究，2017(6)：37-39，9.

籍，还存在着体制机制上的制约，成本也极其巨大，可谓任重而道远。

陕西师范大学出版总社自主投资、出版运营的《汉籍数字图书馆》不仅实现了汉字古籍文献编目数字化、图版扫描数字化，而且实现了数字化集成管理与应用，是目前所能见到的目录体系最完备、文献信息最齐全、图版收藏最丰富的大型汉字古籍数据库。

10.2.2 系统概况

汉籍数字图书馆是目前目录体系最完备、文献收藏最丰富的大型汉字古籍数据产品，由传世文献库和八大专题分库(专库包括：甲骨文献库、金文文献库、石刻文献库、敦煌文献库、明清档案库、书画文献库、舆图文献库、中医药文献库)组成。现已推出传世文献库、敦煌文献库和中医药文献库，后面将陆续推出其他各专库。《汉籍数字图书馆》2.0版由目录库和图版库组成。目录库总计约3260万字，收录文献20多万种，比《中国古籍总目》的17万多种还多。图版库收录文献原件8.7万多种，占总目录数的40%，印本11万多个，凡480余万卷(册件)，约6400万页，电子文件30余万个，数据量超过7TB。《汉籍数字图书馆》2.0版收录文献按照经、史、子、集、丛五部分类，依据部、类、属，以及版本、印本、图版文件等分层结构组织，采用PDF文件格式原版原式呈现，最大限度地保存了古籍的文化信息，确保目录分类的规范性、科学性和适用性，以及古籍文献的准确性、完整性和学术研究价值。除了按五部分类，还按文献的历史年代和名称音序分列，方便读者按图索骥。《汉籍数字图书馆》2.0版是文、史、哲各学科专家研究中国历史文化的首选工具，是考古院所、文史研究室、社科研究院所以及高校图书馆和公共图书馆不可或缺的基本古籍资料库。未来将发展成为国内最大最全的汉字古籍资源中心和最活跃的古籍学术研究开放平台。

10.2.3 主要资源库

(1)传世文献库

《汉籍数字图书馆》中的传世文献，即通常所说的古籍，指古代至民国初年撰著的汉文或以汉文为主的文献，包含卷轴、书册等载体，形式包括抄写、刻印、排印、影印等类型。为便于读者更好了解中华传统文化，也收录了部分成书或传抄刻印于民国时期、内容涉及中国古代学术文化、采用传统著述方式、具有古典装帧形式的书册。

传世文献库是由陕西师范大学出版总社开发制作的大型古籍数据库产品，是传世文献库的基本库，传世文献库是正规的网络出版物，2016 年 9 月正式上线。传世文献库收录文献按照经、史、子、集、丛五部分类，依据部、类、属以及版本、印本、图版文件等分层结构组织，采用 PDF 文件格式原版原式呈现，确保目录分类的规范性、科学性和适用性，以及古籍文献的准确性、完整性和学术研究价值。除了按五部分类，还按文献的历史年代和名称音序分列。

图 10.6　传世文献库首页

（2）敦煌文献库

敦煌文献，又称敦煌遗书、敦煌文书、敦煌写本，是指 1900 年在甘肃敦煌莫高窟发现的 4 至 11 世纪多种文字的写本和印本、拓本文献，总数约 6 万种。其中 90%以上为佛经，其余为经、史、子、集四部书籍以及官私文书等文献，被誉为"中国中古时代的百科全书"。由于战乱，这些文献分散在世界各地，如大英博物馆、法国国家图书馆、俄罗斯科学院圣彼得堡东方研究所等。1910 年入藏京师图书馆时只余 8000 余件。目前中国国家图书馆藏有敦煌遗书达 16579 号，写卷长度为世界各大藏家之首。

　　敦煌文献库是由陕西师范大学出版总社开发制作的大型古籍数据库产品,是《汉籍数字图书馆》2.0版的专库之一。敦煌文献库是正规的网络出版物,2016年8月正式上线。敦煌文献库收录北敦、斯号、英藏(其他)、伯号、法藏(其他)、俄藏等14类敦煌文献。截至2016年5月,已入库文献涉及编号72513个,不同印本重复计算为97046条记录,收入图版文件517022个(所有图版都收录了目前可能得到的最清晰图版文件),数据量近1TB。编号收录原则是:除了已经确认是"空号""馆藏缺"等情况的编号之外,所有编号均有数字图版,凡未得到数字图版的编号暂不收录。

图10.7　敦煌文献库首页

(3)中医药文献库

　　中医药学具有独特的医学理论体系和丰富的实践经验,是中华民族宝贵的历史文化遗产,是中国的"三大国粹"之一。海量的中医药古籍是中医药学术发展的重要载体,承载着历代医药学家丰富的学术思想与宝贵的临床经验,是中医药学传承、发展的根本基础。中医药文献库是陕西师范大学出版总社出版运营的古籍数据库产品,是《汉籍数字图书馆》2.0版的特色专库之一。中医药文献库是正规的网络出版物,2017年9月正式上线。中医药文献库收录14部中医药及其相关文献，包括医经、基础理论、伤寒金匮、诊法、针灸推拿、本草、方书、临证各科、养生、医案医话医论、医史、综合性著作，以及道家、术数参考文献，共计 79 类。截至 2017 年 9 月，中医药文献目录库收录文献约 2.2 万种，中医药文献图版库收录文献原件 4914 种，约 470 万页，数据量约 1TB。中医药文献库收录文献依据部、类两级分类目录体系，按照版本、印本、图版文件等树状结构组织，确保目录分类的规范性、科学性和适用性；采用 PDF 文件格式原版原式呈现，最大限度地保留了古籍所包含的文化信息，确保文献的准确性、完整性和学术研究价值。

图 10.8　中医药文献库首页

10.3　基于词频分析法的顾城诗歌解读

10.3.1　研究背景

顾城作为新时期"朦胧诗派"的代表人物，为中国诗歌的发展做出了巨大贡献。他是一个经历复杂、性格矛盾的诗人，其诗歌创作亦是曲折多变，作品中大量采用中国古典和西方现代艺术手法，很难利用复杂的文本挖掘技术直接进行处理和展示，必须结合传统人文研究方法对计算机处理结果进一步解读和分析。基于此，需要结合现代信息技术和传统人文研究方法，从"量化"视角对现代文学作品进行重新解读和辨析。以顾城诗歌作品为研究对象，在尽可能完整收集顾城诗歌文本语料的基础上，主要采用文献计量学中较为通用、有效的词频分析法，通过定性和定量相结合方式，从全局和分时两个角度，全面、客观、细致地分析顾城诗歌文本的主题、风格和情感的演变过程。该研究采用文献计量学方法来解读人文研究领域的现代文学作品，是计算机辅助"量化"解读现代文学作品的一次有益尝试，旨在为现代文学作品的解读和分析提供新的研究范式和研究思路。

10.3.2　顾城诗歌收集与处理

（1）数据收集

顾城对于自己诗歌的抄留一向比较随意，早期诗歌的留存是个别和偶然，1987 年出国后的诗文抄整更是极为有限。为获得较为完整的顾城诗歌数据，综合考察了上海三联书店 1995 年出版的《顾城诗全编》、人民文学出版社 1998 年出版的《顾城的诗》、江苏文艺出版社 2010 年出版的《顾城诗全集（上下卷）》等纸质或电子出版物资源，以及"顾城之城""豆瓣读书""雨枫轩""星月文学""努努书坊""藏书网"等网站上的顾城诗歌网络资源。在此基础上，首先获取 2010 年版《顾城诗全集（上下卷）》电子出版物作为基准数据集，再利用火车采集器软件采集"顾城之城"网站中收录的《顾城诗全集》在线文本作为辅助数据集，通过两者的校正、清洗、对比、汇总、筛选等步骤，最后得到顾城诗歌文本语料数据。

（2）数据预处理

顾城诗歌文本语料的预处理工作主要有两个步骤：一是采用在线迅捷 PDF 转换器对获取到的图片版 PDF 格式《顾城诗全集（上下卷）》电子书进行 OCR 文字识别；二是采用人工和 Python 自编程序相结合方式对所识别和所采集的初始文本语料进行数据清洗和格式化。共收集总字数（中文字符）为 210748 字的顾城诗歌语料库。其中，诗歌总数为 2034 首（约 104 字/首），时间涵盖 1962 年到 1993 年（共 32 年），诗歌体裁主要有现代诗、古体诗、寓言诗、工农兵文艺诗、歌词 5 种类型。

10.3.3　顾城诗歌分析

（1）基本统计分析

在顾城诗歌收集与预处理的基础上，进一步收集和整理顾城生平资料。结合顾城生平事迹，利用统计分析方法对诗歌文本语料进行基本统计分析。其次，对诗歌文本语料进行中文分词处理，并利用词频分析方法对诗歌文本语料进行词频统计分析。如图 10.9 所示，顾城诗歌创作主要以现代诗（81%）为主，其创作年度变化与诗歌总数变化基本一致；其次是古体诗（11%），古体诗创作是顾城诗歌创作中一种很特别的现象，并且一度伴随着顾城整个诗歌创作生涯，表明了中国古典文化对顾城的重要影响；其余诗歌体裁包括寓言诗（6%）、工农兵文艺诗（1%）、歌词（1%），这三类诗歌作品都是在特定时期和特定环境下创作的。其中，工农兵文艺诗是"文革"时期对革命诗歌的一种叫法，其影响一直延续至"文革"结束。寓言诗是"寓言故事诗"的简称，是顾城在"文革"期间及结束后的一种诗歌创作类型，其特点是以诗歌形式进行托物言志，来表达隐藏在自然之下的社会含义。

顾城将自己的诗歌创作演变划分为 4 个时期："自然阶段"（1969—1974 年）、"文化阶段"（1977—1982 年）、"反文化阶段"（1982—1986 年）和"无我阶段"（1986 年以后）。在顾城创作自我分期的基础上，将顾城的诗歌创作分期进行修正并调整为 6 个阶段：起步阶段（1962—1968 年）、"自然阶段"（1969—1974 年）、空档阶段（1974—1976 年）、"文化阶段"（1977—1982 年）、"反文化阶段"（1983—1986 年）年和"无我阶段"（1987—1993 年）。依据这 6 个阶段，进一步结合顾城生平资料中的重要事件（大事年谱）①，对顾城诗歌数据进行基本统计分析。

（2）词频统计分析

在基本统计分析中，利用统计分析方法从数量变化角度对顾城诗歌进行统计和分析。在此基础上，将进一步利用词频分析法从内容演变角度对顾城诗歌进行

---

① 顾城大事年谱［OL］.［2019-12-29］. http：//www.gucheng.net/gc/gcgs/gcjj/200502/209.html.

解读和分析。由于顾城诗歌创作具有阶段性,将词频统计分析分为全局词频统计分析和分时词频统计分析。其中,全局词频统计分析是对诗歌全文本语料进行词频统计分析,是从静态角度通过整体分析来揭示顾城诗歌创作风格的全貌;分时词频统计分析是对不同阶段的诗歌文本语料分别进行词频统计分析,是从动态角度通过对比分析来揭示顾城诗歌创作风格的演变。

通过 NLPIR 工具进行预分词发现,分词结果中包含大量的标点、符号、虚词(如助词、介词、连词等)等干扰项。为减少这类干扰项对词频统计分析结果的影响,凸显顾城诗歌创作的主题和风格,根据分词结果中的词性标注,主要抽取了名词(7121 个)、形容词(1498 个)、时间词(244 个)、人称代词(26 个)四类词语,并最终选取这四类词语中的高频词汇进行分析。

名词能够表达顾城诗歌中所描绘的意象,从顾城诗集中共抽取到 7121 个名词,可见顾城丰富的词汇量和想象力。通过对名词进行统计,从前 100 个高频名词中可以看出顾城诗歌主要描绘的意象多种多样、色彩缤纷,有自然风物意象(水、风、太阳、花、树、鸟、草、雨、阳光等)、人物感官意象(人、心、手、眼睛、声音、孩子、影子、脚、头发等)、抽象梦幻意象(梦、世界、生命、鱼、云、烟、愿望、上帝、灵魂、鬼等)、社会生活意象(门、灯、路、墙、玻璃、车、房子、石头、衣服等)等。

形容词可以表现诗歌创作时的情感状态。通过统计,从前 40 个高频形容词可以看出,顾城擅长以"大"视角来观察和描述"小"世界(自然界)中形形色色的事物,其情感色彩冷暖参半,主要是温暖明亮色调(如红、绿、满、高、美丽、新、巨大、明亮等),又夹杂着清冷暗淡风格(如黑、白、远、老、湿、凉、低、短、灰、暗、冷等)。

时间词也可用以辅助表达诗歌的创作情绪。通过统计,从前 40 个高频时间词可以看出,顾城的诗歌创作情绪忽明忽暗,既有积极向上(如春天、早晨、黎明、现在、后来、今天),又有忧愁悲困(如夜、黄昏、冬天、夜晚、秋天、过去、昨天、夜里)。

人称代词可用以指明诗人创作的情感主体。人称代词的词汇数量较少,因此只选取前 20 词语进行分析。从前 20 个高频人称代词可以看出,在顾城诗歌中第一人称(我、我们、自己等)的使用最为频繁,说明顾城具有强烈的自我意识,渴求表现自我。在第三人称中，"它"的词频最高，也表明了顾城擅长使用第三方视角来描述事物。

10.4 《史记》历史事件抽取与事理图谱构建

10.4.1 研究背景

习近平总书记在党的十九大报告中指出，文化是一个国家、一个民族的灵魂。文化是一个国家和民族精神的延续，而优秀的传统文化是一个国家和民族文化与精神层面的集中表达。从历史中汲取知识、获取经验，并将其转化为解决前进道路上种种问题和重重困难的制胜法宝，是实现中华民族伟大复兴的不竭动力和力量源泉。作为优秀传统文化载体的中华典籍，在漫长的历史发展历程中不断丰富发展，最终形成了具有中华民族特色的文化宝藏。在众多中华典籍中，《史记》一直占据着重要地位，它既是我国纪传体史学的奠基之作，也是我国传记文学的开端，至今仍被世人推崇。

《史记》共有 130 篇，50 余万字，记载了自上古传说中的黄帝时代，到汉武帝元狩元年间共 3000 多年的历史。其每一个历史人物和每一起历史事件都是对史实反复核准后写就的，对于如何在这部恢宏巨著中快速准确地发现历史事件及其之间的内在联系，进而透过历史现象，揭示历史实质，发现历史规律具有重要意义。历史事件之间在时间和空间两个维度上的演化过程和规律具有重要的研究价值。当前广受关注的知识图谱着力构建实体及其关系的知识网络，缺乏对历史事件及其关系的刻画。事理图谱的出现能够有效地弥补上述不足。在组织结构上，事理图谱是一个有向图，其中节点表示历史事件，节点的属性表示历史事件的组成元素，有向边表示历史事件之间的关系。

基于上述分析，面向《史记》语料集，在 BERT 模型（Bidirectional Encoder Representations from Transformers）和 LSTM-CRF 模型的基础上，提出《史记》历史事件及其组成元素抽取方法，并基于此构建《史记》事理图谱，以揭示历史事件的发展过程和演化规律，全面刻画历史人物的行为活动，为文献学、历史学、社会学等领域专家开展研究提供了必要的资料准备。①

10.4.2　数据来源与研究框架

（1）数据来源

从古诗文网（https：//www.gushiwen.org/）爬取《史记》语料集。《史记》由本纪、表、书、世家以及列传5部分组成，其中本纪与列传所占的篇幅最多，本纪以时间线为主线记载了各朝代帝王的史事；世家以年系事，记载了王侯封国的历史变迁；列传记载了重要人物的主要事迹；书是有关典章制度的专篇；表以表格的形式记载了历史人物和事件。《史记》共有130篇，其中表10篇，选取除表之外的120篇文献作为实验语料集。

（2）研究框架

图10.9给出了《史记》历史事件及其组成元素抽取框架。首先，利用预训练语言模型BERT对实验语料集进行向量化表示；接着，根据触发词表，得到语料集中历史事件之间的关系；然后，利用双向长短期记忆网络（Bidirectional Long Short-Term Memory，BiLSTM）抽取实验语料集的上下文语义特征，得到与事件关系相关的候选历史事件，利用条件随机场CRF的约束规则确定最终的历史事件；最后，利用BiLSTM-CRF从历史事件中抽取其组成元素。以历史事件为节点，历史事件组成元素为属性，历史事件关系为边，构建《史记》事理图谱，并利用图数据库Neo4j对事理图谱进行存储。

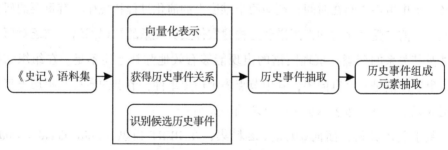

图10.9　历史事件及其组成元素抽取框架

---

①　刘忠宝，党建飞，张志剑.《史记》历史事件自动抽取与事理图谱构建研究[J]. 图书情报工作，2020，64(11)：116-124.

10.4.3　系统模型

历史事件及其组成元素抽取均采用 BERT 和 BiLSTM-CRF 混合模型。以历史事件抽取为例,介绍两类模型的基本工作流程。

(1)BERT 模型

BERT 模型利用 Transformer 双向编码表示,通过引入自注意力机制,能够更好地描述历史事件上下文的语义特征。该模型有效地解决了传统向量表示方法由于对历史信息过分依赖而出现的"一词多义"的问题,图 10.10 给出了 BERT 模型的整体结构。利用 BERT 模型对实验语料集进行向量化表示的基本流程具体如下:首先,依次将语料集中的每个句子输入模型;接着,将输入的句子表示为由字向量、句向量和位置向量组成的输入向量 $E_i(i=1,2,\cdots,n)$;然后,利用多层 Transformer(图 10.10 中简写为 Trm)对语料经特征提取后生成特征向量 $T_i(i=1,2,\cdots,n)$。

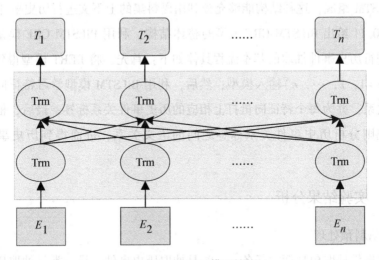

图 10.10　BERT 模型结构

(2)BiLSTM-CRF 模型

长短期记忆网络模型 LSTM 通过引入门结构来决定在训练期间需要保留或遗

忘的信息①，因而该模型适用于处理长序文本。LSTM 由输入门 i_t、输出门 o_t 和遗忘门 f_t 以及记忆单元 c_t 组成。其中，遗忘门用来控制历史信息，输入门用来控制当前信息，输出门用来确定下一个隐藏层状态，记忆单元用来保存历史信息。LSTM 的工作流程由以下公式表征：

$$i_t = \text{sigmoid}(W_i * [h_{t-1}, x_t] + b_i)$$
$$f_t = \text{sigmoid}(W_f * [h_{t-1}, x_t] + b_f)$$
$$o_t = \text{sigmoid}(W_o * [h_{t-1}, x_t] + b_o)$$
$$c_t = f_t * c_{t-1} + i_t * \tanh(W_c * [h_{t-1}, x_t] + b_c)$$
$$h_t = o_t * \tanh(c_t)$$

其中，sigmoid 和 tanh 函数为激活函数，x_t 表示 t 时刻的输入，h_t 表示隐藏层单元，W_i、W_f、W_o、W_c 和 b_i、b_f、b_o、b_c 分别表示对应的权重矩阵和偏置。

实验语料集可以看作一种长序文本，该语料集中的上下文具有紧密的联系。然而，传统的 LSTM 模型只能利用 t 时刻之前的信息，而无法利用 t 时刻之后的信息。因此，引入双向长短时记忆神经网络 BiLSTM 模型②，该模型由两个方向相反的 LSTM 组成，这种结构能够充分利用语料集的上下文进行历史事件抽取。

图 10.11 给出 BiLSTM-CRF 模型的整体结构。利用 BiLSTM-CRF 模型对实验语料集进行历史事件抽取的基本流程具体如下：首先，将 BERT 模型得到的特征向量 $T_i(i=1, 2, \cdots, n)$ 输入模型；然后，利用 BiLSTM 模型学习特征向量之间的语义关系，并为每个特征向量打上相应的历史事件关系标签；最后，根据 CRF 的约束规则分析历史事件关系标签之间的语义关系，进而得到历史事件抽取结果。

10.4.4　实验结果分析

(1)语料预处理

历史事件抽取包括两类任务：一类是抽取历史事件，另一类是抽取历史事件

---

① Jin Y L, Xie J F, Guo W S, et al. LSTM-CRF neural network with gated self attention for Chinese NER [J]. IEEE Access, 2019, 4(4)：136694-136703.

② Huang Z H, Xu W, Yu K. Bidirectional LSTM-CRF models for sequence tagging [J]. Computer science, 2015, 5：177-181.

历史事件抽取结果

条件随机场
（CRF）

双向长短期记忆网络
（BiLSTM）

实验语料集

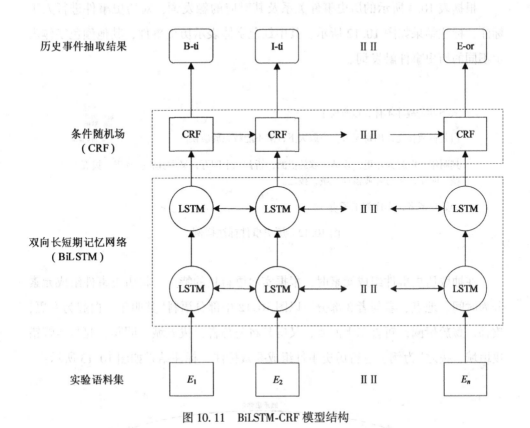

图 10.11　BiLSTM-CRF 模型结构

组成元素。

在抽取历史事件时，根据历史事件的关系，结合实验语料集的语句结构，给出历史事件关系的触发词，如表 10.4 所示：

表 10.4　　　　　　　　　　历史事件关系及其对应的触发词

历史事件关系	含义	触发词
并列	两件事件同时发生	着、也、同年等
转折	某事件与下一事件发生反转	然、以为等
顺承	某事件接着一件事件发生	其年、明年等
因果	两件事件构成因果关系	以、乃等

根据表 10.4 所示的历史事件关系及其对应的触发词，对历史事件进行人工标注，标注结果如图 10.12 所示，其中红色字体表示历史事件，其他颜色字体表示不同的历史事件触发词。

天下共苦战斗不休，以有侯王

白起料敌合变，出奇无穷，声震天下，然不能救患於应侯

其明年，白起为左更，攻韩、魏於伊阙，斩首二十四万，又虏其将公孙喜，拔五城。明年，起与客卿错攻垣城，拔之。

秦始皇帝者，秦庄襄王子也

并列
因果
转折
顺承
历史事件

图 10.12　历史事件标注样例

在抽取历史事件组成元素时，根据实验语料集的特点，将历史事件组成元素分为时间、地点、参与者 3 部分。以图 10.12 中部分语料"其明年，白起为左更，攻韩、魏於伊阙，斩首二十四万，又虏其将公孙喜，拔五城。明年，起与客卿错攻垣城，拔之"为例，进行历史事件组成要素标注，标注结果如图 10.13 所示：

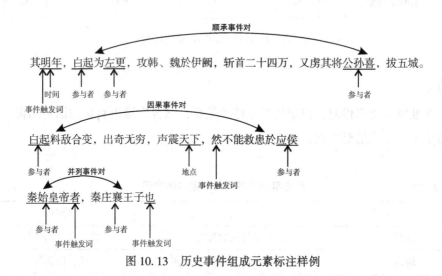

图 10.13　历史事件组成元素标注样例

为了便于模型训练，定义了 12 类标记对历史事件及其组成元素对应的描述性文本进行标注。其中，"并列""转折""顺承""因果"等历史事件关系分别用

{ti, tu, or, ca}标记进行表示，"时间""地点""参与者"等组成元素分别用{tm, loc, per}进行表示。历史事件及其组成元素对应的描述性文本分别用{B-, I-, E-}前缀表示历史事件及其组成元素的初始文字、中间文字和结束文字。例如，因果关系事件"天下共苦战斗不休，以有侯王"经序列化标注后，可以表示为"天/B-ca，下/I-ca，共/I-ca，苦/I-ca，战/I-ca，斗/I-ca，不/I-ca，休/E-ca，以有/B-ca 侯/I-ca 王/E-ca"。历史事件及其组成元素对应的描述性文本标记含义分别如表 10.5 和表 10.6 所示：

表 10.5　　　　　　　　　　历史事件对应的描述性文本标记含义

标记	标记的含义
B-ti	并列开始文字
I-ti	并列中间文字
E-ti	并列结束文字
B-tu	转折开始文字
I-tu	转折中间文字
E-tu	转折结束文字
B-or	顺承开始文字
I-or	顺承中间文字
E-or	顺承结束文字
B-ca	因果开始文字
I-ca	因果中间文字
E-ca	因果结束文字

表 10.6　　　　　　　　　　历史事件组成元素对应的标记含义

标记	标记的含义
B-tm	时间开始文字
I-tm	时间中间文字
E-tm	时间结束文字
B-loc	地点开始文字
I- loc	地点中间文字

标记	标记的含义
E- loc	地点结束文字
B-per	参与者开始文字
I-per	参与者中间文字
E-per	参与者结束文字

（2）历史事件抽取实验

为了验证提出的模型 BERT+BiLSTM-CRF 的有效性，设计了 7 组对比实验，分别是：TF-IDF+RNN、TF-IDF+LSTM、TF-IDF+BiLSTM-CRF、Word2Vec+RNN、Word2Vec+LSTM、Word2Vec+BiLSTM-CRF。

随机选取 30 篇实验语料集进行预训练，进而得到最优实验参数。RNN、LSTM、BiLSTM-CRF 等模型，实验迭代次数 epoch 设为 200；为了防止过拟合，将 dropout 设置为 0.5；批量（BatchSize）的大小在网格[16，32，64，128，200，256]中选取。实验性能的评价指标包括准确率 P、召回率 R 以及调和平均值 $F1$ 值，具体定义如下：

$$P = \frac{TP}{TP+FP}$$

$$R = \frac{TP}{TP+FN}$$

$$F1 = \frac{2P \cdot R}{P+R}$$

其中，TP 表示正确识别的事件数，FP 表示错误识别的事件数，FN 表示无法识别的事件数。

图 10.14 给出了上述 8 类模型的批量值与 $F1$ 值的关系。

由图 10.14 可以看出，$F1$ 值随批量值变化的趋势是：起初 $F1$ 值随批量值的增大而增大，在达到峰值后，$F1$ 值随批量值的增大而减小。出现这种现象的原因是当批量值较小时，由于模型学习到的语义特征较少，导致模型的表现较差；当批量值过大时，模型的更新周期变长，导致模型的语义特征学习能力变差，$F1$ 值降低。表 10.7 给出了实验中各类模型的批量值：

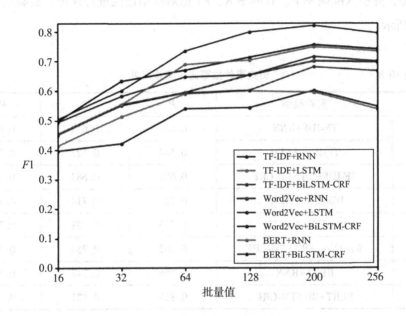

图 10.14　批量值与 $F1$ 值的关系

表 10.7　　　　　　　　　　　　　　　　　　　**批量值设置表**

实验模型	批量值
TFIDF+RNN	256
TFIDF+LSTM	128
TFIDF+BiLSTM-CRF	128
Word2Vec+RNN	256
Word2Vec +LSTM	200
Word2Vec +BiLSTM-CRF	128
BERT+RNN	128
BERT+BiLSTM-CRF	128

　　为了避免单次实验的偶然性，引入 10 折交叉验证法分别进行 10 组训练和测试，取其中最优的实验结果作为最终实验结果。分别在实验语料集上运行上述 8

类模型，并引入准确率 P、召回率 R、$F1$ 值对模型性能进行评价。实验结果如表 10.8 所示：

表 10.8　　　　　　　　　　历史事件抽取比较实验结果

序号	实验模型	P	R	$F1$
1	TF-IDF+RNN	0.627	0.614	0.620
2	TF-IDF+LSTM	0.564	0.627	0.594
3	TF-IDF+BiLSTM-CRF	0.681	0.683	0.682
4	Word2Vec+RNN	0.723	0.714	0.718
5	Word2Vec+LSTM	0.715	0.738	0.727
6	Word2Vec+BiLSTM-CRF	0.762	0.759	0.760
7	BERT+RNN	0.756	0.747	0.751
8	BERT+BiLSTM-CRF	0.825	0.821	0.823

由表 10.8 可以看出，在利用 TF-IDF 进行语料向量化表示的实验中，与 RNN 和 LSTM 相比，BiLSTM-CRF 具有最优性能，其 $F1$ 值达到了 0.682。主要原因是历史事件的上下文语义联系密切，RNN 和 LSTM 只能学习到历史事件的"上文"信息，无法利用其"下文"信息，因而性能不高；BiLSTM-CRF 不仅可以从正、反两个方向提取语料中各句的语义特征，而且通过引入 CRF 约束规则可以给出更为准确的抽取结果。在分别利用 Word2Vec 和 BERT 模型进行语料向量化表示的实验中，上述结论同样成立。对比 TF-IDF、Word2Vec、BERT 三种向量化表示模型的实验结果不难看出，基于 TF-IDF 的历史事件抽取 $F1$ 值最高达到 0.682，基于 Word2Vec 的历史事件抽取 $F1$ 值最高达到 0.760，基于 BERT 模型的历史事件抽取 $F1$ 值最高达到 0.823。其主要原因是，与 TF-IDF 相比，Word2Vec 能够充分利用特征向量之间的语义关系；与 TF-IDF 和 Word2Vec 相比，BERT 模型具有最优性能，原因在于该模型在向量化表示过程中充分利用了语料集的上下文语义特征。在同一向量化表示模型下，BiLSTM-CRF 均具有最优性能，特别是在 BERT 模型进行向量化表示的前提下，该模型的 $F1$ 值达到了 0.823。由此可见，所提模型 BERT+BiLSTM-CRF 非常适用于历史事件抽取任务。

（3）历史事件组成元素抽取实验

利用 BiLSTM-CRF 模型抽取历史事件的组成元素。实验参数与"历史事件抽取实验"相同。实验结果如表 10.9 所示：

表 10.9　　　　　　　　　历史事件组成元素抽取实验结果

组成元素	P	R	$F1$
时间	0.795	0.788	0.791
地点	0.724	0.755	0.739
参与者	0.753	0.749	0.751
均值	0.757	0.764	0.760

由表 10.9 可以看出，BiLSTM-CRF 模型在抽取时间、地点、参与者等历史事件组成元素时表现良好，其准确率、召回率、$F1$ 值均在 0.75 以上。这表明，BiLSTM-CRF 模型能够较好地完成历史事件组成元素抽取任务。

（4）可视化实验

在 BERT+BiLSTM-CRF 模型的基础上，利用 Python 编程语言开发了面向《史记》的事理图谱可视化系统平台。该平台将历史事件及其关系存储到 Neo4j 数据库，利用 Python 的 Django 框架进行系统的前后台连接。以《商君列传》为例，展示了历史事件的抽取以及事理图谱的构建过程。

图 10.15 给出了历史事件抽取页面。将《商君列传》语料输入系统，在页面的左侧给出待识别的语料，系统自动调用训练好的模型文件，抽取出该语料包含的历史事件，并展现在页面右侧。该例包含的因果关系事件有<圣人苟可以彊国，因果，不法其故>、<太子犯法，因果，法之不行，自上犯之>、<今君之见秦王，因果，嬖人景监以为主>，并列关系事件有<苟可以利民，并列，不循其礼>、<商君相秦十年，并列，宗室贵戚多怨望>、<夫五羖大夫，并列，荆之鄙人>、<缪公知之，并列，举之牛口之下>、<今君又左建外易，并列，非所以为教>，顺承关系事件有<公孙鞅闻秦孝公下令，顺承，求见孝公>、<孝公用卫鞅，顺承，鞅欲变法>、<卫鞅为左庶长，顺承，卒定变法之令>、<太子不可施刑，刑其傅其师，顺承，秦人皆趋令>、<赵良见商君，顺承，商君弗从>、<秦孝公卒，

顺承，太子立>、<公子虔之徒告商君欲反，顺承，发吏捕商君>。为了便于理解，系统给出了历史事件的译文，如图 10. 16 所示：

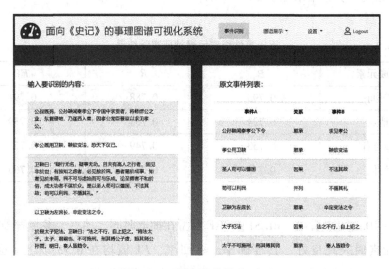

图 10. 15　历史事件抽取页面

图 10. 16　历史事件译文页面

图 10.17 给出了事理图谱的可视化界面。该图所示的事理图谱表达的史实是：商鞅听闻秦孝公下令寻求有才之人，于是托景监求见，以获得赏识；而后"鞅欲变法"，导出革新与守旧的斗争；"卒定变法之令"，开始制定新法的内容；"于是太子犯法"，刑黥太子师傅，以严法令。商鞅在秦国任相 10 年，虽然百姓家家富裕充足，但秦国的皇亲国戚一直因太子之事怨恨商鞅，因此在秦孝公死后，商鞅被处以刑罚。通过对上述事理图谱的分析可以得到一些重要的发现：从商鞅通过景监识得秦孝公不被天下人所认可，到赵良说其身为国相不为百姓造福而大规模营建宫阙，再到其没有接受赵良的劝谏，可以得知商鞅受刑的主要原因。

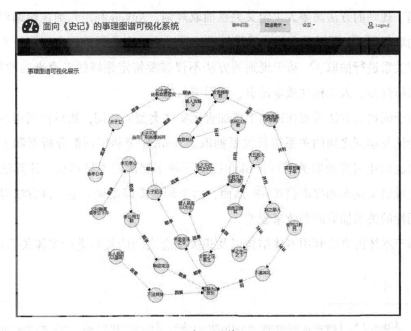

图 10.17 事理图谱展示页面

10.5 基于深度学习的《红楼梦》人物关系抽取

《红楼梦》是我国古代章回体长篇小说之一，该书以贾、史、王、薛四大家族的兴衰为背景，以贾宝玉与林黛玉、薛宝钗的爱情婚姻悲剧为主线，栩栩如生地描绘了世间百态。全书人物众多，组成了一个别开生面的世界。众多的人物构成复杂的关系，也影响着整个情节的发展。因此，识别其中的人物关系对于了解全书的故事情节具有至关重要的作用。在 RBERT 模型的基础上，提出《红楼梦》人物关系抽取模型，并基于此构建《红楼梦》人物关系图谱，可以帮助读者快速了解其中的人物关系，进而推动《红楼梦》的普及和深度研究。

10.5.1 研究进展

目前关系抽取方法主要有基于规则的方法、基于词典的方法、基于本体的方法、基于机器学习的方法、基于深度学习的方法。

基于规则的方法需要人工定义关系抽取规则。Aitken 利用归纳逻辑编程获取关系抽取规则。① 邓擘等在模式匹配技术的基础上，引入词汇语义匹配技术对汉语实体关系进行抽取。② 基于规则的方法不仅需要特定领域的专家来构建规则，而且移植性差，人工标注成本昂贵，召回率较低。

基于词典的方法需要在词典中增加表示实体类型的动词，然后再利用领域词典中动词及动词之间的关系进行关系抽取。TemKin 等利用词汇分析器和上下文自由语法构建词典抽取关系。③ Riloff 提出一种多层次的引导算法，该算法可以同时生成语义词库和提取模式。④ 然而，由于词典多以动词为主，该方法对于非动词词性的关系抽取问题效果较差。

基于本体的方法利用本体结构以及相关概念之间的关系进行实体关系抽取。

---

① Aitken J S. Learning information extraction rules：An inductive logic programming approach ［C］. Proc of External Credit Assessment Institution, Lyon, France, 2002：355-359.

② 邓擘，樊孝忠，杨立公. 用语义模式提取实体关系的方法［J］. 计算机工程，2007，33(10)：212-214.

③ Temkin J M, Gilder M R. Extraction of Protein Interaction Information From Unstructured Text Using a context-free grammar ［J］. Bioinformatics, 2003, 19(16)：2046-2053.

④ Riloff E, Jones R. Learning dictionaries for information extraction by multi-level bootstrapping ［C］. Proceedings of the 16th National Conference on Artificial Intelligence, Orlando, USA, 1999：474-479.

Sabou 等提出一种通过语义 Web 来抽取概念之间关系的技术 SCARLET①；李艳娟等提出基于注意力机制和本体的远程监督关系抽取模型，该模型有效地降低了噪声干扰，具有优良的关系抽取性能②。然而，基于本体的方法还不成熟，在各项文本内容挖掘和知识发现任务中尚未得到广泛应用。

基于机器学习的方法以统计语言学为基础，主要包括基于特征向量的方法和基于核函数的方法。在第一类方法中，Sun 等融合朴素贝叶斯网络和投票感知机，提出一种基于特征的中文术语关系抽取方法③；郭喜跃等融入依存句法关系、核心谓词、语义角色标注等特征，提出一种基于句法特征和语义特征的实体关系抽取方法④。在第二类方法中，Zelenco 等将支持向量机与投票感知器相结合，从文本中抽取人物归属和组织位置关系⑤；Zhang 等探讨了从文本中抽取关系的各类核方法，包括句法分析、核函数及其训练算法⑥。利用基于机器学习的方法在一些应用中取得较好效果，但其关系抽取的准确率依然较低。

近年来，深度学习逐渐成为关系抽取的主流方法。Zeng 等利用 CNN 模型通过提取词汇级和句子级特征来进行关系抽取⑦；在此基础上，Nguyen 等向 CNN 模型的卷积层加入大小不同的卷积核作为过滤器，提取更多的 N-Gram 特征，一

---

①　Sabou M, D'aquin M, Motta E. Scarlet：semantic relation discovery by harvesting online ontologies［C］. Proceedings of the European Semantic WebConference, Berlin, Germany, 2008：854-858.

②　李艳娟，臧明哲，刘晓燕，等. 结合注意力机制和本体的远程监督关系抽取［J］. 计算机科学与探索，2020，14(9)：1554-1562.

③　Xia S, Lehong D. Feature-based Approach to Chinese Term Relation Extraction［C］. Proceedings of the 2009 International Conference on Signal Processing Systems：Singapore City, Singapore, 2009：410-414.

④　郭喜跃，何婷婷，胡小华，等. 基于句法语义特征的中文实体关系抽取［J］. 中文信息学报，2014，28(6)：183-189.

⑤　Zelenko D, Aone C, Richardella A. Kernel methods for relation extraction［J］. Journal of Machine Learning Research, 2003, 3(3)：1083-1106.

⑥　Zhang X, Gao Z, Zhu M. Kernel methods and its application in relation extraction［C］. Proceedings of the 2011 International Conference on Computer Science and Service System, Yantai, China, 2011：1362-1365.

⑦　Zeng D J, Liu K, Lai S W, et al. Relation classification via convolutional deep neural network［C］. Proceedings of International Conference on Computational Linguistics, Dublin, Ireland, 2014：2335-2344.

定程度上提高了关系抽取性能①。在关系抽取中使用远程监督策略会产生两大问题：一是知识库与文本启发式对齐方式可能产生错误标记数据；二是噪声对远程监督关系抽取影响较大。为了解决上述问题，Zeng 等提出多示例学习和分段卷积神经网络混合模型，其中多示例学习解决远程监督的噪声干扰问题，分段卷积神经网络用于自主特征学习②；Zhou 等引入基于注意力机制的双向长短期记忆网络进行关系抽取③；黄兆伟等提出一种基于 GRU 和注意力机制的远程监督关系抽取方法，该方法首先使用 GRU 模型来提取文本特征；接着，在实体对上构建句子级的注意力机制，以减少噪声的影响④；罗计根等提出一种融合梯度提升树的双向长短期记忆网络算法，该算法先采用 Word2vec 对中医文本进行向量化表示，再利用基于注意力机制的双向长短期记忆网络提取深层语义特征，最后采用梯度提升树作为特征分类器，进而实现关系抽取。⑤ BERT 模型⑥的出现推动了关系抽取研究发展。Wu 等利用 BERT 模型和目标实体信息实现关系抽取⑦。综上所述，基于深度学习的方法已经日趋成熟，并且取得了较好的关系抽取效果。

---

① Nguyen T H, Grishman R. Relation extraction：perspective from convolutional neural networks［C］. Proceedings of the 1st Workshop on Vector Space Modeling for Natural Language Processing, Colorado, USA, 2015：39-48.

② Zeng D, Liu K, Chen Y, et al. Distant supervision for relation extraction via piecewise convolutional neural networks［C］. Proceedings of the 2015 Conference on Empirical Methods in Natural Language Processing, Lisbon, Portugal, 2015：1753-1762.

③ Zhou P, Shi W, Tian J, et al. Attention-based bidirectional long short-term memory networks for relation classification［C］. Proceedings of the 54th Annual Meeting of the Association for Computational Linguistics, Berlin, Germany, 2016：207-212.

④ 黄兆玮, 常亮, 宾辰忠, 等. 基于 GRU 和注意力机制的远程监督关系抽取［J］. 计算机应用研究, 2019, 36(10)：2930-2933.

⑤ 罗计根, 杜建强, 聂斌, 等. 基于双向 LSTM 和 GBDT 的中医文本关系抽取模型［J］. 计算机应用研究, 2019, 36(12)：3744-3747.

⑥ Devlin J, Chang M W, Lee K, et al. BERT：Pre-training of deep bidirectional transformers for language understanding［C］. Proceedings of the 2019 Annual Conference of the North American Chapter of the Association for Computational Linguistics：Human Language Technologies, Minneapolis, USA, 2019：4171-4186.

⑦ Wu S, He Y. Enriching Pre-trained language model with entity information for relation classification［C］. Proceedings of the 28th ACM International Conference on Information and Knowledge Management, Beijing, China, 2019：2361-2364.

10.5.2　研究方法

该研究的基本思路是：首先，通过网络爬虫在古籍权威网站——中国古诗文网(https：//so. gushiwen. org)爬取《红楼梦》(新版通行本)原著文本；接着，对语料集进行句子划分，将切好的句子进行人物实体识别，选取含有人物关系的句子，并进行关系类型统计；然后，将经预处理后的语料输入人物关系抽取模型，完成人物关系抽取，并根据不同人物的共现程度，计算人物关系密切度；最后，利用 Neo4j 图数据软件，显示人物关系图谱。其中涉及到的关键技术如下：

(1)人物实体识别

以分割符［“。”，“?”，“;”］为标记对实验语料集进行句子切分。由于《红楼梦》中人物实体众多且分布不均，故采用 HanLP(Han Language Processing)的中文人名接口进行人物识别。为了提高人名识别准确率，将中国古代人名库加入 HanLP 的人名词典。例如：原文"我跟了太太十来年，这会子撵出去，我还见人不见人呢!"王夫人固然是个宽仁慈厚的人，从来不曾打过丫头们一下，今忽见金钏儿行此无耻之事，此乃平生最恨者，故气忿不过，打了一下，骂了几句。"句子切分后，经 HanLP 处理得到："[我/rr，跟/p，了/ule，太太/n，十/m，来年/t，，/w，这/rzv，会子/n，撵出去/v，，/w，我/rr，还/d，见/v，人/n，不见/v，人/n，呢/y，! /w，"/w，王夫人/nr，固然/c，是/vshi，个/q，宽/a，仁慈/a，厚/a，的/ude1，人/n，，/w，从来/d，不曾/d，打过/v，丫头/n，们/k，一下/m，，/w，今/tg，忽/d，见/v，金钏/nr，儿/ng，行/ng，此/rzs，无耻/a，之事/r，，/w，此/rzs，乃/v，平生/n，最恨/nz，者/k，，/w，故/c，气忿/nz，不过/c，，/w，打/v，了/ule，一下/m，，/w，骂/v，了/ule，几/d，句/q，/w]"，其中 rr 表示人称代词，p 表示介词，ule 表示语气词"了"，n 表示名词，m 表示数词，t 表示时间词，nr 表示人名，w 表示标点符号，rzv 表示谓词性指示代词，v表示动词，y 表示语气词，c 表示连词，vshi 表示动词"是"，q 表示量词，a 表示形容词，ude1 表示"的""地"，k 表示后缀，tg 表示时间词性语素，ng 表示名词性语素，rzs 表示处所指示代词，r 表示代词，nz 表示其他专名。结合人物实体识别目标，可得到最终的识别结果是"王夫人"和"金钏"。

（2）人物关系抽取

利用 RBERT 模型进行人物关系抽取，具体流程如下。

第一步：在输入句子的人物实体边界添加"＄"和"#"等特殊字符，用以标记人物实体，并在句子开头添加［CLS］分类分隔符。例如：这＄袭人＄亦有些痴处，伏侍#贾母#时，心眼中只有一个贾母。

第二步：将带有人物实体标记的句子输入 BERT 模型进行向量表示；

第三步：将实体包含的词向量加和平均得到实体的向量表示。将未处理文本中的实体 e_1 和 e_2 分别表示为 T_i，…，T_j 和 T_k，…，T_m，经 BERT 模型处理后，分别得到的词向量为 H_i，…，H_j 和 H_k，…，H_m，将其加和平均后，再经过一个 dropout、一个 tanh 激活函数以及一个全连接层得到相应的实体表示 H_{e_1} 和 H_{e_2}，计算公式如（3.3）~式（3.4）所示。句首特殊标记［CLS］亦做类似处理，计算公式如式（3.5）所示；

第四步：将［CLS］、实体 e_1 有、实体 e_2 进行向量拼接得到拼接矩阵，将该矩阵经一个全连接层和一个 softmax 激活函数，得到实体之间的关系，计算公式如以下公式所示。

$$H_{e_1} = W_{e_1}\left[\tanh\left(\frac{1}{j-1+1}\sum_j^{t=i} H_t\right)\right] + b_{e_1}$$

$$H_{e_2} = W_{e_1}\left[\tanh\left(\frac{1}{m-k+1}\sum_m^{t=k} H_t\right)\right] + b_{e_2}$$

$$H_{[CLS]} = W_{[CLS]}\left[\tanh(H_{[CLS]})\right] + b_{[CLS]}$$

$$h = W_{concat}\left[concat(H_{e_1}, H_{e_2}, H_{[CLS]})\right] + b_{concat}$$

$$p = softmax(h)$$

其中 W_{e_1}、W_{e_2}、$W_{[CLS]}$、W_{concat} 和 b_{e_1}、b_{e_2}、$b_{[CLS]}$、b_{concat} 分别表示权重矩阵和偏置，concat（·）为向量拼接函数，softmax（·）为激活函数。

10.5.3　实验结果分析

通过与当前主流方法的比较来验证所提方法的有效性。这些主流方法包括：Word2Vec + CNN、Word2Vec + RNN、Word2Vec + PCNN、Word2Vec + BiLSTM、

Word2Vec+BiGRU、BERT+BiLSTM、BERT+BiGRU、RBERT。在实验语料集上先后运行上述方法，并利用交叉验证法得到实验结果。

（1）数据来源

利用 python 爬虫程序从古诗文网（https：//so. gushiwen. org）爬取《红楼梦》（新版通行本）共计 120 回作为实验语料集。利用 jieba 工具包进行中文分词处理。

（2）参数设置

随机选取 10%的实验语料进行预训练，进而得到最优实验参数。实验迭代次数 epoch 设为 50；为了防止过拟合，将 dropout 设置为 0.5；批量值在网格[8，16，32，64，128，256]中选取。取使 $F1$ 值最大的批量值作为实验参数，如表 10.10 所示。

表 10.10　　　　　　　　　　　　　　批量值设置表

实验模型	批量值
Word2Vec+CNN	8
Word2Vec+RNN	32
Word2Vec+BiLSTM	32
Word2Vec+BiGRU	32
Word2Vec+PCNN	8
BERT+BiLSTM	32
BERT+BiGRU	32
RBERT	32

（3）对比实验

为了避免单次实验的偶然性，引入 10 折交叉验证法分别进行 10 组训练和测试，取其中的最优结果。引入准确率 P、召回率 R、$F1$ 值对模型进行评价。实验结果见表 10.11。

表 10.11   人物关系抽取实验结果

实验模型	P	R	$F1$
Word2Vec+CNN	0.7246	0.5799	0.6303
Word2Vec+RNN	0.7347	0.6803	0.6562
Word2Vec+BiLSTM	0.7966	0.6818	0.7226
Word2Vec+BiGRU	0.7443	0.6216	0.6702
Word2Vec+PCNN	0.8019	0.6504	0.7036
BERT+BiLSTM	0.9178	0.8563	0.8688
BERT+BiGRU	0.9055	0.8659	0.8727
RBERT	0.9070	0.8899	0.8903

由表 10.11 可以看出：在利用 Word2Vec 进行实验语料向量化表示的实验中，与 CNN、RNN、BiLSTM、BiGRU 相比，PCNN 具有最优性能，其 $F1$ 值达到了 0.7036。主要原因是该模型注重人物实体之间的距离信息、位置信息以及上下文信息，这些信息对于关系抽取至关重要。对比 Word2Vec+BiLSTM 和 BERT+BiLSTM 的实验结果不难看出，基于 BERT 的人物关系抽取 F1 值达到 0.8688，较之基于 Word2Vec 的方法 F1 值高 0.1462，主要原因在于 BERT 模型在向量化表示过程中充分考虑了语料的上下文语义信息。对比 BERT+BiLSTM、BERT+BiGRU、RBERT 的实验结果可以看出，基于 RBERT 的人物关系抽取 $F1$ 值最高，达到 0.8903，分别比 BERT+BiLSTM、BERT+BiGRU 高 0.0215、0.0176，主要原因是 RBERT 模型更加关注人物的位置信息和语义信息，因而具有更优的人物关系提取性能。由此可见，RBERT 模型更适用于完成《红楼梦》人物关系抽取任务。

(4)人物关系图谱

利用 Neo4j 构建人物关系图谱，其中，节点大小代表人物影响力，关系连接线的粗细代表人物之间联系的密切度。由于"宝玉"出现的频数过高，故将出现频次小于 350 次的节点限定其直径为 35，其余节点直径均按照[频数/8]按照比例进行缩放。人物关系图谱如图 10.18 所示，其中"unkonw"表示在文中不能直接体现的人物关系。

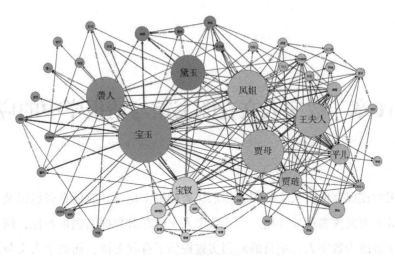

图 10.18　人物关系图谱

由图 10.18 可以看出，宝玉、凤姐、贾母、黛玉等人物是书中的核心人物，他们在书中出现的频次较多。从图中人物节点的出入度看，黛玉与其他人物的联系相对较少，从一个侧面反映出黛玉性格内敛；宝钗虽在曹雪芹笔下相对弱化，但是从其与外界的联系频度看，宝钗比黛玉要外向得多。此外，与黛玉相比，贾母与宝钗的联系更为频繁，在一定程度上表明贾母更青睐于宝钗，这亦为后续宝玉的悲剧婚姻埋下伏笔。

第11章　数字人文在图书馆与情报学中的应用

图书馆在保存地方人文资源、传承优秀传统文化、开放信息资源以及传递科学情报等方面发挥着重要作用。由于数字人文研究对数据的强依赖性，图书馆的海量数字资源为数字人文项目的顺利实施提供了有利支撑，而数字人文与图书馆的结合重新定义了图书馆的服务内容以及其与读者的关系。长久以来，图书馆都是作为读者获取信息的场所，在图书馆与数字人文结合过程中，读者扮演了产品的使用者和开发者。这也意味着两者的结合为文化遗产的保管、保护和解读融入了更广泛的群众基础。经过数十年的数字图书馆建设，图书馆凭借在资源、数据、技术、人才储备上的优势，已经成为数字人文实践的主力军之一。

11.1　上海图书馆家谱知识服务平台

上海图书馆家谱知识服务平台(http：//jiapu. library. sh. cn)是上海图书馆数字人文平台建设的第一个项目，也是正在建设中的"上海图书馆历史人文大数据中心"的起步之作。

该平台自2016年1月上线以来，获得了第十二届数字图书馆前沿问题高级研讨班案例展示"创意奖"、2015年国家数字图书馆推广工程数字图书馆建设与服务案例评选一等奖和第四届图书馆、档案馆、博物馆关联开放数据国际高峰论坛案例挑战赛前五名，在以家谱知识服务平台为基础的第一届上海图书馆开放数据应用开发竞赛中获得了国际图联图书馆营销奖第二名。平台经过三次大规模升级改造，无数次功能更新，不断在知识内容、系统性能、用户可用性、数据开放性方面听取核心用户群的意见，精益求精。

11.1.1　研究背景

家谱是记载同宗共祖的血亲团体、世系、人物、事迹，反映本家族繁衍发展过程的历史图籍。起源于先秦时代的中国家谱源远流长，与正史、方志一起，构成了中华民族历史大厦的三大支柱，是在中国乃至世界的文明发展史上都堪称弥足珍贵的文化遗产。①

随着互联网开放数据的发展，数据资源作为一种极其重要的资源逐渐在世界范围内形成共识。在开放数据大潮中，政府和公共机构拥有最多的公共数据，是数据开放运动的先锋。②

上海图书馆一直非常关注开放数据运动，很早就开始跟踪、研究和尝试开发相关技术，认为这是把数字图书馆带入以数据技术为特征的下一代互联网的新契机。对于上海图书馆来说，大量的历史文献资源，如古籍、家谱、尺牍、近代文献、民国文献、档案、照片、笔记、手稿、小报等，虽然从纸质文献到电子文件的数字化工作一直在进行，也一直在提供基本的文献检索服务，然而，想要更好地满足读者需求，必须将其所包含的知识内容描述出来，利用新的技术在互联网上提供服务，让更多人在使用的同时，能够参与系统的优化、迭代和内容建设，进而实现系统的平台化，使其成为读者从事相关学习、交流和研究活动的必经之所。

截至 2017 年，上图馆藏家谱有 3 万余种、30 余万册，共计 365 个姓氏，收藏的家谱覆盖全国 29 个省、自治区及直辖市，是国内外收藏中国家谱原件最多的公藏机构，享有"全球中国家谱第一藏""中国家谱半壁江山"等美誉。庞大的馆藏家谱资源为上海图书馆致力于成为中国家谱的收藏中心、研究中心和服务中心奠定了基础。

上海图书馆家谱知识服务平台提供了基于人、地、时、事、堂号多维分面浏览，建立了人、地、时、事、堂号等概念之间的关联关系，实现了基于概念而非

---

① 周德明. 上海图书馆：开卷寻根，推动家谱数字化建设[J]. 中华儿女，2020，3：80-81.

② 吴建中，知识是流动的：出版界与图书馆届的新课题[J]. 图书馆杂志，2015，34（3）：4-11.

关键词的精确查询。并以"时间轴""地图"等可视化的方式为研究者和普通读者提供可交互的数据展示，可见即可得地展示某一姓氏在某一地理空间范围内的分布情况。

11.1.2　关键技术

该项目的实现基于关联数据技术①②：研究团队设计了基于 BIBFRAME 2.0③ 的本体，提取姓氏、人、地、时、机构等实体并赋予 HTTP URI，将 CNMARC/RDB 数据转换成 BIBFRAME/RDF 格式，采用 RDF Store 存储数据，利用 Apache Jena、语义可视化技术、GIS 技术作为开发框架。

关联数据技术基于领域概念体系，即知识本体，并非通过文献来组织知识，使用 RDF 来表示和检索知识，让用户可以访问文献中的部分信息，而不是整篇文献。④ 该项目的关联数据模型设计基于知识本体，采用的本体为美国国会图书馆的书目框架 BIBFRAME 2.0。BIBFRAME 2.0 框架是一个关联书目数据模型，它的核心模型是"作品-实例-条目"，通过简单的数目记录功能，能够很好地进行数目控制。该项目在复用 FOFA、Geonnames、Schema.org 等部分词表⑤的基础上，定义了一系列家谱资源独有的属性，如"谱名""字号""谥号"等。

目前，上海图书馆已经将家谱本体以 RDFs 和 OWL 编码在 Web 上开放共享，并且为用户提供了三种视图模式以供浏览查阅，分别为：模型视图(通过可视化的方式展示家谱本体以及类属性之间的关系)、类视图(以父类与子类的层级关系进行浏览)以及列表视图(通过对类和属性的首字母顺序进行排列的方式对类和属性进行展示)。

---

① 夏翠娟，张磊. 关联数据在家谱数字人文服务中的应用[J]. 图书馆杂志，2016，35(10)：26-34.

② 夏翠娟，刘炜，陈涛，等. 家谱关联数据服务平台的开发实践[J]. 中国图书馆学报，2016，42(3)：27-38.

③ 朱美华. 关联数据时代的 BIBFRAME 2.0[J]. 数字图书馆论坛，2018，3：47-52.

④ 夏翠娟，张磊，贺晨芝. 面向知识服务的图书馆数字人文项目建设：方法、流程与技术[J]. 图书馆论坛，2018，1：1-9.

⑤ 辛苗. BIBFRAME 2.0 词表变化分析[J]. 图书馆杂志，2018，37(5)：45-51.

11.1.3　系统功能

对于图书馆而言，该项目主要满足三方面的需求：

(1)建立全球家谱联合目录，促进数据重用和共享

让用户可以直观地了解某一家谱在全球各个收藏机构的收藏情况，在上海图书馆开放数据平台上以关联开放数据的方式公开发布整理的规范数据，如中国历史纪年表、地理名词表、机构名录等，促进数据的重用和共享。

(2)基于万维网的规范控制

利用关联数据技术，使用 HTTP URI 作为规范数据的唯一标识符，实现基于万维网的唯一标识和统一定位。①

(3)支持数目控制的可持续性发展

该平台不仅是一个展示系统，还是一个可写的，支持众包的平台。跟踪家谱书目变化，定期更新，发现数据冲突和错漏，实时修改，保证家谱书目控制的可持续性发展。

对于用户来说，该平台满足不同层次的用户需求：

(1)吸引大众了解家谱，认识家谱

进入首页，通过滑动屏幕左侧的姓氏，观察每个姓氏的家谱最早纂修年份，该姓家谱文献和先祖名人数量，选择感兴趣的姓氏，在屏幕右侧观看先祖名人和家谱文献以及姓氏知识的详细信息。家谱姓氏信息如图 11.1 所示。

由图 11.1 左侧可知，"冯"姓先祖名人共有 393 人，最早始于 1368 年，右侧可以看到"冯"姓先祖名人，家谱以及姓氏的详细信息。

(2)基于有限已知信息的寻根问祖

支持基于概念及概念间关系的匹配的检索，准确定位到读者想要的结果，不仅要提供方便的文献获取途径，还直接提供读者想要的内容，读者可以使用简单检索实现方便的查询。除此之外，还向读者提供了保存完好的古时大家族中的家规以及家训内容，图 11.2 展示了秦州西厢里张五甲张氏族中平时条规以及宗祠条规。

---

① 吴建中，知识是流动的：出版界与图书馆届的新课题[J]. 图书馆杂志，2015, 34 (3)：4-11.

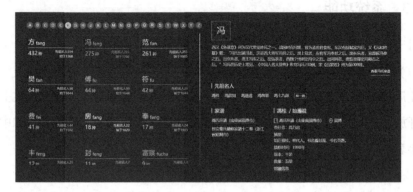

图 11.1　家谱姓氏信息

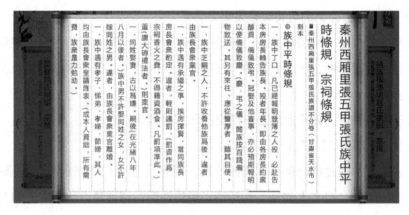

图 11.2　秦州西厢里张五甲张氏族中平时条规以及宗祠条规

（3）面向特定研究主题的知识发现

不仅可以检索文献，还可发现数据、事实和知识。可使用高级检索，基于时空的浏览，地图画卷浏览等功能。图 11.3 展示了该平台基于时空及地图的浏览功能。

（4）基于 UGC（用户贡献内容）的知识进化和积累

允许并吸引研究专家、学生、民间团体贡献知识。需登录知识服务平台，通过撰写反馈与不同人士交流互动。经过认证的专家登录系统后，可直接修改数据。

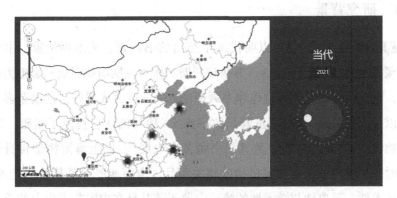

图 11.3　基于时空及地图的浏览功能

11.2　上海博物馆"董其昌数字人文"项目

在数字人文背景下，资源、技术与人文研究的深度融合，为博物馆的各项业务提供了强劲推力，尤其为博物馆传播拓展了新的边界。同时，随着人工智能技术的成熟，数字人文的应用逐步丰富了博物馆研究的方法论体系，使知识内涵显性化，拓展了博物馆研究人员的学术视野，为研究范式的转变提供一种新的思路。

上海博物馆"董其昌数字人文"项目是国内博物馆在数字人文研究领域进行的一次开拓性尝试。它初步打通了藏品基本数据和研究数据之间的壁垒，依靠数据关联和量化分析，以可见的形式展现与董其昌相关的时、地、人、事等，并尝试引入最新的机器学习技术，通过人工智能分析中国古代绘画的元素及特征，构成素材数据抓取和聚类的自动化模式，这也是目前中国书画研究中首创的手段。① 该项目在 2018 年年底的中国博物馆及相关产品与技术博览会及上海博物馆董其昌书画展中都进行了展示，受到了一致好评。

---

① 童茵．数字人文方法在博物馆研究与展示中的应用［C］．北京数字科普协会、北京国际文化贸易服务中心、北京博物馆学会(第五届)科学与艺术研讨会会议论文集，北京，中国，2018：7.

11.2.1 研究背景

"董其昌数字人文"项目以明代末年杰出的书画家、艺术理论家、书画鉴定家和收藏家董其昌(1555—1636)为基础开展。作为晚期明朝明最有影响力的书画家之一,董其昌除了在书画创作和书画理论方面的巨大成就外,他复杂多彩的人生经历以及人物关系,都为"董其昌数字人文"项目的建立奠定了基础,2018 年上海博物馆举办"丹青宝筏:董其昌书画艺术大展",以上海博物馆自身馆藏为主,同时包括海内外重要收藏机构的相关藏品,全面地展现董其昌的艺术成就,以达到艺术性、经典性与学术性的统一。鉴于董其昌在中国艺术史上的重要性和复杂性,上海博物馆决定构建"董其昌数字人文项目",力图全面地再现董其昌丰富的艺术人生,还原一个真实的董其昌。

11.2.2 关键技术

要从数字人文的角度对董其昌做研究,在进行项目设计时,就必须对他的人文脉络进行梳理。数据是进行这项工作的基础,因此,需要有大量的文献作为数据支撑。根据董其昌的著述、年表,以及相关的研究论文和书籍等文本资料,借助上海博物馆所收藏的董其昌书画作品,提取关键数据。前期数据采集方面共收集了董其昌绘画作品 260 幅、书法作品 230 幅、高清影像 500 张以上、董其昌的作品文本 50 万字以及论著 70 篇左右等。① 逐步梳理出对他艺术生涯产生影响的大事、作品、交游、书画船、董陈交谊、学术探讨、鉴藏地图等多条人文脉络。

为了进行多个脉络的数据关联②,研究人员参照 CIDOC CRM 等国际元数据标准、基于关联数据并结合上海博物馆实物性特点设计了董其昌元数据体系,从而进一步拓展并逐步形成半结构化的明清文人书画本体。研究人员根据知识本体对资源定义出数据结构,提取其中人物、年代、地点、事件、作品等实体,并以RDF(资源描述框架)格式进行规范设计,再利用关联数据的知识组织能力,把散

---

① 童茜. 语义化知识模型构建与关联数据研究——董其昌数字人文数据绘制报告[J]. 科技传播, 2020, 12(5):135-137.
② 童茜,张彬. 董其昌数字人文项目的探索与实践[J]. 中国博物馆, 2018, 4:114-118.

落在不同文献中的有关董其昌的人物、年代、地点、事件、作品等关联起来。

在此基础上，研究人员尝试引入 CNN 模型①。研发了图像关联 AI 引擎，模仿高等动物的视觉神经过程，通过多层次、不同尺度图像的卷积操作和池化操作提取深度视觉特征，然后基于 *softmax* 函数进行对象分类。为了实现对象位置的识别，进行对象位置的回归计算，在对董其昌书画作品数字图像本体及绘画元素做分析的基础上，采用文献与画作之间的对照关联，逐步形成绘画元素标准样本国际平台，以此来实行一些相关的研究和展示。为研究范式转变、传播边界拓展、内涵显性化以及知识创造提供一种新的思路。

除此之外，该项目研究利用了高清图像的优势，对董其昌的重点作品进行高清动态的展示，并可根据作品的卷、轴、册页、扇面等不同形式，发布到横屏或竖屏的数字高清大屏上展示，大屏上的图像可放大到原作尺寸的数倍。观众既可了解作品的基本信息，也可了解相关的研究资料。最重要的是，观众可以在一屏之内看清长卷的全貌和细节，原作、题跋、印鉴、装裱都看得一清二楚。除此之外，观众还能体会到立轴原始尺幅与放大效果之间的差别，书画构图和笔墨的变化也能清晰地展示出来，在展厅实物的映照下，观众更能领会作品的精髓。

展示是博物馆的一大功能，如何将数据成果以尽可能美观易懂的可视化效果展示给观众，也是这个项目的重要内容之一。在该项目中，研究人员利用 python、Gephi 可视化绘制董其昌的大事作品年表、师承网络图等，并预留了与中国历史人物传记资料库、开放式中国历史地图集等数据库关联的接口。

11.3　中国国家图书馆中国记忆项目

在人类历史上，自从进入文明社会，特别是出现文字以后，历史学作为一门独立的学科，其表现形式方面没有多大的变化。依靠文献的历史研究在史学领域一直处于主流地位，虽然研究过程中常有实物资料相佐证，然而单调而古板的表述形式使得历史研究经常与普通百姓生活脱节，无法真实地描绘过去的历史全

---

① 童茵，张彬 . 董其昌数字人文项目的探索与实践［J］. 中国博物馆，2018，4：114-118.

貌。采用口述历史方式，通过当事人的叙述，借助音频、视频等手段，可以真实地保存珍贵的历史资料，使尘封的历史原貌得到较为生动、具体的呈现。

11.3.1 研究背景

从 1992 年开始，联合国教科文组织发起了"世界记忆工程"，旨在关注世界文献遗产的保存保护和广泛利用。国外很多机构一直在组织开展民族记忆的收集、保护和传播项目，如美国国会图书馆的"美国记忆"、荷兰皇家图书馆的"荷兰记忆"、新加坡图书馆管理局的"新加坡记忆"等。而在中国范围内北京、香港、澳门和台湾都有类似性质的项目，都是在已有馆藏和数字资源的基础上，着重收集口述史和地方文献等资源，并以多种方式进行推广传播。"中国记忆"项目（http：//www.nlc.cn/cmptest/）的诞生是对图书馆传统馆藏的补充，有利于挖掘馆藏，使珍贵文献典籍更好地服务于当代社会。

目前，我国图书馆的文献资源体系主要由传统纸质文献和数字文献资源组成。以音、视频直接记录历史的口述史、影像史，已成为很多国家和地区图书馆馆藏文献体系中的重要组成部分，而它们在我国的图书馆文献资源体系中仍处于缺位和空白状态。因此，建设以口述、影像史料为特色资源的专题文献资源库，整合已有记忆资源，共同构建"国家记忆资源库"，对于填补文献体系收藏的"空白"，完善我国图书馆文献资源体系有着重要意义。

中国国家图书馆中国记忆项目①中心于 2012 年正式成立，并率先启动了东北抗日联军专题资源建设项目。该项目也是中国记忆项目建设中开展时间最长、口述史受访人最多、收集文献载体形态最为多样的一个专题。项目自开展以来，先后在北京、黑龙江、辽宁、湖北、新疆、广东、吉林等七个省、自治区、直辖市追寻先烈足迹，对全部 25 位已知健在的东北抗联老战士和 60 位抗联后代，以及相关历史的亲历者、研究者进行了口述史访问、影音文献采集，获得 240 小时的口述史料及大量照片、手稿、音像资料等文献，完成了东北抗日联军专题资源抢救性阶段工作。

---

① 廖永霞，韩尉. 中国记忆项目资源组织初探[J]. 国家图书馆学刊，2015，24（1）：17-2.

11.3.2　项目特点、方法与功能

中国记忆项目是国家图书馆以现当代重大事件、重要人物为主题，以传统文献体系为依托，系统性、抢救性地进行口述史料、影像文献等新类型文献建设，并最终形成特色资源体系的文献建设服务项目。①

该项目的特点是运用先进的影音技术，发挥图书馆文献保存与传播的优势，系统性、抢救性地进行"以人为本"的记忆资源采集与收集。其成果将建成专题资源库体系，作为国家记忆资源在国家图书馆集中、有序、永久保存，并通过网络和实体方式发布与提供服务。此外，还将以中国记忆丛书、展览、讲座等文化产品与服务面向社会展示、传播。

具体方法为：发掘馆藏文献，采集口述史和影像资料，收集照片、手稿、物品等相关记忆承载物，并将上述资源进行梳理整合，纳入图书馆馆藏体系。主要着眼于重要历史事件、重要人物和濒危民族记忆与传统技艺的抢救性记忆收集工作；着眼于中华民族的长久发展与国家核心利益，对正在或即将成为国内或国际的重要、敏感事件或领域进行抢先性的记忆收集工作；面向基层民众，进行对国家发展、社会变革具有广泛意义的代表性记忆收集工作。

记忆资源数据收集是否完善对该项目能否顺利完成有着重要意义，目前，"中国记忆"的资源建设目前以口述史为核心，以影像史为特色。这些特色文献的采选主要有两种途径，一是项目中心自建；二是通过购买、接受捐赠、征集、复制、数字化转换或其他方式与合作单位共建。2012 年正式启动至今，"中国记忆"所积累的口述和影像文献以自建资源为主，合作共建资源为辅。随着资源建设的标准化、规范化和合作共建的深入开展，"中国记忆"文献资源将逐渐形成共建为主，自建为辅的局面，其中自建资源则主要围绕示范性项目开展。

目前，除了东北抗日联军专题，该项目还完成了关于文字、丝绸、音乐、天然漆以及年画等专题的建设，如图 11.4 所示。

以东北抗日联军专题为例，截至 2015 年，东北抗联专题资源建设已完成 66

---

① 韩尉. 中国记忆项目文献资源推广的探索与实践［J］. 国家图书馆学刊，2015，24（1）：28-31.

图 11.4 中国记忆项目专题建设资源简介

位受访人的口述史采集，共获得约 149.2 小时、4818.52GB 的口述史料及大量照片和实物等资源。共收到捐赠手稿、书籍 20 余册，实物一件、照片 2 张、日记 17 本以及 DV 带 344 盘。图 11.5 为于桂珍及子女捐赠的抗联三军一师师长蔡近葵生前使用的文件夹。

图 11.5 抗联三军一师师长蔡近葵生前使用的文件夹

在海量数据资源下，数据的整理与保存也为研究人员带来了很大的压力。为了更好地满足读者阅读、科研人员参考查询的需求，研究人员首先对原始素材进行登记，登记项目主要包括专题名称、文件名称、拍摄开始与截止日期、口述史采访人、受访人、摄像史项目负责人、素材类别、数量以及格式等。其次进行原始素材的剪辑，在剪辑过程中，对于双机位或多机位拍摄的口述视频，研究人员根据口述史访谈的内容或技术需要，将不同机位拍摄的画面剪辑在一起，成为一条线性的口述视频，将剪辑过后的素材添加开头结尾的标题字幕和制作方信息字幕、唱词字幕、视频中的人名字幕、标售或水印等，最后进行剪辑加工后的文献编目。

东北抗日联军专题内容主要以视频、文献以及照片等形式呈现，在该专题中，读者可以看到抗联简介、参加抗日联军的老战士的口述史、历史照片、相关的文献以及一些媒体报道。图 11.6 为该专题提供的主要内容。

图 11.6　东北抗日联军专题内容

中国记忆既是国家记忆，也是地方记忆的总和。生活在每个区域的人们又因为相同或相近的地理环境和人文传统而拥有打上本地烙印的集体记忆。以行政区划而言，各省、市、县的集体记忆作为不可或缺的组成部分，共同构成中国记忆的全部内容。"中国记忆"将在条件成熟时，与全国各地机构合作，整合地方记忆，建设国民记忆分享平台，使该项目成为体现一国或一地的文化核心价值、历史文化传统和民族文化精神，展示国家或地方历史文化的窗口、民族记忆的媒介和公民教育的课堂。届时，经过"中国记忆"示范性项目实践检验的标准规范，将在地方记忆和专题记忆的建设中得到广泛应用，进而形成覆盖全国的统一资源组织体系。

11.4　南佛罗里达大学图书馆数字遗产与人文收藏项目

11.4.1　研究背景

南佛罗里达大学图书馆中的数字遗产与人文收藏 DHHC 项目（https：//dh-hc. lib. usf. edu/）采用最新的现实捕捉、3D 和空间记录策略来记录世界各地的文化遗产、景观和物体。通过创建数字学习工具和图书馆馆藏，促进遗产保护研究、教育和旅游解释策略的发展。该项目研究人员基于历史保护工作，利用数字技术快速记录、分析、可视化和共享过去的信息。该研究和应用项目已经对地方、区域、国家甚至国际在加强遗产管理和保护等方面产生了深远影响，其次，该项目在还可以帮助完善并指导未来的 3D 研究标准和伦理。

11.4.2　关键技术

DHHC 项目目前由卡纳维拉尔角 3D 空间历史计划、科斯蒂略德圣马科斯国家纪念碑、亚美尼亚的中世纪艺术与建筑、基里瓜 3D 项目以及 COVID-19 GIS 中心等 25 个子项目构成，涵盖了考古学、建筑学、工事、地质灾害、博物馆等方面。通过创建跨学科的 3D 研究和课程方法来解决现实世界的问题和关注，致力于通过教育和全球参与来保护和研究世界文化和自然遗产。

目前，该项目主要研究领域侧重于文化和自然遗产数字化，重点是与气候变化对遗产的影响、环境综合管理、岩画和石头建筑数字化、博物馆收藏 3D 策略、历史保护和状况评估、喀斯特和洞穴遗址记录相关的项目，美洲原住民坟墓保护和遣返法案（NAGPRA）空间数据库和数字化研究支持，以及与 3D 和 GIS 应用相关的伦理、标准和解释计划的研究。

DHHC 利用并集成了一套 2D 和 3D 技术，以具有代表性的方式捕捉周围的世界。该项目的工具包括地面激光扫描、摄影测量、专业成像、基于无人机的测绘和运动结构、GPS 和 GIS 方法。虚拟现实、增强现实和 3D 建模等可视化策略用于创造沉浸式体验,以促进教育、外展、研究和可持续旅游的方式展示遗产。工作侧重于从景观到物体的多种标量方法,包括短距离、高分辨率的工作,以增强博物馆和解说体验以及虚拟共享。

11.4.3 应用研究

以卡纳维拉尔角 3D 空间历史计划为例,该项目目前正在与卡纳维拉尔角空军基地第 45 太空联队文化资源部门合作。使用最新的 3D 激光扫描和成像技术来协助保护、管理和公共解说卡纳维拉尔角丰富的太空历史。使用 USF 基 3D 激光扫描和勘测中的新技术,来记录与历史事件相关的建筑群的现有遗迹,例如,约翰格伦的地球轨道和带领美国进入太空的水星任务。其他被记录在案的重要地点包括因冷战而开始的美国导弹计划相关的发射场,例如,民兵和阿特拉斯计划,以及挑战者号灾难中航天飞机遗骸的安息之地。许多遗址已经随着时间的流逝而消失,但通过这些新的 3D 技术,可以为这些重要历史遗址的长期保护和未来解释提供有价值的信息。

该项目的 3D 模型是基于地面激光扫描数据和图像创建的,这些数据来源于卡纳维拉尔角空军基地国家历史地标保护项目的一部分。研究人员以数字方式保存和创建可访问的研究和学习材料,这些材料有助于讲述国家太空遗产的故事,并协助空军进行管理和历史保护。图 11.7 为亚美尼亚的阿赫塔拉教堂 3D 模型图,左侧为阿赫塔拉教堂的顶部结构图,右侧为阿赫塔拉教堂的正面结构图。

图 11.7 亚美尼亚的阿赫塔拉教堂 3D 模型

位于阿赫塔拉的 Surb Astvatsatsin(圣母教堂)是亚美尼亚西北地区的一座亚美尼亚堡垒遗址,是一座保存完好的修道院,主教堂(如图 11.7 所示)以其极具艺术性的壁画而闻名。该教堂 3D 模型的建立,是基于无人机摄影测量所得的亚美尼亚修道院的地点数据。通过 3D 激光扫描和现实捕获在教堂的不同角度均进行了记录。

GIS 资源网页是 DHHC 项目中 GIS 实验室的一部分,该资源网页目前提供 GIS 数据集、航拍图像、历史地图等的下载。其中,GIS 数据集是由政府和私人机构提供的,且该 GIS 数据可以提供多种格式的下载,其中包括 GIS 数据集线器、压缩形状文件和 REST 等。图 11.8 为 DHHC 中的 GIS 资源网页,图 11.9 为美国政府机构提供的各种数据集,包括历史灾害声明和紧急情况数据集、气象数据集等。图 11.10 为美国地质调查局地球探索者等机构提供的航拍影像数据集。

图 11.8　GIS 资源网页

Federal	
US Census Bureau	TIGER/Line shapefiles, Census tracts, blocks, government boundaries, school districts, legislative districts, military, and infrastructure.
US Fish and Wildlife	Coastal barriers, critical habitat, ecosystem regions, migratory bird conservation, national wetlands inventory, wildlife refuge, and other regions.
Federal Emergency Management Agency (FEMA)	Current and historical disaster declarations and emergencies by state and disaster type, and FEMA regions and offices.
Bureau Of Ocean Energy Management	Legal boundaries and grids, property ownership, physical and biological data, ocean uses, and cultural information of submerged lands.
National Park Service IRMA Data Store	Natural resource inventories, historical landmarks, cultural landscapes, and park boundaries and reports.
United States Geological Survey	Primary data source for biology and ecosystems, planetary science, coasts, energy, geology, environmental health, oceans, and more.
Federal Highway Administration	Transportation coverages in the U.S. and Mexico, National Bridge Inventory (NBI) data, and National Highway Planning Network (NHPN) data.
National Marine Sanctuary	Polygons of National Marine Sanctuary boundaries, including Hawaii, Florida, and other national marine areas.
NOAA Weather Service	Current weather warnings, hazard assessments, Alaska ice and sea surface temperature, forecast, drought, and rain/snowfall data.
Department of Defense	Airspace, DoD site location, personnel, and community data, and nationwide reference layers for states, counties, and railroads.

图 11.9　联邦各政府机构数据集

Nationwide

USGS EarthExplorer	The EarthExplorer (EE) user interface is an online search, discovery, and ordering tool developed by the United States Geological Survey (USGS). EE supports the searching of satellite, aircraft, and other remote sensing inventories through interactive and textual-based query capabilities.
NOAA Data Access Viewer	The Data Access Viewer (DAV) allows a user to search for and download elevation, imagery, and land cover data for the coastal U.S. and its territories. The data, hosted by the NOAA Office for Coastal Management, can be customized and requested for free download through a checkout interface.
USGS GloVis	With easy-to- use navigation tools, users can instantly view and download scenes from Landsat 1-5 MSS, Landsat 4/5 TM, Landsat 7 ETM, Landsat 8 Oli/TIRS, EO-1 ALI, EO-1 Hyperion, ASTER, Sentinel-2, and DOQs.
USDA Farm Service Agency NAIP Imagery (REST)	For each state, the most recent year of NAIP Imagery DOQQs is available on an ArcGIS server. The NAIP imagery services can be added into ArcGIS Online or ArcPro by adding the individual services found here.
USGS National Map	Natural resource inventories, historical landmarks, cultural landscapes, and park boundaries and reports.

图 11.10　航拍影像数据集

Historical Maps

USF Digital Collection Florida Map Library	The Florida Map Collection features printed maps that chronicle the early exploration and settlement of Florida by Spain, France, Great Britain, and the United States.
LABINS General Land Office Maps (Florida)	Original Florida Survey Plat maps from the General Land Office. Search the "General Land office (GLO) Early Records" section by Township/Range.
Library of Congress Maps	Collection of maps housed in the Library of Congress Digital Collections.
Sanborn Fire Insurance Maps (Florida)	Fire insurance maps published by the Sanborn Map Company. These highly detailed maps contain building level information for many cities throughout the State of Florida.
Sanborn Fire Insurance Maps (Nationwide)	Fire insurance maps published by the Sanborn Map Company. Housed in the digital collections of the Library of Congress.

图 11.11　国会图书馆地图数据集

11.5　上海图书馆名人手稿档案库

在数字人文时代，如何帮助学者在海量文献中找到与研究主题相关的数据、事实和知识是图书馆的首要任务。图书馆需要直接为学者提供文献中蕴含的且与研究主题相关的知识，帮助学者准确而全面地定位到所需文献。更重要的是，数字人文的优势还在于提供不一样的视角，帮助学者发现新的研究问题①。因而对图书馆来说，完成从文献服务到知识服务的转型是从事数字人文项目建设的主要目的。

11.5.1　研究背景

名人手稿档案库（http：//sg. library. sh. cn/mrsg/ipwarning/nopage）是在家谱

---

① 冯晴，陈惠兰．国外图书馆参与数字人文研究述评［J］．图书馆杂志，2016，2：14-19.

知识服务平台的基础上，上海图书馆以 24 万余种盛宣怀档案知识库（http：//sd. library. sh. cn/sd/home/index）及其他大量近现代名人的手稿和档案等数据为基础，建设了面向人文研究的"名人手稿档案库"，该档案库集手稿档案的编目与展示于一体，利用社会关系分析、实体关系分析、留言、标注等功能支持人文研究。这些数据中包括私人信函电报 12 万余通，珍贵的创作手稿 1 万 7 千余种，谕旨奏折公牍条约 1 万 4 千余种，合同章程 4 千余种，照片及音像资料 1 万 8 千余种等。这些数量丰富、类型多样的名人手稿与档案，横跨 19 世纪初至 20 世纪末近两百年，为研究近现代历史、人文、经济、社会等问题的宝贵资料。

上海图书馆在建设各种文献知识库的同时，建设了"人、地、时、事"等基础知识库，以便于从不同维度探索图书馆的所有资源①。比如，将"人名规范库"中的每个人当作一个实体，这样可以从某个人出发，探索所有的手稿、档案、著作、照片、音视频资料，而不用受到传统数字图书馆以资源类型的不同而建设相互独立的数据库系统的限制，真正做到面向内容而非面向文献，为研究者提供精准的知识服务而非仅提供文献查阅服务。

11.5.2　关键技术

该项目的主要目标是提供知识服务，主要方法是互联网时代的知识组织方法。因此，对图书馆已有数据和资源，用知识组织的方法进行知识重组，并利用新技术手段提供知识服务，是该项目建设的主要任务。知识重组的核心任务是数据建模，即根据系统需求和所能获得的数据数量和质量来设计数据模型，定义涉及的概念、概念特征，以及概念与概念间的关系，也就是本体设计，这是基于 RDF 三元组的数据模型的基础。图 11.12 是上海图书馆数字人文项目建设的流程示意图。在该项目建设过程中，沿用了该流程图。本体不仅与需求和用户应用场景相关，也与能获得的数据相关，同时受到系统设计开发过程中技术条件的制约，随着项目推进，需要在多次反复中不断完善。

上海图书馆"名人手稿档案库"的首要任务是满足资料的查询、阅览功能，

---

① 夏翠娟. 以连接开放资料服务为基础的数位人文平台建设方案研究[J]. 图书馆学与资讯科学，2017，4：47-70.

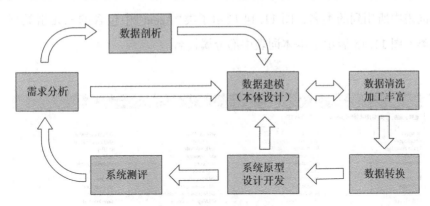

图 11.12　上海图书馆数字人文项目建设的流程示意图

在此基础上逐步实现支持人文研究的动态聚类、时空分析、社会关系分析、数据统计、研究交流等功能。需求分析的目的是在充分了解用户应用场景的情况下，界定系统的长、短期目标。上海图书馆拥有近 7 万件近现代名人手稿及档案资料，涉及 2 万余人、2000 余个县级及以上地点，时间跨越自晚清、民国至现当代的 200 余年，是研究近现代文学、历史、社会学的第一手宝贵资料。

上海图书馆名人手稿档案著录系统基于 DCMI 元数据方案设计方法来构建，将资源分成创作手稿、信函、照片、实物、证书等 12 个大类，共用一个核心元数据元素集；每种资源又有自己的特殊元数据元素集，并考虑到人名规范档的建设，在著录过程中对手稿及档案的责任者进行名称规范控制。元数据记录和规范数据记录以表格的形式存储于关系数据库中，并可导出 XML 格式。

在该项目中，数据建模即本体设计。本体设计要解决的问题是厘清深入揭示档案内容的数据中可以抽象出哪些概念，每个概念有哪些特征，以及概念之间有哪些关系。与此同时，用明确规范的术语来表达这些概念，在本体中用"类"来表示概念类型，用"属性"来表示概念的特征及概念间的关系。本体中的类是 RDF 三元组中的主体和客体抽象出来的概念，属性是 RDF 三元组的谓词，类和属性为 RDF 数据赋予了语义，可被机器读取和处理，经过机器的聚类、计算、统计、分析、推理后变成人可理解的知识。网站（http：//sg.library.sh.cn/ontology/view）提供了上海图书馆"盛宣怀档案知识库"和"名人手稿档案知识库"

所用的本体词表。该本体词表中共包含 44 个类和 195 个属性，图 11.13 展示了本体词表中所用到的类名，图 11.14 展示了类“Agent”中包含的三元组类型及其关联类，图 11.15 展示了本体词表中部分属性名。

Classes

选择下面的一个类名并跳转到一个类面板和描述 其用法如下:

bf:Agent	bf:Topic	schema:Place	shl:OfficialEvent
bf:Category	bf:Work	shl:Agent	shl:Organization
bf:Contribution	foaf:Image	shl:BookPlate	shl:Person
bf:Identifier	foaf:Person	shl:Envelope	shl:Place
bf:Instance	gn:Feature	shl:Event	shl:Relationship
bf:Item	org:ChangeEvent	shl:FamilyName	shl:Resource
bf:Organization	org:Organization	shl:Inscription	shl:Seal
bf:Person	prov:Activity	shl:LetterPaper	shl:Temporal
bf:Place	prov:Agent	shl:MediaCharacteristic	time:Instant
bf:Resource	prov:Location	shl:MigrationEvent	time:Interval
bf:Temporal	schema:Organization	shl:Name	time:ProperInterval

图 11.13　本体词表中所用到的类名

Agent

bf:Agent	
rdfs:comment	与资源相关的人、家族、机构等实体。
rdfs:label	代理
rdfs:subClassOf	bf:Resource

类列表　回到顶部

图 11.14　类“Agent”中包含的三元组类型及其关联类

bf:agent	gn:parentADM2	shl:deathPlace	shl:placeOfSender
bf:category	gn:parentADM3	shl:deathday	shl:placeValue
bf:categoryType	gn:parentADM4	shl:description	shl:postalcodeOfAcceptPlace
bf:categoryValue	gn:parentCountry	shl:dimensionOfInscription	shl:postalcodeOfSendPlace
bf:contentCategory	org:hasMember	shl:donated	shl:posthumousTitle
bf:contribution	org:headOf	shl:donator	shl:province
bf:contributor	org:memberOf	shl:dynasty	shl:pseudonym
bf:creator	org:originalOrganization	shl:endDay	shl:region
bf:dimensions	org:resultingOrganization	shl:endMonth	shl:reignTitle
bf:edition	prov:atLocation	shl:endOfKeysegment	shl:relatedWork
bf:extent	prov:endedAtTime	shl:endYear	shl:relationObject
bf:heldBy	prov:startedAtTime	shl:envelope	shl:relationSubject
bf:identifiedBy	prov:wasAssociatedWith	shl:ethnicity	shl:relationType
bf:instanceOf	rdfs:label	shl:event	shl:remarkFrom
bf:itemOf	rel:childOf	shl:factureOfCalligraphy	shl:rowsAndChars
bf:label	rel:friendOf	shl:fontOfCalligraphy	shl:seal
bf:originDate	rel:parentOf	shl:genealogyName	shl:sealCharacters
bf:originPlace	rel:spouseOf	shl:generationCharacter	shl:secretLevel
bf:place	schema:address	shl:hasDataset	shl:sendDate
bf:relatedTo	schema:faxNumber	shl:hseb	shl:sender
bf:role	schema:legalname	shl:inscription	shl:serialNo
bf:subject	schema:postalCode	shl:isbn	shl:shelfMark
bf:temporalCoverageNote	schema:telephone	shl:keysegment	shl:sizeOfBookPlate
dc:contributor	schema:url	shl:letterPaper	shl:sizeOfFilm
dc:creator	shl:abbreviateName	shl:level	shl:source
dc:date	shl:acceptDate	shl:locality	shl:speciality
dc:identifier	shl:acceptor	shl:locationOfInscription	shl:startOfKeysegment
dc:language	shl:address	shl:material	shl:styleOfPaper
dc:publisher	shl:addressOfAcceptor	shl:mediaCharacteristic	shl:subTitle
dc:relation	shl:addressOfSender	shl:migrationEvent	shl:temporalValue
dc:rights	shl:beginDay	shl:monarch	shl:town
dc:subject	shl:beginMonth	shl:monarchName	shl:typeOfSeal
dc:title	shl:beginYear	shl:name	shl:typeOfSealCharacters
dc:type	shl:binding	shl:nameType	shl:variantTitle

图 11.15　本体词表中部分属性名

　　名人手稿档案本体基于美国国会图书馆的书目框架 BIBFRAME2.0 设计，沿用了其"作品-实例-条目"三层模型，在此基础上扩展适用于名人手稿档案的类和属性。BIBFRAME2.0 的三层模型可以较好地解决作品与不同版本，版本与不同复本之间的关系。

　　"名人手稿档案库"系统开发时，在数据存储方案选择上，主要用到了图数据存储技术。这是因为 RDF 数据本身是多维网状的图数据格式，由节点和边组成。随着大数据技术的兴起，近年各种 NoSQL 数据库快速发展，可用于存储 RDF 数据的 No SQL 解决方案越来越多。图数据库是 NoSQL 数据库的一种，最大优点是可以直接导入 RDF 数据，设计者只需考虑数据本身的内在知识逻辑，无需像关系数据库那样设计大量的表和字段，将知识逻辑与数据存储结构紧紧地捆绑在一起。RDF 数据的结构由本体决定并反映在 RDF 数据底层，与数据库无关。这种特性让图数据库拥有一个重要优点：有着强大的灵活性和可扩展性，当本体有所变化或有新的数据增加时，知识新节点与边的增加，可以随时更新数据而不会对原数据产生影响。

第 12 章　数字人文在语言学中的应用

近年来，随着大数据时代的到来和数字人文研究的兴起，语言学作为一门有着极其重大人文价值和社会科学价值的学科，也呈现出了蓬勃发展之势。现代语言学的研究建立在庞大数据支撑的基础上，数字人文为传统语言学研究引入了诸如可视化、文本挖掘等数字工具和方法，通过构建大规模语料库和在线词典编纂等手段，使传统语言学的研究出现了革命性的变化。传统的语言学研究在数字人文技术的加持下如获新生，发挥了主观能动性的同时拓宽了研究领域，也为进入信息化时代迈出了一大步。许多与语言学有关的数字人文项目应运而生，本章基于典型案例探讨数字人文在语言学研究上的应用。

12.1　"中央研究院"古汉语语料库

"中央研究院"古汉语语料库(Academia Sinica Ancient Chinese Corpus)是应汉语史研究需求而建构的语料库，该语料库依据是否经过断词及加标词类而分成两类，即未加标的素语料库以及有标注的标记语料库。目前素语料库包含三个子语料库，分别是上古汉语标记语料库(http：//lingcorpus. iis. sinica. edu. tw/ancient/)，涵盖范围是从先秦至西汉；中古汉语标记语料库(http：//lingcorpus. iis. sinica. edu. tw/cgi-bin/kiwi/dkiwi/kiwi. sh)，涵盖范围是从东汉魏晋南北朝；近代古汉语标记语料库(http：//lingcorpus. iis. sinica. edu. tw/early/)，涵盖范围是从唐五代以后。三个子语料库大部分的重要语料已陆续开放使用。在标记语料库方面，上古汉语及近代汉语都已有部分语料完成标注的工作，并于 2001 年 11 月首次开放供各界使用。

12.1.1　研究背景

据不完全统计，我国古籍的存世量约有 5000 万册，但是由于社会环境变化的原因，许多古籍的保存和利用遭遇了诸多变故。有的古籍没有得到很好的保存，历经岁月的侵蚀，濒临损毁，而有些则被藏于楼阁，秘不示人。为了解决这些问题，使存世的古籍得以保全，有人提出了两种解决办法：一是对古籍进行修复；二是将尚可辨识的古籍扫描成图像，对古籍数字化并建立古籍语料库。由于古籍修复人才的缺口较大，第一种方案也就不了了之。鉴于此，古籍的数字化就显得格外重要，"中央研究院"的古汉语语料库的建立，使得许多经典古籍得以重现于世，中华民族的传统文化得以发扬传承。

"中央研究院"古汉语语料库的建构始于 1990 年，创始者为黄居仁（语言所研究员）、谭朴森（英国伦敦大学亚非学院教授）、陈克健（资讯所研究员）、魏培泉（语言所研究员）等，最初的经费来源为蒋经国基金会及"中央研究院"历史语言研究所，目标是收集上古汉语的素语料。素语料库的构建自此未曾停歇，语料也由上古汉语扩充到中古汉语和近代汉语。上古汉语标记语料库的标注工作自 1995 年开始进行，中古语料库近代汉语语料库自 1997 年开始规划，随后付诸实行。

12.1.2　主要语料集

上古汉语标记语料库现收录有《诗》《书》《礼》《易》《春秋》《左传》《国语》《战国策》《诸子百家》等语料，除了全文检索功能之外，还可以依据词类划分进行检索。中古汉语标记语料库含有《抱朴子内篇》《世说新语》《齐民要术校释》《新校搜神记》《洛阳伽蓝记》《颜氏家训》等语料，进行中古语料检索比较便利。近代古汉语标记语料库目前提供《红楼梦》《金瓶梅》《平妖传》《水浒传》《儒林外史》《醒世姻缘》《西游记》《关汉卿戏曲集》《元刊杂剧三十种》《永乐大典戏文三种》等二十部古典文献语料在线检索。该语料库的查询功能和断词标类的凭准，与"中央研究院"现代汉语平衡语料库大致相同，但也有其特色：在查询功能方面，可以在显示词项及其词类的同时，显示例句的出处，便于历史语法的研究者使用；在断词标类的凭准方面，也因着眼不同而作了一些变动，例如动补结构标示的较详尽。

"中央研究院"古汉语语料库是基于古汉语书面用语的专用语料库，在建库之初就设计并遵循了以下原则：语料库的设计和建设在系统的理论语言学原则指导下进行；语料库语料的构成有明确的语言学理论指导，按照一定比例收集语料，而不是古籍文献的简单堆砌；古汉语研究型语料库作为语言运用的样本，须采用科学的方法确定各种语料的比例，使语料具有代表性；语料加工时采用自动和人工相结合的方式；语料库中语料以电子文本形式储存并且可以方便快捷地通过计算机对语料进行各种处理。

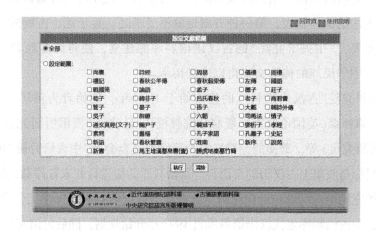

图 12.1　上古汉语标记语料库

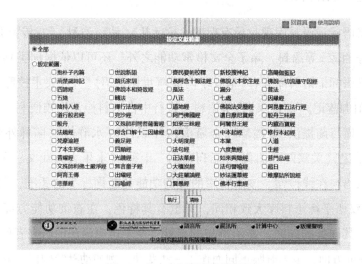

图 12.2　中古汉语标记语料库

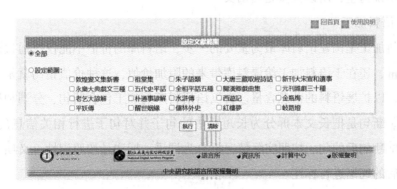

图 12.3 近古汉语标记语料库

12.1.3 系统构建与应用

（1）构建过程

"中央研究院"古汉语语料库的构建经历了如下步骤：

① 语料库模块划分

在明确构建目的的基础上，开发人员初步确立了语料选取及整理、语料加工和语料库管理使用三个模块。① 其中，语料选取及整理和语料加工是对具体语料进行的操作，将其整合起来并以一定的形式存储在数据库中。语料库管理及使用是为了管理和使用该数据库，提供检索功能，以便为研究者提供更好的服务。

② 语料选取及分类

语料是构成语料库的基础也是影响语料库质量的关键因素。"中央研究院"古汉语语料库收录了春秋时期到清朝的古籍，内容更是涵盖诸子百家、佛经、小说等多种题材，遵循了代表性、平衡性、关联性与区别度、特色性四大原则②，以保证语料库在历史时期上的覆盖率。上古汉语标记语料库以文言文为主，中古汉语标记语料库由于包含了众多汉译佛经，而佛经的受众是底层劳动人民，口语性较强，所以中古汉语标记语料库既有文言文又有白话文。近古汉语标记语料库

---

① 王晓玉. 中古汉语语料库的设计与实现[J]. 辞书研究，2017，3：17-26.

② 化振红. 深加工中古汉语语料库建设的若干问题[J]. 西南大学学报（社会科学版），2014，40（3）：136-142，184.

以明清小说为主，所以大多是白话文。

③ 语料加工

语料加工是构建语料库最为重要的一步，语料库的价值不能仅仅通过规模大小来衡量，还在于语料加工给语料库带来的附加价值，这种价值指的就是对语料的加工，以扩展语料的信息含量。古汉语语料库的加工包含断句、分词和标注三个部分。断句是把长文本拆分为长短适中的句子并对句子进行相关信息的标注；分词是把断句后的句子按照实际情况拆分为词语；标注是按照词性、义项等信息对拆分后的词语进行标注。

(2)项目应用

"中央研究院"古汉语语料库是一个庞大的语言素材集合体，主要用于观察、分析和研究古汉语的各种特征，能够提供大量的古汉语自然语言材料，古汉语语料库进行了分词和词性标注，提供了以词为单位的线上检索功能，有助于研究者据其得出可验证的结论。在计算机技术的支持下，古汉语语料库还可以应用于词汇、语法、语义、语用、语体研究，也可应用于词典编纂、古汉语教学以及人工智能、机器翻译等领域。基于"中央研究院"古汉语语料库，可以进行以下的语言学研究：

① 汉语史研究

由于古籍已经在句子、词语多个层面进行了标注，支持多种检索模式，语言学研究者可以利用检索结果进行特定的汉语史研究。第一，对古籍中基本的句法、特定句式、义项、词性、疑难字进行查询以辅助语言学研究或教学；第二，根据词语的使用频率统计结果，确定常用词范围，随后结合句法、义项对常用词进行语义分析；第三，检索同一词汇在各个古籍中的使用情况，以对不同时期不同古籍的语言风格对比研究；第四，根据对句式、义项、词性的各种组合查询，可以对古代各个时期的语法进行研究。

② 汉语词典编纂

"中央研究院"古汉语语料库收录了大批古籍，为词典的编纂提供了可能。标注时主要采用人工方法，在参考各种权威汉语词典的基础上，对词语的义项、用法以及地名、人名等称谓进行考量和修正。这些标注信息可以提供不同时期每个词汇各个层面的统计信息，也为词典的编纂提供了直接证据，可以大大减少词典编纂人员的工作量和工作强度，同时也缩短了编纂周期。

③ 古汉语教学及文化研究

不仅老师可以利用语料库在教学中向学生教授古汉语中的语法和词义，学生自己也可以在课余时间利用语料库进行补充学习。这种学习方法不仅可以使学生的专业能力得到提高，还能培养其搜索信息的能力，对教学的意义显而易见。此外，古汉语语料库还收录了如宗教、医学、农业等专业领域的著作，为这些相关领域的专业研究提供了丰富的资源。

12.2　北京语言大学 BCC 语料库

由北京语言大学大数据与语言教育研究所荀恩东教授团队开发的"BCC 汉语语料库"（http：//bcc. blcu. edu. cn），以汉语为主兼有其他语种，主要面向现代汉语的数字人文项目。语料库总字数约为 150 亿字，包括报刊（20 亿）、文学（30 亿）、微博（30 亿）、科技（30 亿）、综合（10 亿）和古汉语（20 亿）等多领域语料，是一个可以全面反映当今社会语言生活的大规模在线语料库，为研究者提供了各种类型的检索以及可视化服务。

12.2.1　研究背景

在大数据背景下，我国数字化语料库的建设工作也逐步开展起来，由最开始的汉语单语语料库逐步发展为汉英双语语料库，到现在的多语种语料库。北京语言大学 BCC 语料库作为国内具有代表性的大规模真实文本的在线语料库，涵盖了报刊、文学、微博、科技、综合和古汉语等约 150 亿字多领域语料。其中包含了生语料、分词语料、词性标注语料和句法树，目前已对现代汉语、英语、法语的语料进行了词性标注，中、英文句法树则是引自美国宾州大学的中文和英文树库。①

---

① 荀恩东，饶高琦，肖晓悦，等 . 大数据背景下 BCC 语料库的研制［J］. 语料库语言学，2016，3（1）：93-109，118.

12.2.2　研究特色

该语料库涵盖多个语种，多语种单语语料库以现代汉语为主，同时也包括英语、西班牙语、法语、德语、土耳其语等 9 种语言。其中英语语料主要来自《华尔街日报》，大约有 12 亿单词。双语对齐语料库包含英汉、英德等对齐语料库，各类双语语料规模达到千万级别。句法树库包括中、英文两种，引用自美国宾州大学的中英文树库。现代汉语语料涵盖新闻、微博、科技和文学多个领域，其中，新闻和文学语料又包含标注时间和作者等信息，这部分内容可以用自定义功能限定在该语料范围内进行检索。新闻语料主要来自《厦门日报》《厦门商报》《厦门晚报》等；微博采自 2013 年的新浪微博；文学语料采自国内外名著；综合语料内容独立，其目的是构建一个平衡的语料库。

检索引擎支持语言大数据，单机时可以索引的语料库最大达到了 64G(约 320 亿字)；支持中文、英文、法文等多语种检索；支持多种语料形式，包含原语语料、分词语料、词性标注预料等，同时也支持短语结构树的检索；支持功能强大的检索，不仅具有模式查询和统计功能，支持带有词性的通配符和离合模式查询，还可以支持二次查询、自定义语料查询等，同时 BCC 还实现了在线统计以及在线反馈统计结果的功能。

BCC 语料库在检索服务上主要包括两种形式：一种是在线检索，即在浏览器内使用 BCC 语料库，输入检索式，以页面形式返回结果；另外一种是云服务，即通过计算机编程调用 BCC 语料库的 Web API 接口。云服务一般用于 BCC 语料库的二次开发，或者是利用语料库资源进行的语言学研究。在 BCC 语料库的首页可以选择不同语种的语料库，在输入框的上方，列出该语种的不同语料频道，如图 12.4 所示。如果想在某个频道中做更细化的查询，可以选择"自定义"搜索，如图 12.5 所示。通过点击语料库的组成窗口选择子语料库或者通过搜索定位子语料库。当用户选择一个子语料时，页面会给出该子语料库的语料规模，后续检索也会限定在该子语料库中进行。历时检索是以年为单位，显示检索式的次数，并以可视化方式呈现给用户的检索方法。历时检索提供多模态检索功能，为许多社科领域的研究提供了极大的便利。

检索式的语法设计是决定一个语料库好用与否的关键，如果设置项少，检索

图 12.4 BCC 语料库首页

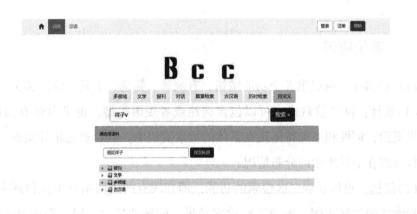

图 12.5 自定义检索

功能就会被限制，研究人员要耗费更多的时间和精力去找到需要的语料；如果设置项多，就会造成功能复杂、界面不友好的后果，影响研究人员的使用体验。BCC 语料库的检索式主要由字串、属性符号、通配符、集合符号、离合符号、属性约束符号、空格或"+"组成。例如，如果检索我想吃后面紧接着一个名词的语言实例，检索式为"我想吃 n"，这里 n 是词性符号，表示名词，如图 12.6 所示为检索结果。如果想对检索结果进一步筛选可以使用筛选功能，对检索结果进一步剔除或者仅仅保留符合筛选检索式的实例。

图 12.6　"我想吃 n"的检索结果

12.2.3　系统应用

BCC 语料库自身提供 5 个功能按钮，有统计、筛选、下载、高级和全文。

(1)统计：BCC 检索式中可以包含词性或者短语类型，也可以带有通配符。在结果页面，词性和通配符体现在具体的检索实例中。BCC 通过统计实例，在线统计检索式在语料库中的分布情况；

(2)筛选：提供在线二次检索的功能，即在现有的返回结果中保留或者剔除符合检索式的语料实例，得到二次检索结果。筛选的检索式同一般的 BCC 检索式一致；

(3)下载：下载检索或统计结果，登录用户可以下载更多的结果；可以设置返回结果的显示形式；

(4)高级：可以随机生成实例，如设定上下文显示字数，设定是否以句形式显示结果等；

(5)全文：点击该按钮可以查看检索实例更多的上下文。

基于以上功能，BCC 语料库的应用覆盖了多个学科：

(1)在信息检索和信息抽取中的应用

BCC 语料库是编纂词典和词表的主要工具，而词典和词表的一个典型应用就是信息检索和信息抽取。信息检索不仅是指查找信息，也是广义上的信息组织、处理和展示的过程。利用语料库进行主题词检索、语义韵考察和词频统计等分析，结合社会情境，可以进行批评话语分析。此外，BCC 语料库对命名实体识别模型的开发也起着不可忽视的作用。

（2）在英汉翻译教学中的应用

由于 BCC 语料库具有海量库存、检索便利、界面友好和免费使用等优势，使其成为英汉翻译教学中的首选。① 在英汉翻译教学中，BCC 语料库的"多领域"和"科技"两个子库的海量库容和良好的平衡性为检索词频及搭配提供了优于母语直觉的量化依据。"历时检索"这一功能反映的语言变化轨迹为新旧词汇的更替提供了客观依据。此外，教学者应当以词汇搭配作为课后练习布置给学生，指导其掌握 BCC 语料库的基本操作和检索技巧。

（3）在语言测试中的应用

BCC 语料库在语言测试中的应用包括考试开发、考试效度验证、自动评分系统、语言能力量表构建四个部分。语言测试者可以借助语料库了解本国语言使用的词汇、语法特点，包括词汇和短语的相对频率、句式、搭配和类联接、语法结构、程式化表达、词序等，而语言测试也是建立在这些特征之上。语料库可以提供真实的、可供参考的语料，通过观察语料库中的这些信息可以更好地设计和编制试题。

12.3　汉字全息资源应用系统

汉字全息资源应用系统是北京师范大学的汉字研究与现代应用实验室所研发的一个古文字检索系统，是王立军教授团队的一个数字化项目成果。"汉字全息资源应用系统"是在新型汉字学理论的指导下，充分运用数据库技术、信息挖掘技术、图形处理技术和可视化技术等现代化手段，在功能开发方面集成了模块化检索、复合属性类聚、属性深度系联、字形动态演化等新型的汉字资源应用功

---

① 孙东云. BCC 汉语语料库在英汉翻译教学中的应用[J]. 外语教学理论与实践，2018，3：71-78.

能，体现出较高的学术水平和技术创新。从应用角度出发构建科学、系统、高效、实用的汉字全息资源应用平台，以满足不同领域汉字应用的多元化需求。从形、音、义、用、码五大维度，较为全面地呈现古今汉字的属性体系，有效地满足了不同领域汉字应用的多元化需求。

12.3.1　研究背景

汉字，是世界上最源远流长、博大精深的文字之一。同语言一样，汉字作为中华民族文化的一部分，既是中华民族文化的重要载体，本身又是种文化现象，汉字中蕴藏着中华民族的思维方式、价值观念、文化习俗等多方面的内容，可以毫不夸张地说，汉字是中华民族文化的活化石。所以说，学习汉字，研究汉字，还可以同时获得中华民族的历史文化知识。在研究历史和古代语言的时候，往往都要借助汉字，分析汉字，研究汉字，把汉字作为联系古今的桥梁。因此，在大数据化和信息化的时代，构建一个汉字的资源系统，是语言学领域的一个重要课题。

在上述背景下，汉字全息资源应用系统的开发提上日程。汉字全息资源应用系统是文字学、语言学及相关专业领域专家学者的科研平台，是国家语委重大基础资源建设项目"通用汉字全息数据库建设"的标志性成果。系统包含 4 种字符集，共计 81722 字，其中主体字集是 8105 个规范汉字及其关联字形，提供了丰富的汉字多维属性资源，包括大量的图形信息和文本信息资源，涵盖了古今各个时期文字的形、音、义、用、码各个方面的重要信息。研究团队从 20 世纪 90 年代开始总结汉字的属性，由王宁领衔的专家团队，在继承章黄学术精髓的基础上不断创新，发展出"汉字构形学"和"汉语词汇语义学"等前沿学术理论。特别是"汉字构形学"的相关理论，使纷繁复杂的文字现象变得井然有序。除形、音、义之外，还增加码、用两个部分。码是汉字在计算机中的编码，用是汉字的使用，而且做了大量的属性细化研究，这样就有条件将笼统的汉字个体的资源库，改造为汉字的属性库，解决关联的多角度问题。2019 年 1 月 11 日，"汉字全息资源应用系统"发布会在北京师范大学举行。发布会上，北京师范大学资深教授王宁、项目主持人王立军教授、文学院康震教授与刘宏副司长共同启动系统上线。

12.3.2　系统功能

汉字全息资源应用系统结构分为深层结构和表层结构两级模式。登录汉字全息资源应用系统，点击现代通用字集，搜索要查找的字，不仅能够显示其现代字形、字音、字义信息，还可以查到该字从甲骨文、金文到篆书、楷书的历史字形演变过程，从《说文》《尔雅》《方言》《释名》一直到《康熙字典》等历代辞书对该字的释义，及其在一些常用古籍文献中被使用的情况①。项目首页如图 12.7 所示。

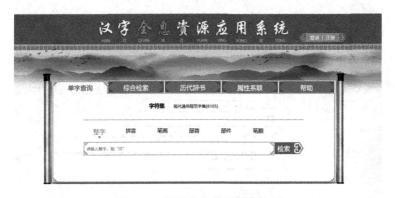

图 12.7　汉字全息应用系统首页

该项目包括：四大模块，即单字查询、综合检索、历代辞书和属性联系；五大字符集，即常用字集、现代通用规范字集、古籍印刷通用字集、字符总集和历代字形图集。可满足"以字查息"和"以息查字"两种不同检索需求，还提供专业化程度极高的形、音、义三重系联功能②。下面将对项目的四大模块进行介绍。

（1）单字查询

单字查询功能旨在实现通过"常用字集""现代通用规范字集""古籍印刷通用字集"和"字符总集"，直接查询单字的形、音、义、用、码等五大方面的属性，以及通过"历代字形图集"查询单字从甲骨文到楷书各个时期的参考字形。用户

---

① 新华网."全息字典"正式上线：古今汉字任你查［EB/OL］. http：//www. xinhuanet. com/politics/2019-01/27/c_1124047620. htm？baike.

② 人民网."汉字全息资源应用系统"上线：变纷繁复杂为井然有序［EB/OL］. http：// edu. people. com. cn/GB/n1/2019/0113/c1053-30524419. html.

应首先选择相应的字集，然后可通过"整字""拼音""笔画""部首""部件"等五种检索方式，找到目标字形，查看其相应属性。此功能通常适用于一般的文字使用者和教育工作者。如图 12.8 是对"国"字进行单字查询后的显示结果。

图 12.8　单字查询结果

（2）综合检索

综合检索功能旨在利用一些基本属性作为条件来检索目标字符或字形，检索结果以列表方式呈现。当用户选择"常用字集""现代通用规范字集""古籍印刷通用字集"或"字符总集"时，可通过条件字形（输入字形作为条件）和目标字形（输入字形作为目标，查找与其指定属性相同之字）两种方式作为检索条件，找到相应结果，查看其相应属性；当用户选择"历代字形图集"时，通过输入相应的属性条件，可找到所需内容，查看其参考字形及相应出处。检索结果页面均提供各项属性显隐的自主选择。此功能通常适用于科研工作者和有更高要求的文字爱好者。

(3)历代辞书

历代辞书模块提供四大类辞书(字书、韵书、训诂书、现代字典)的单册检索和按类联合检索功能。用户可通过形、音、义,以及各辞书自有的一些属性条件,查找所需的结果;也可通过查看原书图片,获取更为准确的信息。检索结果页面提供各项属性显隐的自主选择。此功能可满足科研工作者深入研究之用。

(4)属性联系

属性系联功能提供构形、声韵、训释以及此三者联合的系联功能,通过可视化界面,展示系联结果,供学术研究使用。构形系联采用汉字构形学的有关理论,从表形、表义、示音、标示等方面分析汉字的构形,展现汉字构形的系统性,可为汉字研究提供有用材料;声韵系联可展现声韵系统的关系,为音韵系统的构建、同源词的研究等提供帮助;训释系联将《说文》《尔雅》《释名》《方言》等训诂著作的训释串联起来,展现传统研究难以体现的复杂关系,可为更深入的词汇、训诂研究提供参考;综合系联将形、音、义三者贯通,为汉语传统语言学的研究提供方法参考和材料支持。此功能拟为科研工作者提供高阶研究的数据、思路和手段。

"汉字全息资源应用系统"作为文字学及相关专业领域专家学者的科研平台,系统将在现有的资源基础上,进一步加强字库建设,完善辞书文献范围等基础资源的扩充,从支持 8105 个规范简化字,到支持将来的古籍印刷通用字表,再到 Unicode 全字符集,最终到支持古文字及出土隶楷书文字等未编码字符,实现系统的全字符化、全文本化。

12.3.3　系统应用

通过交叉学科衍生成果,系统可作为基础教育领域的教学平台,为学生学习、教师备课提供丰富的教学资源,如本系统提供的汉字演变动画类产品,会定期投放手机端进行传播。中小学古诗文库构建完成后,系统能为中小学教师、教材编写者、教育主管机构提供更加丰富的资源支撑,更好地服务于我国的基础教育。同时系统还可以作为社会通用领域的学习平台,为文字和文化爱好者提供权威的学习内容，提高其知识水平和综合素养。

（1）借助资源库，给汉字家族绘家谱

目前，汉字全息资源应用系统涵盖字符集 4 种，其中常用字集 3500 字，通用规范字 8105 字，古籍印刷字 16490 字，全字符集 81722 字；还有辞书 20 种，古籍文献 60 种，历代字形图 415675 个。其中包括大量的图形信息资源和文本信息资源，分别来自古文字拓片、文字编、规范字表、编码字符集、历代辞书、经典文献、中小学语文教材等，涵盖了古今各个时期文字的形、音、义、用、码五大方面的重要信息。

如果说建立数据库是给汉字家族绘制家谱，那么建立关联则是搞清谱系、辈分等关系。首先是汉字属性的分解。构建一个具有多角度关系的汉字实用数据库，必须以汉字的属性作为基本的依托。在进行了大量的属性细化研究的基础上将一个笼统的汉字个体资源库改造为汉字的属性库，解决了关联的多角度问题。其次是层次的确立，根据汉字效用递减率，将汉字分为常用-通用-适用-罕用-无用 5 个层。第一、二层次涵盖 36000 字，以外的字只存记忆，不做深度开发，这样一方面可以在应用中扩大有用信息的使用度，另一方面将垃圾信息、无用信息退出关联，不干扰有效信息的集合和调用。

（2）沟通古今，提供汉字准确属性信息

实现让通用规范汉字沟通古文字、繁体字，是该资源库的又一重要特征。据介绍，系统的主体字集是国家语委 2013 年公布的《通用规范汉字表》的 8105 个规范汉字及其关联字形。《通用规范汉字表》属于简化字系统，分为一级字表（即常用字表，3500 字）、二级字表（3000 字）、三级字表（1605 字）。《通用规范汉字表》作为数据库子库的 B 库，直接和 A 库（传承字、繁体字和隶定字）关联，进而与小篆等古文字（C 库）关联，从而实现了古今、简繁汉字的有效贯通。

系统的处理方法是：选取历代具有代表性的辞书，并选择最优的版本作为搭建框架的基础素材，以此为基础建构数据之间的深度关联。选择的辞书包括从《尔雅》《说文》《释名》《方言》《广韵》《集韵》《康熙字典》《汉语大字典》《新华字典》和《通用规范汉字字典》等。在字形方面，简化字的部首采用 2009 年国家语委发布的《汉字部首表》，即 201 个主形部首和 99 个附形部首，非简化字采用 214 部首体系，来源于《康熙字典》。简化字和繁体字的笔画数属性参考《通用规范汉字字典》等。结构类型(六书)属性参考《说文解字》。字音方面,现代汉语拼音和注音字母主要参考《通用规范汉字字典》和民国时期《国语辞典》等;近代音来源于《中原音韵》;中古音来源于《广韵》。字义方面,常用义项来源于《通用规范汉字字典》,并给出历代辞书的释义内容。

汉字不是一个个孤零零的符号,汉语文献正像躯体的血肉,丰富着汉字殿堂的内容。在每个字的"用例"一栏,系统选取具有代表性的传世文献作为古籍用例的来源,包括十三经、二十五史、二十二子等三大典籍系统,提取汉字在这些文献中的使用例句,供研究者参考使用。

(3)多种检索,满足不同用户需求

与查字典类似,方便检索也是系统的一大特征。为方便使用者更便捷地输入需要检索的字,系统提供了单字、拼音、部首、部件、笔画等五种可输入的检索方式,使用者可以根据自己的喜好和需求,选取适合自己的方式。

资源库可作为文字和文化爱好者提高文化知识和综合素养的学习平台,为传统文化爱好者提供权威的学习内容;可以作为基础教育及汉语国际教育领域的教学平台,为学生学习、教师备课提供丰富的教学资源,从而更好地服务我国基础教育;可作为文字学及相关专业领域专家学者的科研平台,为专家学者提供对数据资源进行深度挖掘的工具,弥补传统手工获取资源、联系资源方式的局限;可作为汉字类数字化产品的开发平台,为开发者提供海量的经过专业学术加工的可靠汉字属性资源。美中不足的是,在没有得到注册授权的情况下,只能使用系统的单字查询功能,从而限制了部分研究人员的使用。

12.4　中国语言资源采录展示平台

中国语言资源采录展示平台(https://zhongguoyuyan.cn/)是中国语言资源保护工程的重要组成部分。主要任务是保存和管理大规模汉语方言和少数民族语言调查点采集的珍贵多媒体数据,利用科学化、规范化和具有前瞻性的技术手段,完成所有语言资源的数字化、存储管理、整理分析和应用展示等方面的工作。平台于 2020 年 9 月 30 日上线试运行,用户注册后可以登录平台进行访问。中国语言资源采录展示平台是中国语言资源保护工程(以下简称"语保工程")的标志性成果，用于保存、检索、展示工程调查采集的多媒体语言资源数据。该平台利用前沿技术手段，开展语言资源数字化建设、存储管理、整理分析和应用展示等方面工作，通过录音、录像、图片、文字和音标记录等方式，全面、立体、直观地呈现我国语言资源的实态面貌。中国语言资源采录展示平台包括专业平台、大众平台两个版块。专家平台为学者提供当前最全面的语言资源数据和最先进的数据分析功能；大众平台则利用互联网"众包"技术面向社会各界采集语言资源，实现在线交流互动。

12.4.1 研究背景

语言是文化的载体，保持汉语多样化是维护文化多样性的重要手段。事实上，母语方言在默默地塑造着人的表达能力，影响着人的思维方式。在描述一件事时，用方言词汇或说法既准确又形象，给人绘声绘色、活灵活现之感。而如果不使用特定方言，则只能传达事件的基本信息，描述起来显得干巴巴的，缺乏灵动和表现力。方言保护与传承不仅具有语言研究方面的学术价值，更具有民俗、历史、人文理念方面的价值，是对非物质文化遗产事业的贡献；每种地方戏都是以方言为基础的，没有方言，这些地方戏也就成了无源之水，无根之木；方言保护是保持语言多样化，是维护文化多样性的重要手段。因此，运用现代化的技术手段实现多语言资源的数字化存储势在必行。

中国语言资源保护工程于 2015 年启动，历经 5 年完成一期建设。截至 2019 年底，语保工程共完成了 1712 个点的语言资源调查采集任务，调查范围涵盖包括港澳台在内的全国所有省份的 123 个语种及其主要方言，是教育部、国家语言文字工作委员会组织实施，国家财政专项资金支持的语言文化类工程，是目前世界上最大规模的语言资源保护项目。截至目前，中国语言资源采录展示平台已汇聚了语保工程 1284 个汉语方言调查点和 329 个少数民族语言调查点的数据。参与高校和科研机构 350 多家，组建专家团队 1000 多个，投入专业技术人员 4500 多名，语言方言发音人达 9000 多人，举办培训班 57 期，培训人次达 4700 余人次，语保工程的机构和人员之多，是我国历史上乃至世界上同类工程中前所未有的。

在项目过程中，清华大学承担了中国语言资源采录展示平台的研制工作，截至目前，平台收录了 9733 位发音人的语言资源数据，包含了上千万的汉语方言和少数民族语言文本、图片、音视频资源文件，多模态数据达 100TB。其他调查点的数据经过科学、规范地整理加工后，也陆续进入平台，向社会各界开放使用。目前，语保工程的二期工程的工作也在部署之中，国家语言文字工作委员也会以更高站位、更宽视野、更大力度，推动工程二期建设高质量发展。

12.4.2　系统功能

语保工程平台是一个综合性的、科学研究和社会化应用相结合的信息化建设项目，包含了多个数据展示窗口和应用工具。系统平台基于 Java 语言、Android SDK 和 Linux 操作系统，采用 RESTful 软件架构风格，构建接口化的跨平台 Web 应用服务系统。① 该平台是语保工程三个子系统之一，其余两个分别是中国语言资源库系统和中国语言资源统一管理系统。其中，中国语言资源库系统是搭建中国语言资源库基础软硬件环境；中国语言资源统一管理系统是用于管理各种语言资源数据的基础性软件系统。而中国语言资源采录展示平台则是工程语言资源汇聚的平台，是语保工程成果的重要体现。

中国语言资源采录展示平台是语保工程平台的重点，平台面向全社会开放，提供友好的前端交互界面，利用互联网和移动网络上的多种方式收集语言资源数据。平台通过社交媒体、新媒体将资源库中收集的数据进行展示，并开发配套数据收集和应用工具，不定期举办专题活动，提高全社会保护语言资源的意识和参与度。中国语言资源采录展示平台按照功能划分，可以分为采录和展示两个部分；而按照用户群体划分，又可以分为专业型应用和大众型应用。由于专业用户和大众用户对方言资源的利用和采集方式存在较大差异，最终的系统研制方案是将本系统分为专业平台和公众平台两个子系统，在两个子系统上分别提供采录和展示功能。

（1）专业平台

专业平台页面最显眼区域显示的是所有调查点的整体分布图，棕褐色的标注

---

① 林佳庆，李涓子，张鹏. 中国语言资源采录展示平台的关键技术及其应用[J]. 语言文字应用，2019，4：26-34.

点表示汉语方言点，蓝色标注点表示少数民族语言点。在调查点地图上，平台提供了基于 GIS 的框选对比功能，点击地图右上角圆圈图标，按住鼠标左键并拖动，框选一定范围内的调查点，松开鼠标，弹出框选范围内的待选调查点队列，选中队列中的数个调查点，点击右上角箭头按钮，进入调查点横向对比页面。在调查点横向对比页面，对比项包括调查点的基本信息、单字、词汇和例句等多个维度。调查点基本信息包括：负责人、负责单位、方言片区等多项信息。字、词、句的对比项包括国际音标和录音。在首页地图右下角，平台还提供了"中国语言分布图""中国汉语方言分布图"和"中国少数民族语言分布图"三张语言分布图，点击"中国语言分布图"可以看到我国语言分布的基本情况，当鼠标经过图时，有局部放大的效果。如图 12.9 是专业平台的首页。

专业平台还提供配套田野调查的跨平台辅助性校验工具，突破多媒体信息抽取、视频音轨剥离等关键技术，针对语言资源田野调查采录数据的专项校验，大规模节省人工校验的时间和人力成本，显著有效提高数据准确度。此外，平台还提供用户指南供没有使用经验的用户学习、快速上手。

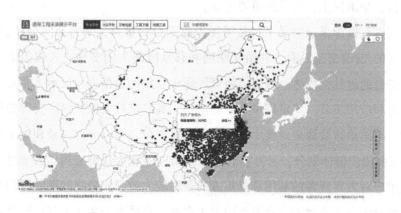

图 12.9　专业平台页面

（2）大众平台

大众平台是面向普通公众用户的语言资源站点，立足于"传播民族文化，见证语言魅力"的服务宗旨，开发更加趋于大众化同时具有趣味性的数据展示、数据采集和交互应用的功能。大众平台主要包含"我的家乡话"和"方言小百科"两个栏目，以"音像图文四位一体"的复杂多媒体融合的形式展示，激励资源上传和基于众包理念的转写标注应用。大众平台承载着中国语言资源采录展示平台社会化的重大使命。结合"互联网+"理念，利用最新的技术手段，开发了移动APP 和基于微信公众号的社交媒体轻应用；充分利用移动互联网即时便利和覆盖范围极广的特点，摸索出音像图文相结合的更加生动有趣的展示形式，为专家、学者和普通大众提供更为即时有效的语言资源数据轻应用；可定期推出文化性、趣味性强及社会关注度高的主题活动，最大程度发挥社会大众参与的积极性。如图 12.10 是大众平台的首页。

图 12.10　大众平台页面

12.4.3　系统应用

中国语言资源采录展示平台的建立，使得社会大众积极投身于语言保护的工作中来，激发了大众的方言创作热情，每一个方言资源的创作者和使用者都成了保护者。中国语言资源保护工程也从一项政府工作变成了社会行动，为中华民族弘扬传统文化、促进社会作出了极大的贡献。平台的后期应用可以表现在以下两个方面。

（1）绘制方言地图

在以往的语言学领域中，方言作为语言的地域性变体一直是语言学的重要研究课题，方言的分布和命名与地理因素存在密切的联系。甚至产生了方言地理学专业学科。其中，方言地图的绘制一直是不可缺少的一环。传统的手工绘制需要投入大量的人力和物力，还容易出错。中国语言资源采录展示平台拥有 GIS 系统接口，采用自动计算和分析方法，避免了手动出错的情况，直接生成精密的方言地图，有助于用户根据绘图结果进行进一步的分析和研究。此外，系统还提供保存、下载等一系列操作。

(2)移动端资源采集

为能使社会大众参与到语言资源保护工程中，大众平台结合移动互联网开发了多款面向大众的方言小程序和 APP，其中，"家乡话 APP"是一款面向公众的以方言保护为目的的 APP，包含 Android 和 IOS 两个版本，收录了语言资源库中的公开数据，通过视频和音频可以了解中国各地不同地区的方言，APP 包含"方言小百科""乡音广场"等功能，用户也可以上传自己的方言，展示自己感兴趣的主题。在这个自媒体时代，大众可以借助 APP 的传播扩散能力，唤醒自己的语言保护意识与责任，为保护和传播自己的方言贡献一份力量。

12.5　现代汉语构式数据库

现代汉语构式数据库(http：//ccl. pku. edu. cn/ccgd)是一个由北京大学语言系詹卫东教授主持开发的语言工程项目，该数据库采用类似词库的方式，将真实语料中实际运用的构式形式逐条收录，并详细描写每个构式的内部构成情况、构式整体的语法、语义、语用属性。目前，研究团队已经在数据库中收录了 800 多条构式，其中，短语型构式、半凝固性构式、复句型构式和凝固型构式分别有407、265、114 和 18 条。这一数字人文语言学项目的目的就是从外延上初步确定现代汉语构式的大体范围，一方面为汉语构式语法的理论研究提供丰富实例，另一方面也希望通过积累丰富的对汉语构式特征的描述，为计算机自动句法和语义分析以及汉语语法教学等提供数据支持。

12.5.1　研究背景

20 世纪 80 年代以来，随着语言学研究的不断深入，不少学者认识到已有的语言学研究理论和方法对于分析语言系统中的"不规则"现象，常常显得力不从心。正是在这一背景下，认知功能语法学派逐渐兴起，语言使用中的种种超乎一般规则的现象，就受到语法学界越来越多的重视。从初期对习语的个案研究，到后来对大量的特殊句法结构的更为系统的研究，逐渐形成了语言学中的"构式主义视角"，发展出跟基于短语结构的生成语法体系大不相同的基于构式的整体语法观。

有关构式的认识通常可以展开表述为：第一，构式是形式和意义（包括功能）的结合体；第二，构式本身能表示独特的语法意义，自身有独特的语义配置方式；第三，构式的形式或意义，都不能从其组成成分或已有的其他构式推知，因此构式具有"不可预测性"。构式最主要的性质在于其形式和意义无法从其构成成分的形式和意义推知，詹卫东教授把典型的构式看作是无递归性的非平凡的短语结构。① 典型的构式作为既含常项又含变项的语言单位，是对常规短语结构语法组合的必要补充。构式知识库中对每条构式的描述信息主要可以分为四个方面：第一，关于一个构式的基本信息，包括该构式的形式方面和意义方面的各种特征；第二，一个构式的相关构式，包括一个构式的变体形式，一个构式的同义构式、反义构式，这部分相当于是关于一个构式的"聚合"（跟聚类相关的）特征；第三，构式在使用时表现的特点，主要是构式作为一个整体，在参与组合时，在句中可能承担语法功能，这部分相当于是关于一个构式入句时的"组合"特征；第四，构式的语用、语境信息，包括对交际参与者（说话人、听话人）的约束、语体约束、句类约束、领域约束等，即一个构式在交际中依赖的"环境"特征。

自构式语法理论传入我国以来，有一大批学者对构式语法进行了比较系统、深入的研究。但是，构式语法的相关应用项目却少之又少，面临着理论无法联系实践的尴尬处境。为推进构式语法理论在汉语语法领域的研究，并使构式语法理论在对外汉语教学、自然语言处理处理等领域发挥实际效用，现代汉语构式数据库的构建作为一个有一定规模的且能覆盖大量现代汉语真实语料的项目，具有十分重要的意义。

---

① 詹卫东. 从短语到构式：构式知识库建设的若干理论问题探析[J]. 中文信息学报，2017，31（1）：230-238.

12.5.2　系统架构

现代汉语构式数据库首页展示的是数据库中的构式组成，并且以柱状图、饼状图和数量矩阵等可视化形式清晰地展现在用户面前。在使用系统前，用户需要先进行注册，登录后即可使用系统的浏览、搜索和统计等功能。点击浏览按钮后，系统会显示不同类型构式的特征和实例。统计栏可以根据项目、范围和排序方式对构式的类型进行统计。此外，系统还提供"现代汉语构式知识库"填写规范，用户可以通过对文档的学习加强对构式的理解和认识，从而能够更好地使用系统的搜索功能，充分发挥数字人文在构式研究中的优势。

现代汉语构式数据库在具体表示方式上采用关系型数据库和 XML 结构化的知识表示框架，可以做到精准的搜索。在数据库的设计过程中，充分重视计算机的辅助作用，利用分辨率高的统计指标，辅以专家知识的编辑形成了精确的知识表示，使得系统可以从库中自动发现相应的候选构式，例如，搜索"要+啥+没+啥"时，系统还会给出类似的"n1+没+n1，n2+没+n2"构式。在数据库的管理方面，采用网络化管理的形式，优先将互联网作为数据库的发布和使用平台，各类新鲜的网络用语也能在第一时间检索到。

在前端界面的开发上，研究团队选用了具有跨平台优势的 HTML5 标准的图形技术，充分利用人机交互、学科交叉的优势，构建了高质量的、友好的用户交互界面。此外，研究团队打造了一个开放而非封闭的数据库，允许用户和系统进行交互，使得现代汉语构式数据库可以利用大众和集体的智慧，不断发展、完善、进步。

12.5.3　系统应用

(1)在汉语国际教育中的应用

众所周知，汉语是世界上最难学习的语言之一。在汉语作为第二语言的教育学领域，如何做到准确把握汉语的语法特征，一直是一个难题。随着构式理论的出现，以构式为基本单位的教学理念开始广泛传播。因此，在大数据化的今天，建立一个大规模的现代汉语构式数据库对于汉语知识体系和信息化教学理念的支撑有着重要意义。通过对构式的学习，可以加深学生对汉语语义的全面理解和充

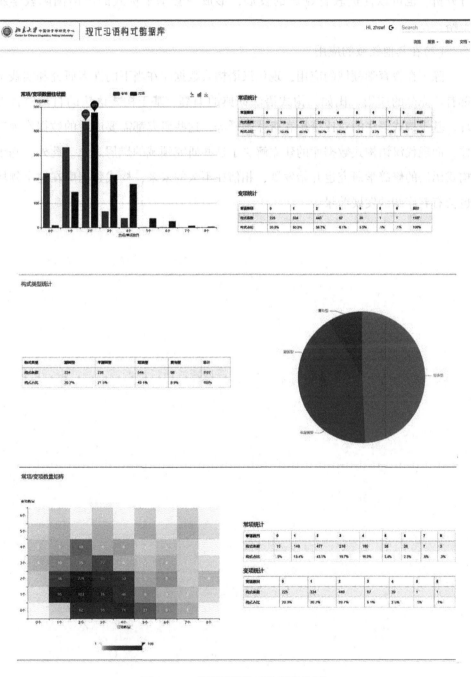

图 12.11　现代汉语构式数据库首页

分分析。也可以促进教育领域的发展，形成一套基于构式的汉语国际教学新策略。

（2）在其他领域的应用

除了在教育学领域的应用，现代汉语构式数据库在当下的许多研究和实践中都有着充分的应用。比如，构式语法词典的编纂、基于构式语法的自然语言处理、基于构式语法的对比分析和机器翻译等，这些研究都需要庞大的数据作为支撑，而现代汉语构式数据库的建立解决了这些研究领域的燃眉之急。此外，基于构式语法的修辞学研究也开始发展，相信在不久的未来，构式数据库在这个领域也会有着广阔的发展前景。

第五篇　总结与展望篇

第 13 章 结 语

13.1 研究总结

13.1.1 研究框架

数字人文研究融合了图书情报学、语言学、历史学、文学、计算机科学等多个学科。在大数据环境下，这些学科围绕数字人文的理论、方法和应用问题展开研究，形成了一系列研究成果，共同推动了数字人文的纵深发展。这些研究一方面丰富了数字人文研究的理论体系和方法体系，另一方面推动了数字人文研究成果的落地转化。在梳理现有研究成果的基础上，归纳它们的选题方向和研究方法，分析其内在联系，形成如图 13.1 所示的大数据环境下数字人文研究框架，该框架由数据来源、理论研究、技术与方法研究、服务研究和实践研究等部分组成。

数字人文数据来源主要有开源语料库、开放知识库、专题数据库以及网络资源，该部分是数字人文研究的基础，为后续研究提供必要的数据支持。数字人文理论研究主要集中在概念体系、研究对象、研究方法、研究范式以及标准化等方面。数字人文技术与方法研究主要包括数字化技术、数据管理技术、数据分析技术、可视化技术、VR/AR 技术等。该部分为后续研究提供重要的技术与方法支持。数字人文服务主要围绕服务模式、资源导航、工具应用、数字保存、元数据管理、学术评价以及数字人文教育等展开研究。数字人文实践研究主要包括数字人文基础设施建设以及数字人文专题库建设。

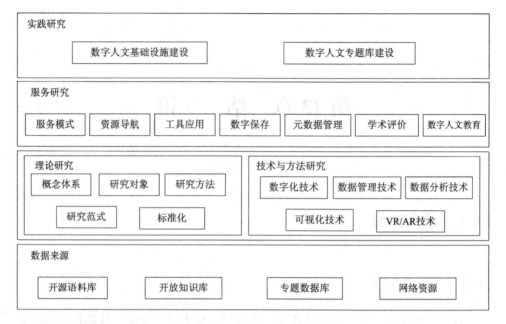

图 13.1　大数据环境下数字人文研究框架

13.1.2　研究特色

大数据时代给人文学科研究带来了巨大冲击，改变了人文学者的思维方式与研究模式，推动数字人文研究不断发展并呈现出以下研究特色：

（1）定量研究与定性研究并重

在人类文明的早期，人文知识与自然知识是一体的。例如中国古代"天人合一"的理念既包含人文知识又包含自然科学知识，再如古希腊著名思想家亚里士多德既是人文学者又是自然科学学者。随着 16 世纪到 17 世纪的科学革命，人文学科与自然科学开始逐步分化，变得泾渭分明。人文学科侧重于描述与解释"已有"现象，自然科学侧重于发现与认识"未知"事物。人文学科研究以定性研究为主、定量研究为辅，而自然科学研究则反之。

在定量研究方面，传统的人文学科研究强调因果关系，突出是非论断，对于某一预设问题，研究结果呈现为拒绝或采纳。在具体的研究过程中，由于研究样本是人文学者自主确定的，因此，在样本选择过程中难免因研究者的人为因素而产生样本选择偏差，进而导致研究结果带有强烈的主观性。在大数据时代，人文学者可以不受限于文献数据的"小样本"，从互联网上获取海量的文献资源。这些数据经数据挖掘算法处理后，可以直观地展示社会现象、发现社会规律，进而提高人文社科研究的科学性。

海量数据促使人文学者的研究必须借助大数据技术。大数据技术包括四个方面，即数据采集、数据预处理、数据存储和数据分析，在应用研究中以数据分析技术为主。大数据技术介入人文学科研究对传统人文学者的思维模式形成一种巨大的挑战，要求其具有缜密的逻辑思维能力和强大的数据分析能力。传统人文学科研究模式中，理论是基础，假设是前提，借助归纳与演绎的推理方法，通过在小样本数据集上的验证，实现由部分到整体的观察、解释与描述。大数据分析以定量研究为主，利用机器学习与数据挖掘算法归纳事实、总结规律、阐述现象，并以此对事件的发展轨迹作分析与预测。大数据分析的研究结论是通过海量数据的"汇集与聚合"而"自动涌现"的，这与传统方法经由观察、分析、思考、顿悟等获取研究成果有着本质区别。

大数据标志着人类在量化、探索和理解世界的道路上迈出了重要一步。以前无法计算、存储、分析和共享的事物正在被数字化。依靠大量数据而非少量数据，并优先考虑更多不太精确的数据，开启了一扇新的理解世界的大门。① 大数据环境下，人文学科研究中量化分析研究的占比越来越高，数据科学家的角色将从辅助转变为核心。此外，之前关注度较小的文化、艺术、心理等内容也被纳入了研究范畴。需要注意的是，人文学科研究中有些数据是难以被统计检验的，对这些数据作分析、解释依然需要借助传统的定性分析方法。

（2）提高了人文学科研究的"科学性"

大数据技术应用于人文学科研究中可以有效避免人文学者的主观臆断，提高其研究成果的科学性与客观性。

传统实证研究是一种自上而下的决策和验证过程，其特征是研究者在理论分

---

① Mayer-Schönberger V, Cukier K. Big data: a revolution that will transform how we live, work, and think[M]. Houghton Mifflin Harcourt: Boston, 2013.

析的基础上提出假设，之后通过调查和数据分析来验证假设。① 其不足之处在于研究者的主观性会直接影响或间接干扰研究过程，被调查者仅能回答问卷或访谈所预设的问题，研究成果的深度与广度取决于研究者的经验、背景、阅历、认知、分析和判断，进而导致研究成果局限在研究者自身的视野之内。主观的数据加上复杂的理论促使基于抽样样本的传统分析无法生成科学、客观的研究成果。大数据环境下的研究重在发现新知识、总结新规律、探究未知的社会现象以及预见未来，是一种自下而上的知识发现过程。在这一过程中，没有理论假设与预设条件。大数据重关系轻因果，关注是什么而非为什么。因果关系并非来自统计，而是来自研究者的理论和假设。② 大数据分析关注数据之间的相关性，为人文学者提供不能靠直觉发现的信息与知识，克服人文研究中过度追求现象背后复杂因果机理的研究弊端。

大数据更新了人文学者对数据的认知，数据不仅是数字形态的经验表达，也是事物的外在表征及事物之间的联系。③ 大数据拓宽了研究人员的视野，使其不再受限于自身的经验、见识乃至想象。较之于传统的随机抽样，大数据可以在时间维度与空间维度上提供随机抽样所无法比拟的深度与广度。大数据的全样本属性可以有效地规避因个人经验的局限性所导致的研究过程主观性。由于有效地避免了人为的主观因素，大数据可以客观、全面、充分、完整地刻画研究对象，进而减少人文学科研究的不确定性。

大数据为人文学科研究提供了全新的平台与分析工具。数据与资料的获取途径不再局限于传统的手工获取方式，人文学者可通过数字人文研究平台直接获取其研究所需要的资料与数据。数据挖掘为人文学者分析、利用大数据提供了有力的支撑。数据挖掘的应用与普及极大地提高了人文学科研究的"科学性"。数据挖掘的本质在于，它不追求于验证某个模型的正确性，而是发现数据中存在的固有"模型"。数据挖掘可被理解为一个归纳过程，这期间不需要假设也没有某种

---

① 李文，邓淑娜. 大数据带来社科研究新变化[N]. 人民日报，2015-08-24.

② 沈浩，黄晓兰. 大数据助力社会科学研究：挑战与创新[J]. 现代传播，2013，35（08）：13-18.

③ 欧阳剑. 大数据视域下人文学科的数字人文研究[J]. 图书馆杂志，2018，37（10）：61-69.

预期的结果。通过数据挖掘，人文学者能够在海量的数据中发现新的知识，找到数据中潜在的关系与规则。

（3）跨学科交叉与融合

人文学科与自然科学的分化促使各自学科在研究深度方面飞速发展，研究的质量与效率不断地提高。然而，学科细化在促使各自学科研究向深度发展的同时，也限制了各自学科的研究广度，从而在各自学科的边界区域造成研究"真空地带"。大数据环境下的数字人文为人文学科与自然科学的融合提供了难得的机遇。

海量的资料与数据给人文学者的研究工作带来了巨大的挑战。2006 年 Gregory Crane 提出"Million Books Challenge（百万图书的挑战）"问题，即人文学者在研究时会遇到海量的文献资料，而这些资料的规模已远远超越了传统阅读方式所能应对的范畴，因此，人文学者必须依靠计算机来处理相关的文献资料。随着大数据技术与数字人文的飞速发展，跨学科研究的趋势日趋明显，传统的人文学科领域引入了大量的计算机处理模式与数据挖掘方法。基于计算机的数字化媒介与平台以及基于数据挖掘的信息获取方式，从根本上改变了人文知识的标注、获取、表示、分析及阐释方式，并且在文学、艺术、语言、历史学等领域取得了一系列成果。此外，随着学科之间的交叉融合的深入，为了应对交叉融合中遇到的各种挑战，研究人员还成立了专门的研究机构，如数字人文中心网络、国际数字人文机构联盟等。

资料的"数据化"改变了传统人文学者的资料类型。数字资源的采集、加工、处理和生成对研究成果的深度、研究本身的成败产生了深远的影响。相较于传统的数字文本、数字图片等数字资源，以大数据为代表的数字资源来源更广泛、粒度更细小、结构更多元。此外，机器生成的数据已超越人工生成的数据，这些数据包含的信息质量参差不齐。对资料的甄别、保存、分类与汇总离不开计算机的协助，这就要求人文学者具有一定的计算机背景知识及应用能力。

大数据为人文研究提供了海量的数据，这些数据在未经过滤、处理与分析前不会产生任何价值，只有经过专业的处理与挖掘才能发现其中所蕴含的知识与规律，而这一切都是简单的统计分析难以达成的，其背后需要数学、统计学、信息学等学科的支撑。自然语言处理、图像标注、图像语义理解、数据挖掘、机器学习、深度学习、信息检索等数据挖掘技术是大数据价值展现的核心，在此背景下，数字人文不可避免地带上了交叉学科的色彩。原本属于自然科学的知识不断地渗透、参与到人文学科的研究与分析中，学科交叉的重要性被不断认识，跨学科跨领域交叉的数据融合、分析与应用，将成为今后大数据分析、应用、发展的主要趋势。①

基于大数据的人文学科研究并非完美，尚存在一些不足与缺陷：缺乏人文关怀、无法解释问题、忽视个体特征、过分关注技术。非场景化的研究模式由于剥离了数据所处的"上下文"，因而导致数据晦涩难懂、缺乏适用性。Marche 在其发表的文章《文学不是数据：反对数字人文》中指出，把文学看作数据会使其失去自身所蕴含的意义。② 基于大数据的人文学科研究可以敏锐地发现问题，但是无法解释该问题，也无法给出针对性的应对策略，例如情感计算、舆情分析等。个体研究是人文学科研究的一个焦点，集群式数据研究会在一定程度上忽略或抹杀一些个体特征。整体描绘是人文学科研究的一种重要方式，其着重于研究宏观现象及其所蕴含的规律，忽略个体特征会导致以整体描绘取代个体研究的问题；相比传统人文学科研究，基于大数据的人文学科研究过度依赖技术分析，即更加依赖通过技术手段从大规模数据中发现知识与规律，在这种情形下，人文学科研究将逐渐背离其传统的解释性研究，从而忽略创新思维与思辨分析。

(4)研究的多维度与集成化

大数据深刻地影响并改变着人文学者研究问题的方法，使人文社科领域的研究模式发生深刻的变革。大数据有四个显著特性：数据量大(Volume)、数据种类繁多(Variety)、价值密度低(Value)和处理速度快(Velocity)。种类繁多的数据为人文学者提供了不同的研究维度，人文学者可以从不同的视角进行知识总结与规律发现。多维度的数据有助于人文学者观察、分析与理解人类社会的复杂行为模式。在过去的几十年中，人文学科的大型数据库建设与数字化建设取得了丰硕的成果，多维度、多视角的研究理念已深深植入人文学者的脑海。人文学科研究

---

① 李新玲. 预测 2015：智能大数据分析成热点[N]. 中国青年报，2014-12-25.

② Marche S. Literature is not data：against digital humanities [EB/OL]. http：//lareviewof-books. org/essay/literature-is-not-data-against-digital-humanities.

不仅可以依赖第一手的调研资料，还可以借助于各种专业数据库。

种类繁多的数据为大数据集成打下坚实的"物质"基础。通过大数据集成，可以将不同来源、不同类型、不同结构（结构化与非结构化）的数据在物理上或逻辑上集中或展现。借助大数据集成，人文学者可以达成以下三个目标：一是通过整合同类研究数据并分析其研究成果，获取新的知识，以及提高自身的认知水平；二是借助统计分析、数据挖掘等工具，探究各个研究主题与相关要素之间的关系，进而解释隐藏在其背后的规律；三是通过集成实现"碎片"数据的重组，并以此揭示以往无法界定或难以处理的关系。多维度的研究与分析使传统人文学科研究的广度得到扩展，大数据集成使人文学者获取到了前所未有的大跨度范围数据，两者的有机结合使宏观理论研究成为可能。

（5）时间分析与空间分析并重

时间与空间是人类认识世界、改造世界的两个维度。事物存在于时空之中并受其约束。时间与空间是人类认知的基础，两者共同决定逻辑规则的适用性与分析的可靠性。时间与空间不是独立存在的，两者之间相互依存。物理学上，早期人们认为时间与空间是独立存在的，牛顿在绝对时空观的基础上创立了牛顿经典力学。爱因斯坦提出"四维时空"的概念，认为时间与空间各自不是绝对的，它们是一个整体。哲学上，时间和空间的依存关系表达着事物的演化秩序。① 基于时间与空间的比较分析法是一种常用的分析方法，它可以立体地描述事物的发展、演变过程。人文学科数据有一个共同的属性，即既具有时间维度，又具空间维度。人文学科的时序数据，不仅在时间上存在依存关系，而且在空间上存在关联关系。

数字人文学者分析时间维度通常采用时间序列分析法。人文学科的研究对象通常都与时间密切相关，例如语言的演化、文化习俗的变迁、思想观念与认识的变化、社会的变更等。时间序列分析通过以时间为主要维度分析研究对象的出现、发展及形成，来深入理解与阐释历时性内容。相对于传统的人文学科研究，大数据环境下人文学者研究对象的时间跨度更大，能够以一种宏观的历时性视角分析事物。Aiden 与 Michel 在《Uncharted：big data as a lens on human culture》（《可视化未来——数据透视下的人文大趋势》）一书中以"谷歌图书"项目中的

---

① 欧阳剑. 大数据视域下人文学科的数字人文研究[J]. 图书馆杂志，2018，37(10)：61-69.

500万本电子书为基础，统计并分析了其中词汇历时使用频度的变化，阐述了大数据在研究人类语言、历史文化等方面的重要作用①。

受线性思维的影响，长久以来人文学者在研究事物时空属性时，往往重视其时间属性而忽视空间属性。空间被看作一种"自然"的既定条件，甚至认为空间变迁是地理学的研究主题。空间是人类生产、生活与实践的必备条件。空间属性的研究为人文学科引入了新的视角。20世纪五六十年代开始，伴随着对学科整合以及对时空关系的哲学反思，人文学科出现了空间转向。② 空间分析可以解读研究对象的地理属性，结合时间维度空间分析还可以解构研究对象空间位置的分布、变迁及组合。例如，邓君等人以中国历代人物传记资料库中明代进士群体的数据为基准，利用社会网络分析和地理信息系统，绘制出当时进士群体时空网络分布图。大数据环境下，大空间跨度的分析有助于发现研究对象的宏观规律、模式及特征。例如，Schich等通过汇总与分析两千年来15万各行各业杰出人士的出生地点与死亡地点，重构出这些杰出人士的空间迁徙模式，进而从宏观视角描绘出欧洲与北美的文化史。③ 时间与空间交织在一起，要认识空间必须理解时间，反之，要认识时间必须理解空间。大数据环境下数字人文研究可以在大规模数据集上，以长时间跨度、大空间跨度的模式发现新问题、探索新规律、挖掘新事实、生成新知识。

13.2　研究展望

13.2.1　研究不足

（1）技术主导人文

大数据环境下，人文学者对技术的依赖与需求日益加大，数字人文发展中呈

---

① Aiden E, Michel J B. Uncharted：big data as a lens on human culture[M]. Penguin：New York, 2014.

② 何雪松. 社会理论的空间转向[J]. 社会, 2006, 2：34-48, 206.

③ Schich M, Song C, Ahn Y Y, et al. A network framework of cultural history[J]. science, 2014, 345(6196)：558-562.

现出技术主导人文的趋势。新技术在人文学科的应用可以提高人文学者收集资料、分析数据、挖掘知识的能力，但新技术在提高人文学科研究效率与研究产出的同时也引起研究人员因过度重视技术而忽视人文内涵，甚至是否会编程一度成为进入数字人文学术圈的门槛。数字人文对技术的"偏好"束缚了传统人文学科研究，甚至导致部分人文学者怀疑和否定数字时代下他们的研究的初衷。① "重数字、轻人文"，"重技术、轻思辨"会对数字人文的发展产生负面影响。

数字人文先天具有跨学科属性，这促使不同学科的研究人员转型到数字人文领域，各种面向数字人文转型的研究成果大量涌现。然而细读之下可以发现，很多成果缺少人文内涵，其本质是大数据与人工智能环境下新技术在研究人员所属领域的简单应用。"数字人文"一词中，"数字"用于修改"人文"，具有明显的工具属性，工具本身没有好坏，但研究人员要避免"唯数字论"。数字人文不是数字技术在人文领域的简单应用，是人文学科的延伸与革新。真正的数字人文以数字技术为工具，以人文问题为载体，以人文精神为内核。应用数字技术是为了将人文学者从繁重的资料收集等手工工作中解脱出来，专注于知识的发现与规律的总结，而不是替代传统人文学科。

（2）缺乏统一的规范与科学的评价体系

数字人文是以数据为基础面向人文学科的知识生产与知识发现过程，应当遵循知识发现的规范化研究方法。② 目前数字人文正处于快速发展阶段，研究探索不设边界，加之研究人员来自不同领域，给人以门槛低、易上手的感觉。典型的表现有："简单粗暴"的技术应用生成无意义的结论，部分已有研究成果不具有可再现性等。

"什么样的研究属于数字人文？""谁来评定数字人文成果？""数字人文成果的评价依据或评价标准是什么？"，诸如此类的问题困扰着数字人文评价体系。2019年，国内还引发了"什么不是数字"的讨论。在"数字人文的学术评价体系"研讨会上，与会学者提出了一系列目前数字人文评价中亟待解决的问题，例如"如何

---

① Berry D M, Fagerjord A. Digital humanities：Knowledge and critique in a digital age[M]. Malden, MA：Polity Press, 2017..

② 黄水清. 人文计算与数字人文：概念、问题、范式及关键环节[J]. 图书馆建设, 2019, 5：68-78.

让评价体系容纳更多元的数字成果?""如何衔接数字人文与现有的学术评价体系?""如何构建真正意义上的同行评议?""如何处理规范化与个人自主探索研究之间的矛盾?"等。

(3)工具与数据不能满足人文学者的研究需求

"工欲善其事,必先利其器",合适的工具可以使人文学者的研究工作事半功倍。数字人文研究工具不足是一个亟待解决的问题。董舞艺和梁兴堃指出,数字人文项目应当为人文学者研发有针对性的资料收集、数据分析、知识发现和可视化工具。① 目前人文学者的研究工具主要有两种获取途径:一种途径是直接"搬运"于计算机、图书情报等学科,例如 Citespace。由于人文学者缺少使用这类工具的专业知识,因此,不仅学习如何使用这类工具要消耗大量的时间,而且在使用过程中也难以做到得心应手。另一种途径是取自图书馆等机构为了迎合数字人文研究浪潮而开发的数据平台或工具。② 这类工具没有考虑人文学者的研究习惯与研究思路,仅仅是为了追热点而开发,没有针对人文学者的实际需求"量体裁衣",因此备受人文学者的冷落。

开放与共享是数字人文的一个显著特征,目前已完成的数字人文项目有不少是受限的且不共享的。韩宇等人在《徽州文书数据库建设的现状与发展趋势》中指出,已建成的徽州文书数据库是封闭的、不对外开放的,这有悖于传承徽州文书的文化使命。③ 贺晨芝和张磊在《图书馆数字人文众包项目实践》中指出,虽然上海图书馆众包项目成熟,但存在平台活跃度低、受众群体面窄的问题。④

(4)人文学者参与度不高

数字人文是数字技术与人文学科的结合,其发展与壮大离不开人文学者的参与。人文学者对于数字技术的态度影响着他们参与数字人文研究的积极性,进而

———————————

① 董舞艺,梁兴堃. 中国人文学者参与数字人文动机的二元结构及行为路径[J]. 中国图书馆学报,2019,45(4):86-103.

② 刘兹恒,董舞艺. 高校图书馆参与数字人文的一些思考[J]. 大学图书情报学刊,2019,37(6):3-6.

③ 韩宇,王蕾,叶湄. 徽州文书数据库建设的现状与发展趋势[J]. 高校图书馆工作,2019,39(6):54-60,68.

④ 贺晨芝,张磊. 图书馆数字人文众包项目实践[J]. 图书馆论坛,2020,40(5):3-9.

影响数字人文的发展前景。目前，人文学者参与数字人文研究的规模还非常有限。赵雪芹等以历史学者为例，通过面对面访谈、微信交流、电话访谈三种方式采访了 22 名学者，在对采访记录分析与提炼后得出影响人文学者参与数字人文的 5 个因素：个人因素、环境因素、参与方式、技术制度因素、数字人文的学科属性。① 个人因素指人文学者的主观与客观因素，包括学者属性、学者需求、学者制约、心理因素等。环境因素指人文学者所处的社会学环境、学习资源环境和社交环境。参与方式指人文学者对某一理论或技术的感知形式，感知越容易参与动机越强。技术制度因素指与数字人文技术特性相关的因素。数字人文学科属性指数字人文学科的属性对人文学者的影响，例如具有计算机技术背景的学者比没有计算机背景的学者的接受意愿更强。这 5 个因素中，个人因素和环境因素对人文学者参与数字人文的影响最为直接。

(5) 合作研究程度低

数字人文的目标在于通过数字化技术将学者、学术资源、数字工具结合起来，形成一股合力促进人文学科研究。当前我国数字人文合作模式表现为"小作坊"式的合作，技术学者与人文学者之间、人文学者之间、跨机构与区域之间的合作研究仍处于较低水平。

从技术学者与人文学者之间的合作看，两者总体上处于一种各自为政的状态。技术人员将其所属领域的技术与方法应用到人文学科，人文学者将自然科学的工具与方法应用于人文学科研究，导致技术人员的研究缺少人文内涵，人文学者的研究受困于生疏的工具与方法。数字人文需要"数字"与"人文"相互扶持、协同工作，技术人员与人文学者分处"技术"与"人文"的两端，技术需要围绕人文研究所需的工具与方法，人文需要导引技术发展的方向。从人文学者之间的合作看，合作范围总体上局限于同一机构内部，合作成果的作者大多属于同一院系或同一部门。从跨机构与区域的合作看，合作数量少且规模小。数字人文的学科属性决定了它需要多种层级、多种模式的合作。目前，诸如"中国基本古籍库""中国历史地理信息系统"等合作项目依然较少。

---

① 赵雪芹，莫长镭，李天娥，罗行. 人文学者的数字人文接受意愿影响因素——以历史学者为中心的考察[J]. 图书馆论坛，2020，40(04)：40-49.

13.2.2 研究趋势

(1)"数字"与"人文"双向融合

数字人文发展需要"数字"与"人文"并重，两者之间双向融合，用人文模式思考问题，用数字模式解决问题。目前以数字人文为主题的研究飞速增长，但许多研究侧重于数字技术，而非人文问题，这有悖于数字人文理念。数字人文不是数字技术在人文学科的简单应用。数字人文的"数字"是形，"人文"是魂。数字人文不仅要有客观、冰冷的数据，还要有主观、炽热的人文精神。令人欣喜的是我国的数字人文学者已认识到"数字"与"人文"双向融合的必要性，2020 年，全国数字人文会议以"积淀与超越：数字人文与中华文化"为主题，聚焦数字人文的中国问题。会议主题包括数字艺术与数字人文、中国语境中的数字人文、数字人文与汉学研究等。此次会议提倡人文精神回归数字人文研究，引起广大学者的广泛关注和积极响应。

从"人文"角度看，"数字"的引入在于帮助人文学者构建新的研究范式。数字人文是人文学科的拓展与延伸，它为人文学者提供数字资源与数字工具，将人文学者从繁重的资料收集与组织工作中解脱出来。数字人文的研究类型可以分为资源建设型、工具驱动型和场景融合型三类。[①] 资源建设型以数据基础设施建设为主要研究内容，工具驱动型侧重将成熟的工具、模型或方法应用于数字人文场景，场景融合型综合运用数字资源与数据思维解决人文问题。资源建设型和工具驱动型与数字技术密切相关，简单的工具应用无法满足研究的需求，而场景融合型对人文学者的"数字"素养要求更高。因此，大数据环境下，人文学者要引入计算思维、人机协作思维，拥抱大数据、机器学习、数据挖掘等自然科学技术。

从"数字"的角度看，数字不断走向人文并服务于人文。随着数字人文的不断发展，越来越多的计算机学者加入促进人文学科发展的队伍中。许多计算机专业的机构和院系在开展人文主题类研究时，都积极聘请人文学者参与其中，如谷

---

① 石静，李阳. 数据和技术运用视角下我国数字人文"数字型"研究现状及启示[J]. 图书情报工作，2021：1-10.

歌数字博物馆、阿兰图灵大数据研究所。① 著名的计算机国际会议也开始出现数字人文研究相关主题，如 WWW2018。②

（2）跨学科研究、跨地域合作

数字人文提供了新的学术生产方式和呈现方式。跨学科学术研究模式打破了 19 世纪以来泾渭分明的学科边界，通过杂糅、扬弃与创新生成新的学术研究范式。以数字人文项目为例，目前国内数字人文项目集中于文物保护和古籍修复，覆盖的学科范围较窄，随着数字技术与人文、艺术、医学、经济学、社会科学等学科结合的日益密切，数字人文的项目将覆盖更多学科。

人文学者参与数字人文需要转变研究范式，即将以手工收集资料，阅读大量文献，结合批判、体会、领悟的研究范式转变为以数字化资料收集与分析，结合批判、体会、领悟的新研究范式。研究范式的转变仅靠人文学者难以实现，这不仅表现在相关技术背景知识不足，还表现在思维方式不同。人文学者的知识结构以"柔"性知识为主，对技术知之甚少，学习与掌握新的技术比较吃力。计算机学者要与人文学者开展广泛的对话，理解人文学者长于解释思辨、拙于技术的特性，为人文学者提供针对性的技术服务与支持。例如，为人文学者解决传统问题引入新的工具与方法；根据人文学者的需求定制软件，并在软件的优化迭代升级过程中积极吸取人文学者提出的意见。开发针对数字人文研究的专用软件不仅有利于提高研究人员的工作效率，而且有利于吸引更多的人文学者参与到数字人文研究。图书馆作为知识传播的枢纽，可以在跨学科交流中起到"桥梁"的作用。它既可以向人文学者普及常用的数据库、数据集、分析软件等知识，又可以向技术人员普及人文知识与人文需求。

不同层级的合作可以优化资源配置、提高研究产出。跨机构、跨区域、跨国家的数字人文研究模式将更加普遍。全球数字人文合作群以英国、美国为主，群内相关组织机构的合作不仅密切而且频繁。国内合作目前主要集中在机构内部，以同一项目或同一部门为纽带开展合作，未来合作模式将逐步迈向跨机构跨国合

---

① The Alan Turing Institute. Data science and digital humanities［EB/OL］.［2018-10-07］. https：//www.turing.ac.uk/research/interest-groups/data-scienceand-digital-humanities.

② WWW2018. Crowdsourcing and human computation for the web［EB/OL］.［2018-10-07］. https：//www2018.thewebconf.org/.

作。例如，国内机构的特藏资源将进一步开放与共享，促使更多的学者加入特藏资源研究，充分挖掘特藏资源的潜在价值；国内学者将走出国门，参加国际学术会议、论坛和工作坊、开展访学研究。广泛的跨地域合作还将为数字人文研究中的一系列问题(如没有统一的国际国内标准、不同理念的融合度低、学术内部研究资料获取渠道窄等)提供一条可行的解决途径。

(3)进一步完善数字人文基础设施建设

数字人文研究离不开平台的支撑。目前，面向数字人文的专题、专项数据库建设仍在如火如荼进行。但是，由于缺少统一的规范与标准，数据库之间无法互通共享。普通用户只能接触到少量的专题数据库，绝大多数数据库处于不开放或不可用状态。这一方面造成数据孤立、资源浪费，另一方面导致数据供需紧张与重复建设。建立统一的、标准化的、可共享的数字人文平台有利于资源共享，减少重复建设，促进数字人文项目的开展与保存，推动数字人文研究成果的展示与宣传。以国外的 CenterNet 网站为例，该网站收录了许多国外优秀的数字人文项目。通过 CenterNet，既实现了项目的保存，又促进了资源共享与学术研究。数字人文专题库建设模式也将发生转变，由重建轻用转向建设研究为导向的数据库系统，数据库设计以方便人文学者研究为目标。数字人文跨学科交叉的属性决定了合作是数字人文的内核，围绕建成数字人文平台这一共同目标，不同机构和团体之间需要精诚合作、共商共建。理解是深入合作的基础，通过数字人文平台建设，参与各方可以加深理解，进而为后续的深入合作打下基础。

(4)研究趋向多元化

数字人文研究趋向多元化表现在研究主体与研究内容的多元化。鉴于数字人文跨学科交叉的特性，不同学科背景的研究人员从不同的角度塑造、影响数字人文。数字人文研究主体主要包括四类：信息学科、图情学科、人文学科、传播学学科。信息学科侧重于改进算法、研发工具、拓展技术应用范围，为数字人文提供技术层面的工具与方法；图情学科侧重于知识服务与知识管理，例如数字化传统资料、建立数据库、构建数据平台等；人文学科侧重于传统的人文研究的问题与方法，人文学者长于问题的分析与现象的解读，通常使用基础的数字人文工具；传播学学科侧重于研究新媒介下信息的传播、人与人的交流、人群的相互影响等议题。研究内容方面，数字人文的研究由单一化走向多元化，由浅层探索走向深入研究。从现有研究成果的主题词看，活跃主题词由"语料库""数字图书馆""社交网络"等转变为"可视化""文化遗产""图像"等。① 从研究使用的数据类型看，虽然当前研究使用的数据仍以文本数据为主，但随着数字人文向其他领域的不断渗透，研究人员对非文本数据的需求也将不断增加。

（5）评价体系日趋完善

研究成果是反映一个研究人员科研能力的重要标志。日前，数字人文的研究成果评定不仅没有公认且统一的评价标准，而且评价指标较为单一。随着数字人文的发展，其评价体系必将日趋完善。以数字人文项目为例，数字人文项目前期需要做大量基础工作，如资料收集、数据库构建、系统平台开发等，这些工作不仅耗时费力且难以产出论文。因此，基于论文发表的评价体系就不适用此类研究。其评价方式将由论文评价转变为结合项目综合成果的评价，即由人文学、社会学、计算机科学等相关领域的专家，将该项目放置在其所属学科下进行客观公正的评价。

---

① 李娜. 国际数字人文研究的演化路径与热点主题分析[J]. 图书馆，2021，5：59-67，73.

参 考 文 献

［1］尤西林 . 人文科学导论［M］. 北京：高等教育出版社，2002.

［2］张掌然 . 人文科学方法论问题研讨综述［J］. 武汉大学学报（人文科学版），1996，3：17-22.

［3］刘仲亨 . 社会科学与当代社会［M］. 沈阳：辽宁人民出版社，1986.

［4］王军 . 从人文计算到可视化——数字人文的发展脉络梳理［J］. 文艺理论与批评，2020，2：18-23.

［5］Is humanities computing an academic discipline? ［EB/OL］. http//www. iath. virginia. edu/ hcs/purpose. htm.

［6］Unsworth J. What is humanities computing and what is not? ［EB /OL］. ［2002-11-08］. https：//www. ideals. illinois. edu/bitstream/handle/2142/157/whatis. html.

［7］林施望 . 从"人文计算"到"数字人文"——概念与研究方式的变迁［J］. 图书馆论坛，2019，39（8）：12-20.

［8］李启虎，尹力，张全 . 信息时代的人文计算［J］. 科学，2015，67（1）：35-39.

［9］陈静 . 历史与争论——英美"数字人文"发展综述［J］. 文化研究，2014，2：206-221.

［10］Gold M K and Klein L F. Debates in the digital humanities ［M］. University of Minnesota Press，2016.

［11］Gavin M，Smith K M. An interview with brett bobley ［J］. Debates in the digital humanities，2012：61-66.

［12］Digital humanities ［EB/OL］. https：//www. lexico. com/definition/digital _ humanities.

[13] Digital humanities[EB/OL]. https：//en. wikipedia. org/wiki/Digital_humanities.

[14] 'Digital Humanities'：Two Definitions[EB/OL]. https：//www. uncomputing. org/? p=203.

[15] Digital humanities[EB/OL]. https：//programsandcourses. anu. edu. au/major/ DIHU-MAJ.

[16] 朱本军，聂华. 跨界与融合：全球视野下的数字人文——首届北京大学"数字人文论坛"会议综述[J]. 大学图书馆学报，2016，34(5)：16-21.

[17] 郭英剑. 数字人文：概念、历史、现状及其在文学研究中的应用[J]. 江海学刊，2018，3：190-197.

[18] 王宁. 科学与人文的冲突与共融——兼论后人文主义语境下的数字人文[J]. 武汉大学学报(人文科学版)，2017，70(4)：7-15.

[19] 刘炜，叶鹰. 数字人文的技术体系与理论结构探讨[J]. 中国图书馆学报，2017，43(5)：32-41.

[20] 王丽华，刘炜，刘圣婴. 数字人文的理论化趋势前瞻[J]. 中国图书馆学报，2020，46(3)：17-23.

[21] 王晓光. "数字人文"的产生、发展与前沿[M]. 武汉：武汉大学出版社，2010.

[22] Fitzpatrick K. The chronicle of higher education [EB/OL]. https：// www. chronicle. com/article/ the-humanities-done-digitally/127382.

[23] Busa R. Foreword：perspectives on the digital humanities [J]. A companion to digital humanities，2004：16-21.

[24] 安妮·伯迪克等著，马林青，韩若译. 数字人文：改变知识创新与分享的游戏规则[M]. 北京：中国人民大学出版社，2018.

[25] 赵生辉，朱学芳. 我国高校数字人文中心建设初探[J]. 图书情报工作，2014，58(6)：64-69，100.

[26] Cohen D J, Frabetti F, Buzzetti D, et al. Defining the digital humanities [EB/ OL]. https：// academiccommons. columbia. edu/doi/10. 7916/D8MS41Z1.

[27] Varner S, Hswe P. Special report：digital humanities in libraries［EB/OL］. http：//americanlibraries-magazine. org/2016/01/04/special-report-digital-humanities-libraries.

[28] Jennifer L A, Kevin B. G. Keeping up with digital humanities［EB/OL］. https：//www. ala. org/acrl/publications/keeping_up_with/digital_humanities.

[29] Schreibman S, Ray S, John U. The digital humanities and humanities computing：an introduction［M］. Oxford：Blackwell, 2004.

[30] Burdick A, Drucker J, Lunenfeld P, et al. Digital humanities［M］. MIT Press, 2012.

[31] 许苗苗, 邵波. 我国数字人文发展的脉络, 问题及启示[J]. 图书馆学研究, 2020, 14：2-10.

[32] Barrett K. From pamphlet to pixel：the humanities intransition［EB/OL］. http：//www. cam. ac. uk/research/discussion/from-pamphlet-topixel-the-humanities-in-transition.

[33] 刘炜, 林海青, 夏翠娟. 数字人文研究的图书馆学方法：书目控制与文献循证[J]. 大学图书馆学报, 2018, 36(5)：116-123.

[34] Thompson Klein J. Inter-disciplining digital humanities：boundary work in an emerging field［M］. University of Michigan Press, 2015.

[35] 李娜. 国际数字人文研究的演化路径与热点主题分析[J]. 图书馆, 2021, 5：59-67, 73.

[36] 王涛. "数字史学"：现状、问题与展望[J]. 江海学刊, 2017, 2：172-176.

[37] 伯迪克. 数字人文：改变知识创新与分享的游戏规则[M]. 北京：中国人民大学出版社, 2018.

[38] 本刊通讯员. 电子计算机整编水文年鉴经验交流会[J]. 电子技术应用, 1977, 2：7.

[39] 上海计算机技术研究所一室数据处理小组. 上海市"工业年报"数据库介绍[J]. 电子技术应用, 1978, 2：9-16.

[40] 王玉, 张炘中, 苏东庄. 基于版面分析的文本管理系统[J]. 中文信息学报, 1989, 4：24-32.

[41]陈云昌，袁国发，钟晓雯．文献信息数字化的技术发展[J]．河北科技图苑，1997，S1：10-14．

[42]莱恩茨，布朗利格，高天．书籍保护和数字化[J]．晋图学刊，1988，2：74-76．

[43]柯平，宫平．数字人文研究演化路径与热点领域分析[J]．中国图书馆学报，2016，6：13-30．

[44]尤婉英，王贻良．数字电视技术讲座（二）——第二讲数字电视信号处理的基本原理[J]．广播与电视技术，1982，2：44-49．

[45]施正宁．数字化技术与影像艺术[J]．北京电影学院学报，1993，2：54-60．

[46]陆群．数字化艺术：人人都可参与[J]．电脑爱好者，1997，12：14-15．

[47]陈刚．"数字人文"与历史地理信息化研究[J]．南京社会科学，2014，3：136-142．

[48]曾毅平，朱晓文．计算方法在汉语风格学研究中的应用[J]．福建师范大学学报（哲学社会科学版），2006，1：14-17．

[49]俞砚秋．关于数字动态《清明上河图》中的美学思考[J]．美与时代（中旬），2014，8：87-88．

[50]周海粟．利用空间信息技术保护历史文化遗产——记空间信息技术在文化遗产保护中的应用研究国家文物局重点科研基地（清华大学）[J]．中国科技奖励，2012，10：58-59．

[51]郭剑峰．修复历史的容颜——访北京师范大学信息科学与技术学院院长周明全教授[J]．科技潮，2011，11：10-15．

[52]范佳．"数字人文"内涵与古籍数字化的深度开发[J]．图书馆学研究，2013，3：29-32．

[53]李长青．CCTV-IP 电视"数字人文"开播[N]．中国信息报，2011-06-29．

[54]周琼，胡礼忠．图书馆员在"数字人文"中的作为——"2011 数字人文国际大会"后的感想[J]．图书馆建设，2012，3：82-84．

[55]李巧明，王晓光．跨学科视角下数字人文研究中心的组织与运作[J]．数字图书馆论坛，2013，3：26-31．

[56]菲茨帕特里克，朱艳．人文学科数字化[J]．文化研究，2013，4：194-198．

[57] 上海图书馆 [EB/OL]. [2020-02-03]. https：//library. sh. cn/#/index.

[58] 赵洪波，罗玲，李大莉. 数字人文视域下智慧图书馆建设的模式与路径 [J]. 图书馆学刊，2019，9：110-113，122.

[59] 牛力，刘慧琳，曾静怡，等. 数字时代档案资源开发利用的重新审视 [J]. 档案学研究，2019，5：67-71.

[60] 曾蕾，王晓光，范炜. 图档博领域的智慧数据及其在数字人文研究中的角色 [J]. 中国图书馆学报，2018，44(233)：17-34.

[61] 朱武信，夏翠娟. 命名实体识别在数字人文中的应用——基于 ETL 的实现 [J]. 图书馆论坛，2020，5：16-20.

[62] 宋宁远，王晓光. 面向数字人文的图像语义标注工具调查研究 [J]. 数字图书馆论坛，2015，4：7-14.

[63] 曾子明，周知. 面向数字人文的图像语义描述模型研究 [J]. 情报理论与实践，2018，41(1)：116-121.

[64] 朱红艳，蒋莎. 我国高校数字人文教育模式初探 [J]. 四川图书馆学报，2019，6：85-88.

[65] Schreibman S. Digital humanities：centers and peripheries [J]. Historical Social Research，2012，37(3)：46-58.

[66] Dalbello M. A genealogy of digital humanities [J]. Journal of Documentation，2011，67(3)：480-506.

[67] Anderson S, Blanke T, Dunn S. Methodological commons：arts and humanities E-science fundamentals [J]. Philosophical Transactions，2010，368(1925)：3779-3796.

[68] 郭金龙，许鑫. 数字人文中的文本挖掘研究 [J]. 大学图书馆学报，2012，3：11-18.

[69] 孙辉. 数字人文研究框架探析与思考 [J]. 情报理论与实践，2018，41(7)：7-13.

[70] Tabacchi M E, Termini S. Fuzzy set theory as a methodological bridge between Hard Sciences and Humanities [J]. International Journal of Intelligent Systems，2014，29(1)：104-117.

［71］Pisarski M. A culture of algorithms? New directions in the humanities［J］. Ceska Literatura，2015，63(6)：907-917.

［72］Zaagsma G. On digital history［J］. BMGN -Low Countries Historical Review，2013，128(1)：3-29.

［73］Anderson C W. Towards a sociology of computational and algorithmic journalism［J］. New Media & Society，2012，15(7)：1005-1021.

［74］Stinson J, Stoessel J. Encoding medieval music notation for research［J］. Early Music，2014，42(4)：613-617.

［75］Koltay T. Library and Information Science and the digital humanities：perceived and real strengths and weaknesses［J］. Journal of Documentation，2016，72(4)：781-792.

［76］Sula C A. Digital humanities and libraries：a conceptual model［J］. Journal of Library Administration，2013，53(1)：10-26.

［77］张晓娟. 论数字图书馆[J]. 图书情报知识，1996，1：2-7.

［78］张诗博.“数字人文”背景下的图书馆知识服务[J]. 晋图学刊，2013，5：40-42.

［79］赵生辉，朱学芳. 数字人文仓储的构建与实现[J]. 情报资料工作，2015，4：42-47.

［80］欧石燕. 面向关联数据的语义数字图书馆资源描述与组织框架设计与实现[J]. 中国图书馆学报，2012，38(202)：58-71.

［81］姜永常，杨宏岩，张丽波. 基于知识元的知识组织及其系统服务功能研究[J]. 情报理论与实践，2007，30(1)：37-40.

［82］夏翠娟，张磊. 关联数据在家谱数字人文服务中的应用[J]. 图书馆杂志，2016，35(10)：26-34.

［83］王晓煜，杨丽. 数字重构技术在文化遗产保护与传播中的应用研究——以数字敦煌为例[J]信息与电脑：理论版，2018，8：157-159.

［84］王婷. 文物真三维数字建模技术在秦始皇兵马俑博物馆中的应用——以一号坑陶俑为例[J]. 文物保护与考古科学，2012，24(4)：103-105，108.

［85］宫平. OMEKA 在图书馆数字人文项目中的应用[J]. 图书馆研究与工作，

2019，10：92-95.

[86]张卫东，左娜．面向数字人文的馆藏资源可视化研究[J]．情报理论与实践，2018，41(9)：102-107.

[87]薛欢雪．图书馆数字人文项目中可移动文物数据库的开发构建[J]．公共图书馆 2019，1：36-40.

[88]鲁丹，李欣．整合异构特藏资源构建数字人文系统[J]．图书馆论坛，2018，10：38-46，29.

[89]夏翠娟，张磊，贺晨芝．面向知识服务的图书馆数字人文项目建设：方法、流程与技术[J]．图书馆论坛，2018，1：1-9.

[90]王新雨．面向数字人文的图书馆知识服务模式研究[J]．图书馆工作与研究，2019，8：71-76.

[91]黄钰新，王远智．嵌入数字人文过程的图书馆科研数据服务研究[J]．情报资料工作，2017，6：84-89.

[92]刘兹恒，董舞艺．高校图书馆参与数字人文的一些思考[J]．大学图书情报学刊，2019，37(6)：3-6.

[93]赖永忠．面向数字人文的图书馆科研支持服务研究[J]．图书馆工作与研究，2016，10：28-32.

[94]孙辉．人文学科图书馆嵌入式服务的探索与实践[J]．情报理论与实践，2017，40(12)：112-116，57.

[95]Kamada H. Digital humanities：roles for libraries？[J]. College and Research Libraries News，2010，71(9)：484-485.

[96]Fay E，Nyhan J. Webbs on the web：libraries，digital humanities and collaboration[J]. Library Review，2015，64(1/2)：118-134.

[97]Varner S. Library instruction for digital humanities pedagogy in undergraduate classes[M]. West Lafayette：Purdue University Press，2016.

[98]Russell I G. The role of libraries in digital humanities[EB/OL]．[2016-05-23]. http：//www.ifla.org/past-wlic/2011/104-russell-en.pdf.

[99]Cunninggham L. The librarian as digital humanist：the collaborative role of the research library in digital humanities projects[J]. Faculty of Information Quarterly，

2010, 2(2)：1-11.

[100]Alhoor I H M, Furuta R. Identifying the real-time impact of the digital humanities using social media measures ［EB/OL］. ［2016-09-08］. http：// dh2013. unl. edu/abstracts /ab-424. html.

[101]徐孝娟，侯莹，赵宇翔．国外数字人文课程透视——兼议我国数字人文课程设置及人才培养[J]．图书馆论坛，2018，7：1-11.

[102]王涛．数字人文的本科教育实践：总结与反思[J]．图书馆论坛 2018，6：37-41.

[103]高蕴梅．面向数字人文的图书馆服务和馆员素养研究[J]．大学图书情报学刊，2018，36(2)：8-11.

[104]李洁．数字人文背景下图书馆员角色转换[J]．图书研究与工作，2017，10：26-30.

[105]刘炜，谢蓉，张磊，等．面向人文研究的国家数据基础设施建设[J]．中国图书馆学报，2016，42(255)：29-39.

[106]邓要然，李少贞．美国高校数字人文中心调查[J]．图书馆论坛，2017，3：26-34.

[107]周晨．大数据时代图书馆数字人文建设现状与发展路径[J]．图书馆工作与研究，2018，8：50-53.

[108]张毅，李欣．面向数字人文的特藏资源揭示研究——以方志数据库建设为例[J]．图书馆，2019，6：100-105.

[109]程静，张毅．基于 GIS 的图书馆异构资源整合可视化设计[J]．图书馆论坛，2018，38(10)：47-54.

[110]蔡迎春．数字人文视域下的图书馆特藏资源数字化建设[J]．图书馆建设，2018，7：31-36，41.

[111]汤萌，孙翌，刘宁静，等．徽州文书特色资源的主题设计与标引方法研究[J]．图书馆杂志，2019，38(4)：61-68.

[112]王蕾．徽州文书、徽学研究与数字人文[J]．图书馆论坛，2016，36(9)：1-4.

[113]卢彤，李明杰．中文古籍数字化成果辅助人文学术研究功能的调查[J]．图

书与情报，2019，1：70-79.

[114]董舞艺，梁兴堃. 中国人文学者参与数字人文动机的二元结构及行为路径[J]. 中国图书馆学报，2019，45(4)：86-103.

[115]贺晨芝，张磊. 图书馆数字人文众包项目实践[J]. 图书馆论坛，2020，40(5)：3-9.

[116]韩宇，王蕾，叶湄. 徽州文书数据库建设的现状与发展趋势[J]. 高校图书馆工作，2019，39(6)：54-60，68.

[117]李阳，孙建军. 人文社科大数据研究的价值追寻[J]. 图书与情报，2019，1：1-7.

[118]Francis N. Problems of assembling and computerizing large corpora [C]. Proceedings of the Computer Corpora in English Language Research, Bergen, Norway, 1982：7-24.

[119]Sinclair J. Corpus, concordance, collocation [M]. Oxford University Press, 1991.

[120]杨惠中，卫乃兴. 语料库语言学导论[M]. 上海：上海外语教育出版社，2002.

[121]何婷婷. 语料库研究[D]. 华中师范大学，2003.

[122]Millikan N. The diaries of John Quiney Adams digital project [EB/OL]. [2019-11-29]. https：//dev. clariah. nl/files/dh2019/boa/0450. html.

[123]Thomae M E. Taking digital humanities to Guatemala, a case study in the preservation of colonial musical heritage [EB/OL]. [2019-11-29]. https：//dev. clariah. nl/files/dh2019/boa/0664. html.

[124]Scipione G, Guidazzoli A, Imboden S, et al. I-Media-Cities：a digital ecosystem enriching a searchable treasure trove of audio visual assets [EB/OL]. [2019-11-29]. https：//dev. clariah. nl/files/ dh2019/boa/0108. html.

[125]Grossner K. World-Historical Gazetteer [EB/OL]. [2019-11-29]. https：//dev. clariah. nl/files/dh2019/boa/0452. html.

[126]Wang X, Wang H, Chang W, et al. Chinese Dunhuang mural vocabulary construction based on human-machine cooperation [EB/OL]. [2019-11-29]. ht-

tps：//dev. clariah. nvfiLes/dh2019/boa/ 1015. html.

[127] Maedche A, Staab S. Ontology learning for the semantic web [J]. IEEE Intelligent Systems, 2001, 16(2)：72-79.

[128] Neches R, Fikes R E, Finin T, et al. Enabling technology for knowledge sharing [J]. AI Magazine, 1991, 12(3)：36.

[129] Gruber T R. A translation approach to portable ontology specifications [J]. Knowledge Acquisition, 1993, 5(2)：199-220.

[130] Borst P, Akkermans H. An ontology approach to product disassembly [C]. Proceedings of International Conference on Knowledge Engineering and Knowledge Management, Berlin, Germany, 1997：33-48.

[131] Studer R, Benjamins V R, Fensel D. Knowledge engineering：principles and methods [J]. Data & Knowledge Engineering, 1998, 25(1-2)：161-197.

[132] Uschold M, Gruninger M. Ontologies：principles, methods and applications [J]. The Knowledge Engineering Review, 1996, 11(2)：93-136.

[133] 张晓林, 李宇. 描述知识组织体系的元数据[J]. 图书情报工作, 2002, 2：64-69.

[134] 刘柏嵩, 高济. 基于 RDF 的异构信息语义集成研究[J]. 情报学报, 2002, 6：691-695.

[135] 李景. 本体理论在文献检索系统中的应用研究[M]. 北京：北京图书馆出版社, 2005.

[136] 李景, 钱平, 苏晓鹭. 构建领域本体的方法[J]. 计算机与农业, 2003, 7：7-10.

[137] 汤艳莉, 赖茂生. Ontology 在自然语言检索中的应用研究[J]. 现代图书情报技术, 2005, 2：33-36, 52..

[138] 张秀兰, 蒋玲. 本体概念研究综述[J]. 情报学报, 2007, 4：527-531.

[139] Suomela S, Kekäläinen J. User evaluation of ontology as query construction tool [J]. Information Retrieval, 2006, 9(4)：455-475.

[140] 马晓伟. 基于 WEB 的本体评价系统的研究与实现[D]. 中国海洋大学, 2009.

[141]宋丹辉．本体评价若干问题研究[J]．图书馆学研究，2011，17：6-9，5.

[142]崔运鹏．基于本体论的农业知识管理关键技术研究[M]．北京：中国农业科学技术出版社，2009.

[143]刘宇松．本体构建方法和开发工具研究[J]．现代情报，2009，9：17-24.

[144]Gruber T R. Toward principles for the design of ontologies used for knowledge sharing？[J]. International Journal of Human-Computer Studies，1995，43（5-6）：907-928.

[145]李勇，张志刚．领域本体构建方法研究[J]．计算机工程与科学，2008，5：129-131.

[146]张文秀，朱庆华．领域本体的构建方法研究[J]．图书与情报，2011，1：16-19.

[147]韩婕，向阳．本体构建研究综述[J]．计算机应用与软件，2007，9：21-23.

[148]樊小辉，石晨光．本体构建研究综述[J]．舰船电子工程，2011，6：15-18.

[149]杜小勇，李曼，王珊．本体学习研究综述[J]．软件学报，2006，9：1837-1847.

[150]Berners-Lee T. Linked data-design issues［EB/OL］．［2021-01-22］. http：//www. w3. org/designissues/linkeddata. html.

[151]Wikipedia. Linked data［EB/OL］．［2013-03-20］. http：//www. w3. org/designissues/linkeddata. html.

[152]Shi Y. How to publish linked data on the web［EB/OL］．［2013-03-09］. http：//docs. goodle. com/view？id＝ajjq7zprkrz8_0dfhmj8cs.

[153]朱礼军，陶兰，黄赤．语义万维网的概念、方法及应用[J]．计算机工程与应用，2004，3：79-80.

[154]李涓子，丁峰，王克宏．下一代 Web 的蓝图——语义 Web[J]．计算机教育，2004，5：19-20.

[155]宗成庆，夏睿，张家俊．文本数据挖掘[M]．北京：清华大学出版社，2019.

[156]Mitchell T M. The discipline of machine learning［M］．Pittsburgh：Carnegie Mellon University，2006.

[157]李航．统计学习方法[M]．北京：清华大学出版社，2012.

[158] Cortes C, Vapnik V. Support-vector networks [J]. Machine Learning, 1995, 20(3): 273-297.

[159] Kim Y. Convolutional neural networks for sentence classification [C]. Proceedings of the 2014 Conference on Empirical Methods in Natural Language Processing, Doha, Qatar, 2014: 1746-1751.

[160] Hughes M, Li I, Kotoulas S, et al. Medical text classification using convolutional neural networks [J]. Studies in Health Technology and Informatics, 2017, 235: 246-50.

[161] Keller J M, Liu D R, Fogel D B. Fundamentals of computational intelligence: neural networks, fuzzy systems, and evolutionary computation [M]. Wiley: IEEE Press, 2016.

[162] Schuster M, Paliwal K K. Bidirectional recurrent neural networks [J]. IEEE Transactions on Signal Processing, 1997, 45(11): 2673-2681.

[163] Hochreiter S, Schmidhuber J. Long short-term memory [J]. Neural Computation, 1997, 9(8): 1735-1780.

[164] Jain A, Dubes R. Algorithms for clustering data [M]. New Jersey: Prentice-Hall, 1988.

[165] Pelleg D, Moore A W. K-means: extending K-means with efficient estimation of the number of clusters [C]. Proceedings of International Conference MachineLearning, CA, USA, 2000: 727-734.

[166] Ester M, Kriegel H, Sander J, et al. A density-based algorithm for discovering clusters in large spatial databases with noise [C]. Proceedings of Association for Computing Machinery's Special Intersst Group Knowledge Discovery and Data Mining, Oregon, USA, 1996: 226-231.

[167] 特雷弗·哈斯蒂, 罗伯特·蒂布希拉尼, 杰罗姆·弗里德曼. 统计学习基础——数据挖掘、推理与预测[M]. 范明, 柴玉梅, 昝红英, 等译. 北京: 电子工业出版社, 2004.

[168] 冯静, 李正武, 张登云, 等. 隐马尔可夫模型的桥梁检测文本命名实体识别[J]. 交通世界, 2020, 8: 32-33.

[169] Rabiner L R, Juang B H. An introduction to hidden markov models [J]. IEEE ASSP Magazine, 1986, 3(1)：4-16.

[170] Forney G D. The viterbi algorithm [J]. Proceedings of the Institute of Electrical and Electronics Engineers, 1973, 61(3)：268-278.

[171] Lafferty J, McCallum A, Pereira F. Conditional random fields probabilistic models for segmenting and labeling sequence data [C]. Proceedings of the 8th International Conference on Machine Learning, MA, USA, 2001：282-289.

[172] 马孟铖, 杨晴雯, 艾斯卡尔·艾木都拉, 等. 基于词向量和条件随机场的中文命名实体分类[J]. 计算机工程与设计, 2020, 41(9)：2515-2522.

[173] 李章超, 李忠凯, 何琳.《左传》战争事件抽取技术研究[J]. 图书情报工作, 2020, 64(7)：20-29.

[174] Gao L, Guo Z, Zhang H, et al. Video Captioning With Attention-Based LSTM and Semantic Consistency [J]. IEEE Transactions on Multimedia, 2017, 19(9)：2045-2055.

[175] Liu J, Wang G, Duan L Y, et al. Skeleton-Based Human Action Recognition With Global Context-Aware Attention LSTM Networks [J]. IEEE Transactions on Image Processing, 2017, 27(4)：1586-1599.

[176] Si C, Chen W, Wang W, et al. An attention enhanced graph convolutional LSTM network for skeleton-based action recognition [C]. Proceedings of the Institute of Electric and Electronics Engineers Conference on Computer Vision and Pattern Recognition, Long Beach, USA, 2019：1227-1236.

[177] 钟诗胜, 陈曦, 赵明航, 等. 引入词集级注意力机制的中文命名实体识别方法[J]. 吉林大学学报(工学版), 2022, 52(5)：1098-1105.

[178] Zhou G D, Su J, Zhang J, et al. Exploring various knowledge in relation extraction [C]. Proceedings of Association for Computational Linguistics, Michigan, USA, 2005：427-434.

[179] Zelenko D, Aone C, Richardella A. Kernel methods for relation extraction [J]. Journal of Machine Leaning Research, 2003, 1：1083-1106.

[180] Collins M, Duffy N. Convolution kernels for natural language [C]. Proceedings

of Conference and Workshop on Neural Information Processing Systems, British Columbia, Canada, 2002: 625-632.

[181] Zeng D J, Liu K, Lai S W, et al. Relation classification via convolutional deep neural network [C]. Proceedings of International Conference on Computational Linguistics, Dublin, Ireland, 2014: 2335-2344.

[182] 陈慧炜. 刑事案件文本信息抽取研究 [D]. 南京师范大学, 2011.

[183] Wu S Y, Chen H, Pai P L, et al. Climate event classification based on historical meteorological records and its presentation on a spatio-temporal research platform [C]. Proceedings of the Digital Humanities Conference 2019 (DH2019), Utrecht, Netherlands, 2019: 1-7.

[184] Ahn D. The stages of event extraction [C]. Proceedings of the Workshop on Annotating and Reasoning about Time and Events, Sydney, Australia, 2006: 1-8.

[185] Li Q, Ji H and Huang L. Joint event extraction via structured prediction with global features [C]. Proceedings of the Association Computational Linguistics, Sofia, Bulgaria, 2013: 73-82.

[186] 喻雪寒, 何琳, 徐健. 基于 RoBERTa-CRF 的古文历史事件抽取方法研究 [J/OL]. 数据分析与知识发现: 1-13. [2021-08-04]. http://kns.cnki.net/kcms/detail/10.1478.g2.20210325.1127.002.html.

[187] 胡俊峰. 基于词汇语义分析的唐宋诗计算机辅助深层研究 [D]. 北京大学, 2001.

[188] 苏劲松. 全宋词语料库建设及其风格与情感分析的计算方法研究 [D]. 厦门大学, 2007.

[189] Barros L, Rodriguez P, Ortigosa A. Automatic classification of literature pieces by emotion detection: a study on quevedo's poetry [C]. Proceedings of Humaine Association Conference on Affective Computing and Intelligent Interaction, 2013: 141-146.

[190] Ekman P. Strong evidence for universals in facial expressions: a reply to Russell's mistaken critique [J]. Psychology Bulletin, 1994, 115: 268-287.

[191] Turney P D. Thumbs up or thumbs down: semantic orientation applied to unsu-

pervised classification of reviews［C］. Proceedings of Association Computational Linguistics, Philadelphia, Pennsylvania, USA, 2002：417-424.

［192］Yu B. An evaluation of text classification methods for literary study［J］. Literary & Linguistic Computing, 2006, 3：327-343.

［193］李晖, 张天垣, 金纾羽. 古代中国格律诗中的社会情感挖掘［J］. 计算机工程与应用, 2021, 57(7)：171-177.

［194］吴斌, 吉佳, 孟琳, 等. 基于迁移学习的唐诗宋词情感分析［J］. 电子学报, 2016, 44(11)：2780-2787.

［195］Knowles A K. Past time, past place：GIS for history［M］. Redlands：Environmental Systems Research Institute, 2002.

［196］郭晔旻. 从流行病学调查开始——霍乱：压制"19 世纪的世界病"［J］. 国家人文历史, 2020, 8：36-43.

［197］Darby H C. An historical geography of England before AD 1800［M］. Cambridge：Cambridge University Press, 1936.

［198］Sauer C O. The Morphology of Landscape［M］. San Diego：University of California Publications in Geography, 1925.

［199］Gregory I N, Healey R G. Historical GIS：Structuring, mapping and analysing geographies of the past［J］. Progress in Human Geography, 2016, 31(5)：638-653.

［200］Gregory I N. A place in history：a guide to using GIS in historical research［M］. The MIT Press, 2003.

［201］Gregory I N, Ell P S. Historical GIS：technologies, methodologies and scholarship［M］. Cambridge：Cambridge University Press, 2007.

［202］冯仁国. 关于中国地理学发展的思考［J］. 地球科学进展, 2000, 15(4)：470- 473.

［203］葛剑雄. 中国历史地理学的发展基础和前景［J］. 东南学术, 2002, 4：31-39.

［204］王兆鹏, 郑永晓, 刘京臣. 借器之势, 出道之新——"数字人文"浪潮下的古典文学研究三人谈［J］. 文艺研究, 2019, 9：79-88.

[205]张静. 数字人文中历史人物数据的可视化应用研究[D]. 湖南大学, 2019.

[206]吕屏, 杨鹏飞, 李旭. 基于 VR 技术的虚拟博物馆交互设计[J]. 包装工程, 2017, 38(24): 137-141.

[207]吴健. 多元异构的数字文化——敦煌石窟数字文化呈现与展示[J]. 敦煌研究, 2016, 1: 123-127.

[208]唐家渝, 刘知远, 孙茂松. 文本可视化研究综述[J]. 计算机辅助设计与图形学学报, 2013, 25(3): 273-285.

[209]李斌, 王璐, 陈小荷, 等. 数字人文视域下的古文献文本标注与可视化研究——以《左传》知识库为例[J]. 大学图书馆学报, 2020, 38(5): 72-80, 90.

[210]欧阳剑, 任树怀. 数字人文研究中的古籍文本阅读可视化[J]. 图书馆杂志, 2021, 40(4): 82-89, 99.

[211]李娜, 包平. 方志类古籍中物产名与别名关系的可视化——基于社会网络分析技术视角[J]. 图书馆论坛, 2017, 37(12): 108-114.

[212]范文洁, 李忠凯, 黄水清. 基于社会网络分析的《左传》战争计量及可视化研究[J]. 图书情报工作, 2020, 64(6): 90-99.

[213]胡悦融, 马青, 刘佳派, 等. 数字人文背景下"远距离可视化阅读"探析[J]. 图书馆论坛, 2017, 37(2): 1-9.

[214]吴茗. GIS 技术在古籍数字化资源建设中的应用[J]. 图书馆学刊, 2016, 38(4): 55-58.

[215]Bodenhamer D J. Beyond GIS: The Promise of Spatial Humanities [EB/OL]. http://docs. lib. purdue. edu/cgi/viewcontent. cgi? article = 1042&context = purduegisday.

[216]Jänicke H, Wiebel A, Scheuermann G, et al. Multi-field visualization using local statistical complexity [J]. IEEE Transactions on Visualization and Computer Graphics, 2007, 13(6): 1384-1391.

[217]周善. 数据新闻: 网站专业生产内容的可循之途——四大门户网站的数据新闻实践[J]. 编辑之友, 2014, 8: 70-73, 86.

[218]孙扬, 蒋远翔, 赵翔, 等. 网络可视化研究综述[J]. 计算机科学, 2010,

37(2)：12-18，30.

[219]Sindre G, Gulla B, Jokstad H. Onion graphs：aesthetic and layout［C］. Proceedings of the IEEE Conference on Symposium on Visual Languages, Washington, USA, 1993：287-291.

[220]严承希，王军. 数字人文视角：基于符号分析法的宋代政治网络可视化研究[J]. 中国图书馆学报，2018，44(5)：87-103.

[221]梁辰，徐健. 社会网络可视化的技术方法与工具研究[J]. 现代图书情报技术，2012，5：7-15.

[222]张力元，王军. 基于社会网络动力学的两宋学术和政治体系比较分析[J]. 情报工程，2020，6(1)：34-49.

[223]Carrington P J, Scott J, Wasserman S. Models and methods in social network analysis (structural analysis in the social sciences)［M］. Cambridge：Cambridge University Press, 2005.

[224]施晓华，王昕. 数字人文社会网络分析方法应用与研究[J]. 图书馆杂志，2020，39(5)：93-99.

[225]Tom B. The roots and shoots of archaeological network analysis：a citation analysis and review of the archaeological use of formal network methods［J］. Berliner Beiträge Zum Vorderen Orient, 2014, 29：18-41.

[226]林聚任. 社会网络分析：理论、方法与应用[M]. 北京：北京师范大学出版社，2010.

[227]刘军. 社会网络分析导论[M]. 北京：社会科学文献出版社，2004.

[228]林顿·C·弗里曼. 社会网络分析发展史[M]. 张文宏，刘军，王卫东，等译. 北京：中国人民大学出版社，2008.

[229]宋歌，叶继元. 基于 SNA 的图书情报学期刊互引网络结构分析[J]. 中国图书馆学报，2009，35(3)：27-34.

[230]刘军. 整体网分析[M]. 北京：社会科学文献出版社，2014.

[231]Marshall J. The structure of urban systems［M］. Toronto：University of Toronto Press, 1989.

[232]KindredBritain［UB/OL］. ［2019-OS-10］. http：//kindred. stanford. edu/.

［233］胡静. 数字人文在韩国史研究的应用探索——以杂科中人社会网络分析为中心［J］. 韩国研究论丛, 2018, 2: 214-233.

［234］Su F, Zhang Y, Immel Z. Digital humanities research: interdisciplinary collab-orations, themes and implications to library and information science［J］. Journal of Documentation, 2021, 77(1): 143-161.

［235］Newman M. The structure of scientific collaboration networks［J］. Proceedings of the National Academy of Sciences, 2000, 98(2): 404-409.

［236］Jackson C. Using social network analysis to reveal unseen relationships in Medie-val Scotland［J］. Digital Scholarship in the Humanities, 2017, 32 (2): 336-343.

［237］Quanhaase A, Martin K, Mccaypeet L. Networks of digital humanities scholars: the informational and social uses and gratifications of Twitter［J］. University of Cambridge, 2015, 2(1): 1-12.

［238］Mark A H. Distributed character: quantitative models of the English stage, 1550-1900［J］. New Literary History, 2017, 48(4): 751-782.

［239］Graham S. On connecting stamps-network analysis and epigraphy［J］. Les Nou-velles de l'Archeologie, 2014, 135: 39-44.

［240］Morrissey R M. Archives of connection［J］. Historical Methods: A Journal of Quantitative and Interdisciplinary History, 2015, 48(2): 67-79.

［241］Ruegg C, Lee J J. Epic social networks and Eve's centrality in Milton's Paradise Lost［J］. Digital Scholarship in the Humanities, 2020, 35(1): 146-159.

［242］Wasserman S, Faust K. Social network analysis: methods and applications［J］. Contemporary Sociology, 1994, 91(435): 219-220.

［243］Blondel V D, Guillaume J L, Lambiotte R, et al. Fast unfolding of communities in large networks［J］. Journal of Statistical Mechanics, 2008, 10: 155-168.

［244］刘军. 整体网分析讲义——UCNET 软件应用［C］. 第二届社会网与关系管理研讨会, 哈尔滨, 中国, 2007: 111.

［245］刘军. 法村社会支持网络——一个整体研究的视角［M］. 北京: 社会科学文献出版社, 2006.

[246]曹霞，崔雷．基于 SNA 的国外医学信息学领域合著网络研究[J]．现代情报，2016，36(3)：129-134.

[247]Newman M. Networks：an introduction [J]. Astronomische Nachrichten，2010，327(8)：741-743.

[248]罗家德．社会网分析讲义[M]．北京：社会科学文献出版社，2005.

[249]宋歌．经济学期刊互引网络的核心——边缘结构分析[J]．情报学报，2011，30(1)：93-101.

[250]张昱，王亚楠，何轩．基于整体网分析法的中国服务贸易国际竞争力分析[J]．国际经贸探索，2020，36(1)：19-32.

[251]魏晓俊，谭宗颖．基于核心-边缘结构的国际科技合作网络分析——以纳米科技(1996—2004 年)为例[J]．图书情报工作，2006，12：35-38，70.

[252] Borgatti S P，Everett M G. Model of core/periphery structures [J]. Social Networks，1999，21：375-395.

[253]徐力恒．唐代人物资料的数据化：中国历代人物传记资料库(CBDB)近年工作管窥[J]．唐宋历史评论，2017，1：20-32，381.

[254]谢远学．党建网党史人物数据库建设研究与实现[D]．复旦大学，2011.

[255]廖泫铭，范毅军．中华文明时空基础架构：历史学与信息化结合的设计理念及技术应用[J]．科研信息化技术与应用，2012，3(4)：17-27.

[256]范毅军，廖泫铭．历史地理信息系统建立与发展[J]．地理信息系统季刊，2008，2(1)：23-30.

[257]罗凤珠，范毅军，郑锦全．宋人与宋诗地理信息系统之设计与应用[C]．第五届数字地球国际研讨会，中国台北，2007.

[258]Ho H. MARKUS：a semi-automatic markup platform for classical Chinese [C]. Proceedings of the 5th International Conference of Digital Archives and Digital Humanities，China，Taipei，2014.

[259]王光越，栗维健．中国第一历史档案馆馆藏清代军机处上谕档全文数字化概述[J]．历史档案，2010，1：130-135.

[260]陈曦东，毛凌潇，陈丙寅，等．宋词中情感的时空特征分析[J]．地理科学进展，2017，36(9)：1140-1148.

［261］唐圭璋. 全宋词［M］. 北京：中华书局，1999.

［262］张建立，李仁杰，傅学庆，等. 古诗词文本的空间信息解析与可视化分析［J］. 地球信息科学学报，2014，16(6)：890-897.

［263］Izard C E. Human emotions［M］. New York：Springer，1977.

［264］王远飞，何洪林. 空间数据分析方法［M］. 北京：科学出版社，2007.

［265］屈瑞新. 古籍数据库出版探析——以陕西师范大学出版总社《汉籍数字图书馆》为例［J］. 出版发行研究，2017(6)：37-39，9.

［266］顾城大事年谱［OL］.［2019-12-29］. http：//www. gucheng. net/gc/gcgs/gcjj/200502/209. html.

［267］刘忠宝，党建飞，张志剑.《史记》历史事件自动抽取与事理图谱构建研究［J］. 图书情报工作，2020，64(11)：116-124.

［268］Jin Y L，Xie J F，Guo W S，et al. LSTM-CRF neural network with gated self attention for Chinese NER［J］. IEEE Access，2019，4(4)：136694-136703.

［269］Huang Z H，Xu W，Yu K. Bidirectional LSTM-CRF models for sequence tagging［J］. Computer science，2015，5：177-181.

［270］Aitken J S. Learning information extraction rules：An inductive logic programming approach［C］. Proc of External Credit Assessment Institution，Lyon，France，2002：355-359.

［271］邓擘，樊孝忠，杨立公. 用语义模式提取实体关系的方法［J］. 计算机工程，2007，33(10)：212-214.

［272］Temkin J M，Gilder M R. Extraction of Protein Interaction Information From Unstructured Text Using a context-free grammar［J］. Bioinformatics，2003，19(16)：2046-2053.

［273］Riloff E，Jones R. Learning dictionaries for information extraction by multi-level bootstrapping［C］. Proceedings of the 16th National Conference on Artificial Intelligence，Orlando，USA，1999：474-479.

［274］Sabou M，D'aquin M，Motta E. Scarlet：semantic relation discovery by harvesting online ontologies［C］. Proceedings of the European Semantic Web Conference，Berlin，Germany，2008：854-858.

[275]李艳娟，臧明哲，刘晓燕，等．结合注意力机制和本体的远程监督关系抽取[J]．计算机科学与探索，2020，14(9)：1554-1562.

[276]Xia S, Lehong D. Feature-based Approach to Chinese Term Relation Extraction [C]. Proceedings of the 2009 International Conference on Signal Processing Systems：Singapore City, Singapore, 2009：410-414.

[277]郭喜跃，何婷婷，胡小华，等．基于句法语义特征的中文实体关系抽取[J]．中文信息学报，2014，28(6)：183-189.

[278]Zelenko D, Aone C, Richardella A. Kernel methods for relation extraction [J]. Journal of Machine Learning Research, 2003, 3(3)：1083-1106.

[279]Zhang X, Gao Z, Zhu M. Kernel methods and its application in relation extraction [C]. Proceedings of the 2011 International Conference on Computer Science and Service System, Yantai, China, 2011：1362-1365.

[280]Nguyen T H, Grishman R. Relation extraction：perspective from convolutional neural networks [C]. Proceedings of the 1st Workshop on Vector Space Modeling for Natural Language Processing, Colorado, USA, 2015：39-48.

[281]Zeng D, Liu K, Chen Y, et al. Distant supervision for relation extraction via piecewise convolutional neural networks [C]. Proceedings of the 2015 Conference on Empirical Methods in Natural Language Processing, Lisbon, Portugal, 2015：1753-1762.

[282]Zhou P, Shi W, Tian J, et al. Attention-based bidirectional long short-term memory networks for relation classification [C]. Proceedings of the 54th Annual Meeting of the Association for Computational Linguistics, Berlin, Germany, 2016：207-212.

[283]黄兆玮，常亮，宾辰忠，等．基于 GRU 和注意力机制的远程监督关系抽取[J]．计算机应用研究，2019，36(10)：2930-2933.

[284]罗计根，杜建强，聂斌，等．基于双向 LSTM 和 GBDT 的中医文本关系抽取模型[J]．计算机应用研究，2019，36(12)：3744-3747.

[285]Devlin J, Chang M W, Lee K, et al. BERT：Pre-training of deep bidirectional transformers for language understanding [C]. Proceedings of the 2019 Annual

Conference of the North American Chapter of the Association for Computational Linguistics：Human Language Technologies，Minneapolis，USA，2019：4171-4186.

[286] Wu S，He Y. Enriching Pre-trained language model with entity information for relation classification［C］. Proceedings of the 28th ACM International Conference on Information and Knowledge Management，Beijing，China，2019：2361-2364.

[287] 周德明．上海图书馆：开卷寻根，推动家谱数字化建设[J]．中华儿女，2020，3：80-81.

[288] 吴建中，知识是流动的：出版界与图书馆届的新课题[J]．图书馆杂志，2015，34(3)：4-11.

[289] 夏翠娟，刘炜，陈涛，等．家谱关联数据服务平台的开发实践[J]．中国图书馆学报，2016，42(3)：27-38.

[290] 朱美华．关联数据时代的 BIBFRAME 2.0[J]．数字图书馆论坛，2018，3：47-52.

[291] 辛苗．BIBFRAME 2.0 词表变化分析[J]．图书馆杂志，2018，37(5)：45-51.

[292] 童茵．数字人文方法在博物馆研究与展示中的应用[C]．北京数字科普协会、北京国际文化贸易服务中心、北京博物馆学会(第五届)科学与艺术研讨会会议论文集，北京，中国，2018：7.

[293] 童茵．语义化知识模型构建与关联数据研究——董其昌数字人文数据绘制报告[J]．科技传播，2020，12(5)：135-137.

[294] 童茵，张彬．董其昌数字人文项目的探索与实践[J]．中国博物馆，2018，4：114-118.

[295] 廖永霞，韩尉．中国记忆项目资源组织初探[J]．国家图书馆学刊，2015，24(1)：17-2.

[296] 韩尉．中国记忆项目文献资源推广的探索与实践[J]．国家图书馆学刊，2015，24(1)：28-31.

[297] 冯晴，陈惠兰．国外图书馆参与数字人文研究述评[J]．图书馆杂志，

2016, 2：14-19.

[298]夏翠娟. 以连接开放资料服务为基础的数位人文平台建设方案研究[J]. 图书馆学与资讯科学, 2017, 4：47-70.

[299]王晓玉. 中古汉语语料库的设计与实现[J]. 辞书研究, 2017, 3：17-26.

[300]化振红. 深加工中古汉语语料库建设的若干问题[J]. 西南大学学报(社会科学版), 2014, 40(3)：136-142, 184.

[301]荀恩东, 饶高琦, 肖晓悦, 等. 大数据背景下 BCC 语料库的研制[J]. 语料库语言学, 2016, 3(1)：93-109, 118.

[302]孙东云. BCC 汉语语料库在英汉翻译教学中的应用[J]. 外语教学理论与实践, 2018, 3：71-78.

[303]新华网. "全息字典"正式上线：古今汉字任你查[EB/OL]. http：//www. xinhuanet. com/politics/2019-01/27/c_1124047620. htm？baike.

[304]人民网. "汉字全息资源应用系统"上线：变纷繁复杂为井然有序[EB/OL]. http：//edu. people. com. cn/GB/n1/2019/0113/c1053-30524419. html.

[305]林佳庆, 李涓子, 张鹏. 中国语言资源采录展示平台的关键技术及其应用[J]. 语言文字应用, 2019, 4：26-34.

[306]詹卫东. 从短语到构式：构式知识库建设的若干理论问题探析[J]. 中文信息学报, 2017, 31(1)：230-238.

[307]Mayer-Schönberger V, Cukier K. Big data：a revolution that will transform how we live, work, and think[M]. Houghton Mifflin Harcourt：Boston, 2013.

[308]李文, 邓淑娜. 大数据带来社科研究新变化[N]. 人民日报, 2015-08-24.

[309]沈浩, 黄晓兰. 大数据助力社会科学研究：挑战与创新[J]. 现代传播, 2013, 35(08)：13-18.

[310]欧阳剑. 大数据视域下人文学科的数字人文研究[J]. 图书馆杂志, 2018, 37(10)：61-69.

[311]李新玲. 预测 2015：智能大数据分析成热点[N]. 中国青年报, 2014-12-25.

[312]Marche S. Literature is not data：against digital humanities [EB/OL]. http：// lareviewofbooks. org/essay/literature-is-not-data-against-digital-humanities.

［313］Aiden E, Michel J B. Uncharted：big data as a lens on human culture［M］. Penguin：New York, 2014.

［314］何雪松. 社会理论的空间转向［J］. 社会, 2006, 2：34-48, 206.

［315］Schich M, Song C, Ahn Y Y, et al. A network framework of cultural history ［J］. science, 2014, 345(6196)：558-562.

［316］Berry D M, Fagerjord A. Digital humanities：Knowledge and critique in a digital age［M］. Malden, MA：Polity Press, 2017. .

［317］黄水清. 人文计算与数字人文：概念、问题、范式及关键环节［J］. 图书馆建设, 2019, 5：68-78.

［318］赵雪芹, 莫长镭, 李天娥, 罗行. 人文学者的数字人文接受意愿影响因素——以历史学者为中心的考察［J］. 图书馆论坛, 2020, 40(04)：40-49.

［319］石静, 李阳. 数据和技术运用视角下我国数字人文"数字型"研究现状及启示［J］. 图书情报工作, 2021：1-10.

［320］The Alan Turing Institute. Data science and digital humanities ［EB/OL］. ［2018-10-07］. https：//www. turing. ac. uk/research/interest-groups/data-scienceand-digital-humanities.

［321］WWW2018. Crowdsourcing and human computation for the web［EB/OL］. ［2018-10-07］. https：//www2018. thewebconf. org/.